构建健全的中日关系

—— 面向历史转折期的思考

〔日〕**天儿慧** ／编
黄伟修 ／译

社会科学文献出版社
SOCIAL SCIENCES ACADEMIC PRESS (CHINA)

中文版序

天儿慧

今年是战后70周年。日本与中国的战火平息以来，70年的漫长岁月流逝而过，我们却难以坦然向世人宣称，日中两国政府和国民已经真正地跨越了历史上的悲惨一页，并且充分建立了相互理解、信任与合作的关系。虽然彼此的意见分歧尚可做到搁置一时，但是离真正的相互理解、相互信任与相互合作实在相距甚远。作为当事者的两国国民，而且是日中关系的相关人士，我们应该如何接受并思考眼前的现实？历史上，日本和中国交往密切，相互影响、相互合作，绵延不绝。70年前日本侵略中国的那段历史虽然沉重，却断然不能忘却。不过，那只是日中历史的一小部分。战后70年，两国间虽有过对立和断交的个别时期，但主流一直是友好与合作交流。在彼此间的误解、猜疑与对立等不断增强，整体气氛再次恶化的当下，我们需要思考如何面对这一局面，寻求解决之策。

2012年9月前后，为纪念日中邦交恢复40周年，我们在京都、东京、名古屋与福冈共举办了四次面向社会的日中国际研讨会。本书就是以这四次研讨会的演讲与嘉宾讨论的内容为基础整理编辑而成。其中，对名古屋研讨会与福冈研讨会重复的部分内容进行了调整。另外，考虑到本书的主题为日中关系，舍弃了名古屋研讨会上以中国经济为主题的内容。

众所周知，这四次研讨会举办之际正值日中两国政府与国民围绕

“尖阁列岛[①]问题”激烈对立，纪念日中邦交正常化40周年的相关活动纷纷取消，局势最为紧张的时期。尽管如此，两国仍有很多学者、企业家、市民以及学生参会，聚集一堂，认真而充满热情地探讨了健全两国关系之策，由此便有了本书的诞生。3年过后，今天再度思考日中关系时，我们会发现当时的话题依然具有时代性。

为了便于中国的读者思考、讨论相关内容，我将自己的所感所思整理如下。

提及“战后70年”，首先最重要的是对“战争性质”的认识。在日本，的确有人认为日本在第二次世界大战中的所为不是“侵略战争”。对于这些人的历史认识，以中国、韩国为主的亚洲各国以及欧美各国长久以来一贯严词声讨。围绕那场战争的性质和意义，战后70年间日本国内展开了长期的激烈论战。尽管大部分日本人认为那场战争是侵略战争，但是非常遗憾的是，作为日本国家或者作为国民全体的意志，至今仍不曾明确提出过那场战争为侵略战争。也有人将战争的原因解释为针对欧美的亚洲侵略的“解放亚洲”之战，但就事实结果而言，这毫无疑问是一场日本发动的蹂躏亚洲各国的人民和领土，强行将各国纳入自身势力范围的侵略战争。日本进而自不量力地向欧美挑战并最终一败涂地。我国的领导人通过“村山谈话”等表示了正视历史事实的姿态，做了诚挚谢罪。然而日本国内的不少反对声音使得日本的诚意一直被国际社会怀疑。这次“安倍谈话”仍有不足，但整体上继承了“村山谈话”，并且代表日本国家对侵略战争表示了深刻反省之意。需要强调的是，由大多数日本国民构成的主流意见是更为明确的“反省与谢罪的心情”。

我们现在的问题是如何回顾战后这70年的历史，以此为契机来思考美好未来的建设。我是出生于战后不久的日本人，我衷心希望广大中国国民以及国际上的友人能够理解一点，那就是在那场让人深恶

① 即中国钓鱼岛及其附属岛屿。——译者注

痛绝的战争结束之后，军国主义就此解体，在新国家建设的热潮之下，日本诞生了高声宣布放弃战争的新宪法。当时的日本非常贫穷，但是我们都接受了提倡和平宝贵、强调和平尊严的战后教育，事实上战后日本一次也没有参与过国际社会的战争，以和平为立国之本实现了国家的繁荣和发展，对此我深深引以为豪。在战后的漫长岁月中，我也越来越强烈地认识到，虽然自己没有经历过那场战争，但是作为一个普通日本人有义务永远铭记那段历史事实。

1971 年，我考入大学院攻读硕士学位。很快，日中实现了邦交正常化。毛泽东、周恩来、田中角荣和大平正芳那一代政治家富有气魄，他们的外交努力让两国顺利克服了“战后处理”“台湾问题”等难题，进而实现了邦交正常化。当年得知周恩来表明“放弃战争赔偿请求”时我心潮澎湃，深为中国领导人的宽广心胸所感动，这一幕至今记忆犹新。之后，发轫于邓小平执政时期的中国的经济发展和现代化遭遇了重重困难，日本政界和财界的领导人每每遇此情景，都会想起周总理在恢复邦交之际明确提出的“放弃战争赔偿请求”，涌起“此刻正是日本报恩之际”的心情。八九北京政治风波之后，西方各国对中国实行了经济制裁。正是日本提出“不能让中国在国际社会孤立”，首先解除经济制裁并再次启动对华日元贷款，也是日本最先同中国政府达成共识支持中国加入世贸组织。

日中关系的结构性变化也是一个需要深思的问题。进入 2000 年后，中国经济迅猛发展，而日本却陷入了泡沫经济后的经济低迷期。中国的国际影响力今后无疑会越来越大。与此同时，在日本出现了提醒人们警惕中国国力发展的观点。到了小泉政权时期，这种警戒性的气氛不断被强化，日中之间的冲突愈发严重。即便如此，希望日中关系得到改善和发展的声音仍然具有巨大号召力，这种声音也推动了安倍第一次政权的“破冰之旅”（2006 年）、温家宝总理访日（2007 年）、胡锦涛主席访日（2008 年的融冰之旅）以及“日中关于全面推进战略互惠关系的联合声明”的发表。但另一方面，2010 年秋天尖阁列岛海域附近的“抓捕中国渔船”事件和2012年的“尖阁列岛国有化”事件，让两国关系陷入了最低谷。

这些问题的实质是“国家主权”“领土·领海”的问题。人们普遍有一种印象，觉得中国通过国家实力的迅速提升，打破了与日本之间的力量平衡，开始在领土问题上大力发声。然而，我们知道主权、领土、领海问题并不仅存在于日中两国之间，其他国家之间也存在同样的难题。依靠国力的增强而迫使其他国家接受自身意见这种做法，从来不能真正解决问题。两国政府的立场非常分明，很难妥协。作为希望日中之间建立健全国家关系的一个普通国民，我认为没有必要将解决领土、领海问题作为发展两国关系的前提条件，相反可以暂时将此问题搁置起来，在其他领域和层面着力推动日中关系发展，深化相互理解和信任关系。然后以此为基础设法寻求解决领土、领海问题的办法。

回顾战后的日中关系，我们注意到两国之间一直存在着各种各样的问题。但得益于过去每一代人的智慧以及人与人之间的纽带，这些问题基本上都得到了解决或缓和。时至今日，面对现实，我们应该做的是如何思考并应对日中两国之间的问题。日中邦交恢复之际，“求大同存小异”一语广为使用。今天我们思考日中关系也离不开这句话。就日中大局而言，我始终认为尖阁问题只是两国之间的“小异”。问题是不知不觉之间“小异”却膨胀成为“大异”。我们应该如何看待这种情况？

第一，我们应该再次确认，日中两国如果相争只能两败俱伤，只有精诚合作才能共同繁荣。中国能取得令世人瞩目的发展，得益于和平的国际环境，尤其是日中之间的和平合作关系。当下，在中国面临解决经济发展的瓶颈、大城市的大气污染、垃圾处理、能源节约、人口老龄少子化等种种困难之际，来自日本的合作、援助有着极其重要的意义。

第二，坚决避免军事紧张加剧。我们看到，安倍政权在防卫预算上有所增长，强化了日美同盟。不过我们也需要了解到其主要目的是提高对第三国攻击的防卫能力，而绝不是主动攻击他国。另一方面，随着中国军事力量的超常增长，在大多数日本人中间“中国威胁论”越来越有市场。在日本，即使有实力同中国进行军事对抗，也没有人想这么做。中国完全没有必要担心来自日本的军事攻击。但是如果中国进一步增强军事上的“威胁姿态”，日本国内的反华情绪及“中国威胁论”便会更为高涨，现政权将不失时机地利用这种反华情绪来进一步加强防卫力量，甚至有可能试图修改基本理念为放弃战争的现行宪法。如此一来，双方便一步步地走进了“安全困境”。

眼下在安全保障上至为关键的，是在日中之间，以及包括美国在内的东北亚地区内建立安全保障对话的框架机制，充分发挥积极作用，消除误解，建立相互信任，巩固和平局势。中国的对日态度如能有所和缓，日本方面自当积极回应。只要安全保障对话框架机制正常发挥作用，日本的对华感情必将逐渐好转。

第三，关于历史认识。战后，大多数的日本国民认为那场“深恶痛绝”的战争是侵略战争，发誓再也不发动战争重蹈覆辙，这是战后日本社会的主流意识。安倍首相在70周年谈话中也明确否定了美化那场战争的言论。值得注意的是，当今日本已经不再是单个政治家或单个集团能够左右一切的社会了。包括广为人知的《新历史教科书》在内，通过日本政府审核的所有历史教科书中没有一本美化当年的那场战争。在中国，很多人认为日本的历史教科书否定侵略战争，这其实是一个巨大的误解。送交审核的“教科书候选本”里存在着不同的写法，但所有通过审核的教科书中没有一本是美化战争的。

第四，还有一个重要事实。在邦交正常化之后，日中两国为改善双方关系、推动相互合作与和平环境的建设付出了种种努力，有必要让更多的人了解并珍惜这段历史事实。两国的民间交流已经达到了空前规模，我们必须以此为基础努力增进相互理解和恢复信赖关系，积极建立面向未来的日中关系。本书的内容尽管是3年前的讨论，但是对今天人们思考、展望日中关系仍有着很多有益的启示。

本书能得以在中国出版，与社会科学文献出版社的杨群总编辑、徐思彦副总编辑和徐碧姗编辑的大力支持，早稻田大学现代中国研究所的各位同仁（研究员及事务职员），尤其是主任研究员（研究院准教授）郑成的尽心尽责是分不开的，在此一并深表谢意。还要感谢法政大学非常勤讲师黄伟修，正是他认真且富有耐心的翻译，使得本书能以中文的形式出现在各位面前。

2015年9月

日文版序

日中建交四十周年纪念连续纪念国际研讨会

企划实行委员会代表　天儿慧

思考21世纪的世界必须面对的问题时，“中国崛起”绝对是最重要的一个议题。日本与崛起中的中国在2012年迈入了建交的第四十年。以人为例的话，正所谓“四十而不惑”，日中关系可以说迈入了所谓的“不惑之年”。可是正如大家所了解的，在建交四十年这个值得纪念的时刻，日中关系却陷入了建交以来最恶劣的状况。

如果不直接讨论目前日中双方面临的冲突，而冷静地回顾过去的日中关系的话，我们可以发现，相较于四十年前，中国的存在感大幅增加，这是四十年前无法想象的。日中关系的交流规模在不断扩大，各种领域交流的质量在持续提升，特别是在经济领域双方的相互依赖不断增强。可是双方在政治体制、历史认识、领土领海问题、安全保障等重要领域不断出现对立与摩擦，相互的不信任感与误解也持续加深。这种“纠结的关系”所导致的最恶劣事态，正是“尖阁列岛国有化”问题所引发的“反日暴动”。所以我们必须思考如何修复受到重大伤害的日中关系，使其走向更为健康发展的道路。但是从另外一个角度看，日中在其他方面的相互理解与相互信赖是在持续发展、深化的，依据这点，我们也有必要从其他的角度来思考未来的日中关系。

思考日中关系的发展，也是思考日本外交的方向该往何处去的核心问题。日本为了自身的生存与发展，必须强化、推动与美国的同盟合作，但是这并不代表日本要选择与中国对抗或“脱离亚洲”，而是透过与美国的同盟合作，推动与中国建构互惠、互助、合作的关系。此外，如果美中对决有加深之虞，日本可以扮演缓和双方关系的角色；如果美中加强协调合作，日本可以扮演促使其加速的润滑剂。这个想法并非幻想。日本如果想要在对外关系方面重新展现光辉，就必须思考日本应该如何处理美中关系以及在这样的结构下扮演什么样的角色。

换句话说，思考日中关系的方向，与构想亚太地区甚至世界的未来有非常强的关联。确认日中关系应有的方向，将对亚太地区的和平与繁荣有积极的贡献，而这样的认识与基本概念，正是日本应该采取的外交理念。当然，这并不是一个容易的课题，但是只有从这样的大框架来认真思考日中关系的根本、所面对的问题，才能够突破现状迈向未来。

我们集合了许多从同样角度思考日中关系的现实与重要性的学者专家，成立了企划委员会，并在京都、东京、名古屋、福冈四个城市举行了四场国际研讨会，本书正是这四场国际研讨会的成果。这一系列研讨会最大的特征就是除了邀请知名的日中问题专家外，也邀请了年轻一代的日中问题专家、活跃于日中关系第一线的人士来分享他们的看法。我们希望透过这一系列国际研讨会的成果，把现在视为“历史的一站”，在此回顾与总括过去的四十年，展望未来的四十年，以构筑更健全的日中信赖协调框架。

企划委员会能够成功主办这一系列的国际研讨会，首先得益于人间文化研究机构的支持，同时也感谢承办各场研讨会的爱知大学、同志社大学、西南学院大学、早稻田大学的理解与协助以及文部科学省、朝日新闻社、京都新闻社、东海日中贸易中心、中部经济联合会、中日新闻社的赞助。在此向所有提供协助的相关单位与人士表达最诚挚的谢意。

企划实行委员会

人间文化研究机构：中尾正义（区域中心长）、石上荣一（人间文化研究机构社会合作担当董事）

学界、经济界：天儿慧（早稻田大学教授）、高桥五郎（爱知大学教授）、加藤千洋（同志社大学教授）、堀井伸浩（九州大学副教授）、高原明生（东京大学教授）、刘杰（早稻田大学教授）、津上俊哉（津上工作室主任）、濑口清之（佳能全球战略研究所主任研究员）

目　录

第一部　日本与中国相互学习到了什么
——从文化与女性视角的探讨

第二部　如何突破日中关系的对立与摩擦

第三部　透过地区交流与民间交流创造新的关系

第一部

日本与中国相互学习到了什么

——从文化与女性视角的探讨

透过“文温”的建构以克服“政冷经冷”关系

加藤千洋[*]

人间文化研究机构现代中国研究据点为了纪念日中建交40周年，将在四个城市举行一系列国际研讨会，今天这场在京都举行的会议正是四场会议的第一场。

首先为各位说明京都大会的会议主旨。今年是日中建交40周年，明年则是日中和平友好条约缔结35周年。孔子说：“四十而不惑”。可是日中建交40年来，虽然存在着关系良好的正常时期，但是近年来，令人感觉到不正常的时期却较为突出，特别是日中关系从2010年秋天起因为围绕钓鱼岛的一连串问题而陷入紧张，双方的对立现在仍然在不断地升温。

本大会也因此受到了相当程度的影响，我们对此感到非常遗憾，但也正因为处于这样的状况，我们认为，日中双方更不能流于感情之争，而应该重视理性地透过各种各样的对话管道持续进行交流。

我们京都大会被赋予的任务、目的，是从文化角度来讨论日中关系的过去、现在、未来。进入21世纪以来，日中关系在小泉纯一郎首相执政的数年间曾经历了不稳定的局面，当时的媒体经常以“政冷经热”这个词来说明这段时间的日中关系。或许当时真的是政治

* 同志社大学教授。

关系冻结但经济关系非常热络，不过本人曾经与当年仍健在的加藤周一教授以及将在今天的圆桌会议出席讨论的王敏教授等对此感到疑问的有识之士一起讨论过这个问题，大家也达成了共识。

那就是日中建交以来，双方的相互交流以各种形式不断累积，应该存在着各种各样扩展关系的可能性，如果将其限定在政治与经济框架，可能太过狭隘，必须要扩大观察的视野与角度。所以我们当时认为应该以“政冷经热 + 文温”这个词来取代“政冷经热”。我们当时所思考的“文温”，就是指透过文化的温暖与热情，将冷却的政治关系逐渐加温。

基于这样的想法，我们决定将这场大会定位为以文化为主题，并且进行了各种考虑。本人身为大会的运营委员，认为受邀的发表者与圆桌会议讨论者是非常具有代表性的有识之士，这里简单地为各位介绍。首先是青木保老师，青木老师认为现代国际关系除了经济力量与政治力量以外，文化力量也是非常重要的一环，积极通过各种方式提出他的主张。

在非常紧迫的状况下，毛丹青老师接受了我们的邀请，站在中国的角度进行报告。毛老师于 1987 年来日本留学，至今已有 25 年、四分之一个世纪的时间在日本生活，通过各种各样的独特方式努力至今。特别是在 2011 年 1 月这个中国对日感情因为 2010 年钓鱼岛渔船冲突事件而不能算好的时期，毛老师在中国创办了第一本专门介绍日本文化的杂志《知日》，目前仍在该刊担任主笔。今天也期待毛老师能够在报告中介绍他的努力与尝试。

这场大会的主题是“日本与中国相互学习到了什么？——从文化与女性视角的探讨”，大会的第二部分是专题讨论，我们邀请了四位女性担任讨论人。其中两位是来自中国、长年旅日且在自己的专业领域相当活跃的专家。第一位是杨逸老师，杨逸女士是第一位不以日语为母语而获得日本文学大奖“芥川奖”的作家。另外一位是王敏老师，王敏老师是法政大学的教授，专业是日中文化比较，同时也是非常知名的宫泽贤治研究专家。

而原口纯子老师与泉京鹿老师则正好相反，她们出生于日本，但在北京生活了十几年。原口老师是一位作家，但也从北京的一般市民的生活这个角度，非常详细地观察中国人的生活文化的细节，并且向日本介绍她的观察。泉京鹿老师也是一位年轻的作家，同时也透过翻译中国的畅销书，分析与探讨变动激烈的中国现代社会。

日中“文化力”的时代

青木保*

先意识到“文化力”的存在

今天出席这场会议，最兴奋的地方就是以文化为主题进行讨论。日中之间的国际研讨会一般都是以政治、经济、安全、国际关系等为主题，并没有包括文化在内。所以这一系列的研讨会专门将文化设定为今天的会议主题，具有跨时代意义，本人感到非常高兴。

中国社会科学院在 8 月底于北京举办了“纪念中日邦交正常化 40 周年国际学术研讨会”。这场研讨会除了政治与经济以外，最后一个场次的主题也是文化交流，我也受邀在这个场次演讲。同一时期，日本学术振兴会与中国社会科学院社会学研究所也共同举办了“纪念中日邦交正常化 40 周年学术研讨会”，这场研讨会的最后一个场次也是文化议题，我也与天儿教授一起出席了。

我以这个话题作为开场白，是因为我认为文化将是影响 21 世纪日中关系以及包括日中关系在内的东亚国际环境的最重要的因素。虽然目前遭遇了许多困难，但我们必须从更长远的角度来思考日中关系，而不仅仅是两国之间的关系，需要从涵盖了韩国与东南亚在内的

---

* 日本国立新美术馆馆长、前文化厅长官。

整个东亚区域的角度来思考日中关系。

亚洲地区过去经历了战争与侵略等各种悲惨的难题，虽然当时存在着国家层面的相互交流，但近代亚洲所遭遇的不幸，却可以说完全是由没有相互交流的国民、市民层面所承受。特别是在日本，提到中国的话，大家往往知道儒家文化与汉字文明，或者是古典的中国文化、中国文明，但是提到近代，无论是中国人还是日本人、韩国人，大家明明处于同一时代，同时遭遇着亚洲所面对的问题，彼此之间却始终没有从生活、文化的观点进行过相互交流，不了解对方在生活之中对什么有兴趣，平常吃什么，看到什么东西会觉得高兴，特别是文化层次的交流几乎不存在。

确实有不少中国人对《源氏物语》等日本的古典文化有兴趣，当然日本人也对中国文明保持着非常大的关心，但日中两国的同一世代之间却几乎不在乎彼此的兴趣。日中关系的发展原本应该可以走向更好的方向，却在过去出现了不幸的结果，就是因为欠缺了文化这个重要的因素，使得两国间的关系失去了人与人的相互理解这个重要基础。这正是日中关系的重大问题。

所以我在此重新强调文化的重要性。大家经常使用“政治力”“经济力”“军事力”“技术力”等词，几乎没人使用“文化力”这个词，但实际上在目前这个全球化、国际化、资讯化的时代当中，文化正是促进人与人之间相互理解的重要媒介。文化交流已经成为和平与发展的重要基础。其实对国民、市民层次而言，国与国之间的问题往往不如切身遭遇的问题来得重要，但不可能有人乐见国与国之间的问题导致战争的爆发，所以也不可能完全不关心。而最关键的地方在于，如果双方的相互理解能够顺利进行，那么将有可能以不同的方式改善国际上的政治关系。

例如 2006 年上映的电影《千里走单骑》，由中国知名电影导演张艺谋导演，在云南拍摄，而张艺谋邀请了日本知名演员高仓健担任主角。这部电影也在日本上映。当时 NHK 也前往云南拍摄相关的纪录片，在电影首映日前后播出。影片中，高仓健前往中国云南非常偏远的一个边境村落摄影，村子里的老爷爷跟老婆婆看到高仓健时，围着他，一边摸他的身体一边说："好像在哪里看过这个人。"为什么这些村民会有这样的反应？原来是1979年，他们在村子里看过当时在全中国各地上映的日本电影《追捕》。《追捕》是"文革"结束后最早在中国上映的外国电影，主角正是高仓健。"文革"结束后，当时的中国人对外国电影非常感兴趣，所以看过这部电影的村民自然会对高仓健留下深刻的印象。NHK的纪录片中呈现的正是这些村民没想到高仓健竟然会在数十年后来到他们的村子，让他们非常感动的影像。

世界一流的中国导演张艺谋拍摄电影时，找日本人担任主角，并且在中国的乡下地区出外景，我认为这种形式的相互理解是非常重要的。如果类似的相互理解能不断累积，那么对日本来说，也可以从各种层次理解中国。如果日本人也以类似的方式推动相互理解，那么中国人自然也会对日本的事物感兴趣，而日本人看到中国人对日本的事物感兴趣，也会愿意进一步去理解中国的事物。因此我认为，这类的文化交流不断累积是非常重要的。

说到"文化力"的话，就必须提及中国目前也越来越关注的"软实力"。"软实力"是美国的国际政治学者所提出的概念，意思是虽然美国是超级军事大国，但是世界上对于美国的世界战略的批判与反抗也非常强烈，因此除了由军事力与政治力所构成的"硬实力"以外，也必须透过以文化为中心的"软实力"让世界各国感受到美国的魅力，进而了解美国的存在。因为美国的"权力政治"只靠"硬实力"的话，必然会招致强烈反感，例如中东至今仍然不断发生反美运动。换言之，美国如果能够更积极地对外宣扬美国文化的美好，促进世界各国对美国的理解的话，也就能够透过"软实力"的推动，进一步在全世界建构心理上支持美国的体制。不仅中国，韩国也对"软实力"的概念相当有兴趣。

不过我还是要在此强调，“软实力”的概念、背景来自于美国这个超级大国。美国的对外政策不能单纯依靠军事力、经济力、政治力、技术力等硬实力，也需要软实力。目前的亚洲并不存在像美国这样的超级大国。中国目前看来可能会逐渐成为这样的“超级大国”，如果真是如此，中国必须要意识到文化力是足以与政治力、经济力相提并论的力量，因此我才会强调文化而使用了“文化力”这个词。

日中的音乐文化交流

这里也想分享几个我最近亲身经历而且与“文化力”相关的非常好的体验。第一个是今年 7 月，为了纪念日中建交 40 周年，中国政府派遣了在“第十四届肖邦国际钢琴比赛”中获得第一名的年轻钢琴家李云迪前来日本，在东京三得利音乐厅举办个人钢琴独奏会。我非常喜欢李云迪的钢琴演奏，尤其是他以肖邦为主的演奏更是让人印象深刻。

但是非常有趣的地方就是过去中国在日本举行的纪念活动，多是以宣扬中国传统艺术为主，例如派遣京剧团举行京剧表演、举行二胡的演奏会、提供传统的山水画在东京国立博物馆展览等。可是这次却派遣了完全不符合中国传统音乐风格的西洋古典音乐方面最具代表性的，也是新希望的钢琴家来日本表演，这显示中国政府似乎改变了他们的看法。换句话说，西洋音乐在中国的地位并没有像在日本来得高，不过现在中国已经可以派遣优秀的钢琴家来日本，以其实力让日本的听众为之疯狂了。

另外一个让人感觉到时代仿佛已经变了的地方是北京的国家大剧院。北京国家大剧院位于天安门广场旁边，大剧院内设有四个剧场，其中有 2400 个座位的歌剧院可能是亚洲最大的。其他还包括拥有 1800 个座位的音乐厅、900 个座位的戏剧场、300 个座位的小剧场。整个设施都建在地下，天花板由玻璃幕墙构成。

这次作为还礼并庆祝日中建交40周年，日本派遣了NHK交响乐团到北京表演，演奏的曲目是武满彻的钢琴协奏曲与柴可夫斯基的第五交响曲。不过钢琴协奏曲的独奏是由中国的女钢琴家陈萨担纲，她的演奏也让人非常感动。听众之中大约有98%都是中国人，对于NHK交响乐团的演奏非常感动，全场起立鼓掌。当然李云迪在东京三得利音乐厅举行个人钢琴独奏会的时候，我们也起立为他鼓掌。从这里可以发现，日中之间透过西洋音乐这个媒介缩短了彼此的距离。实际上我们非常喜欢李云迪的演奏，中国人也很希望能听到NHK交响乐团的演奏，但21世纪以前，双方几乎没有这种层次的交流，所以可以说这代表着日中之间进入了文化交流的新时代。

接下来要讲的与我个人喜爱的艺术领域有关。石川县金泽市近四年来每年都会举行名为“金泽爵士祭”的爵士音乐节，2012年是在9月15~17日举行，来自北京的钢琴家夏佳也参与了三重奏的演出。夏佳是一位非常棒的钢琴家，我本人也是他的粉丝，这次我又正好参与了“金泽爵士祭”的企划活动，因此邀请夏佳来参加。他也应邀前来，虽然这段时间正是日中之间的骚动越演越烈的时期，夏佳仍然来到金泽举行了两场演奏会。这次的爵士音乐节还邀请了来自美国、法国、意大利、俄罗斯、日本的爵士乐者，夏佳与他们一起演出，而日本的听众也非常有修养，大家听完夏佳参与的三重奏后也毫不吝啬地给予热烈的掌声。

这里有两个重要的地方值得注意。一个是这些来自中国的人士可以将他们的体验带回中国，告诉中国人：纵使是政治关系非常激烈对立的时期，日本的听众依然对我们的演奏给予热烈的鼓掌来表示他们的感动，演奏时也没有任何人进行妨碍活动。另一个是对日本人来说的，让日本的人们知道中国有这么优秀的爵士乐者，而且也愿意在这样的情况下来日本进行这么棒的演奏。虽然可能只是一个小小的活动，但文化交流就是必须在这种层次下，透过各种方式不断地进行，而且也一定会给双方带来收获，这种收获的累积是非常重要的。同时，今天在京都举行的这场国际研讨会可能在两国关系之中只是一场小小的活动，但我认为，相较于双方在表面上采取的政治活动，这一场不同层次的学术文化交流可以成为日中之间相互理解的基础。

不过我个人感到非常遗憾的是李云迪原本预定在9月底到10月中旬之间来日本举行演奏会，我也购买了他原本将在10月于东京三得利音乐厅举行的演奏会的预售票，但李云迪因为国内的事情而取消了这次的行程。同时也有媒体报道，中国似乎“下令”出版社停止出版日本作家的著作，重视软实力的中国政府为什么会采取这种措施，完全让人无法理解。

实际上原本也有几位贵宾预定参与这场国际研讨会，最后却因故无法出席。我个人认为，不管遭遇什么状况，即使是陷入战争状态，文化交流也要继续进行。国与国之间不管发生了什么样的对立状况，也一定会在某些层面持续进行文化交流、民众间的交流。我认为这样的交流正是为迈向未来的发展建立基础。国与国之间理所当然会因为各种各样的问题发生冲突，也可能会因为各方的利害关系而无法顺利协调导致纷争的发生。但是21世纪世界的一个非常重要的课题，就是纵使发生这样的状况，也一定要让文化与体育的交流持续进行不受影响，促使这些交流能成为国际的公共财富。

国际文化环境的变化

这里先换个话题。进入21世纪后，日本所处的东亚国际文化环境已经完全改变了，出现了许多20世纪完全想不到的变化，如大家所知道的，现在这个时间打开日本的BS等电视频道，播出的几乎都是韩国制作的影片，当然也有中文的电影，还有很多中国与韩国的女星拍摄在日本播出的电视广告，中国、韩国甚至整个亚洲的娱乐、文化艺术都已经进入日本。

另外我这次前往北京参加国际会议时，晚餐会上与邻座的北京大学的老师聊天，我问："现在北京大学的学生最关心的是什么?"对方回答："漫画。"北京大学的学生有很多人很喜欢看漫画，而且有很多人是因为想阅读原文的漫画而学习日语的，现在已经迈入这样的时代。所以既然已经进入了双方都积极地想要进行文化交流的时代，我认为日中都应该更加重视如何促进这样的交流。

东亚的国际文化环境已经出现变化这点非常重要。如大家所知道的，中国最近也定调，将成为"文化强国"视为重大国策。20 世纪的时候可以说完全无法预测到这样的发展。但进入 21 世纪，中国也意识到，不只是要增强政治与经济的力量，也必须要增强文化的力量，也就是培养文化力，因此才明确提出"文化强国"的口号。例如为了向国外推广中文与中国文化而设置了如孔子学院这样的机构。从历史来看，中国到 20 世纪为止仍然认为，外国人来中国学习中国文化是理所当然的，可以说仍然维持着过去日本派遣"遣唐使"到中国时代的想法，但如今中国开始主动对外宣扬自己的文化，这可以说是过去完全无法想象到的发展。中国目前在东京设置了东京中国文化中心，这也是一项新的做法。

为了因应文化强国的政策，中国目前也兴建了相当多的博物馆与美术馆。我这次前往北京开会时也参观了北京的中国美术馆，据馆长与副馆长所述，中国将在北京奥运会场的中心地兴建更大的中国美术馆新馆。据他们的说法，新馆的规模将比日本的国立新美术馆大上 10 倍左右，位于东京上野的国立博物馆的规模大概只有它的门厅大小。据说中国今后也将在全国各地兴建 300 间美术馆，并且在各地兴建博物馆，积极扩充文化设施。

中国也正在兴建类似刚刚提到的国家大剧院的大规模剧场群，过去根本想象不到我们竟然可以在北京听到 NHK 交响乐团的演奏会，竟然有像国家大剧院这么大的剧场群位于北京市中心，而且由瓦列里·格吉耶夫率领马林斯基剧院担任剧院的揭幕演出，欧洲的歌剧团与交响乐团也到北京公演。我去年秋天到北京时，也看到意大利知名钢琴家毛利齐奥·波里尼要在大剧院举行演奏会的公告，波里尼在那之后也来日本举行演奏会。

依过去的经验，欧洲与美国的知名交响乐团与音乐家来亚洲举行公演的话，基本上只会来日本而不会去其他国家，但现在也会去北京与新加坡举行公演。

新加坡在 2000 年兴建了拥有大型歌剧院、音乐厅、舞台的滨海艺术中心，落成后也举办了许多大型活动，当中也包括日本的钢琴家、伦敦交响乐团的演奏。亚洲的面貌已经完全改变，仿佛文化的时代已经到来。

中国的“文化强国”政策今后会如何发展，还需要更多的时间进行观察，对中国来说，被称为“军事强国”虽然是大问题，但提出“文化强国”这个口号也是一个很重要的发展，如果今后能更尽力发展文化，我们有可以积极进行文化交流的舞台，或者 NHK 交响乐团的公演可以正常在北京进行，那将是非常重要的发展。同时中国也会有许多演奏家来日本吧。也就是期待能够这样进行文化交流的时代的到来。

不过实际上，亚洲各国至今的做法仍然不能算是重视文化振兴，各国虽然对本国所拥有的历史文化遗产非常自豪，但对于振兴现代文化非常消极。此外各国对于振兴大学也非常消极，但进入 21 世纪起，中国政府为了培育出世界第一流的大学，除了北京大学以外，也分配给中国的许多其他大学高额的预算，相当重视大学的发展。目前复旦大学、北京大学、清华大学的教授、副教授之中有不少人是在美国的哈佛大学与耶鲁大学取得博士学位，这也代表着这些大学正迈向亚洲的最先进大学之路。

当然日本也拥有包括东京大学与京都大学等世界一流的大学，但是亚洲各国如韩国、新加坡、泰国等国的留学生，在美国接受高等教育后回国进入大学，成为研究的中坚，中国的目标可能是在10年以后拥有足以与哈佛大学匹敌的大学吧。因此重要的是日本应该如何因应，也就是要非常清楚地认识到整个发展的方向。我自己就深刻地感受到中国在文化力的培养上非常积极。

削减文化预算的日本

我在日本一直参与文化领域的活动，但相对之下，文化的关联预算不断地被削减，大学的预算也遭到削减，可以说前途一片黑暗。政府推动削减公共事业预算时，往往倾向于优先削减文化这个发言权比较弱的领域的预算。例如我就不认为应该要削减将日本文学翻译成外文的预算。根据OECD的报告，日本是世界上发达国家之中教育预算最低的国家。为什么会发生这样的状况，实在令人无法理解。但日本在削减预算时，都是先从教育、文化、学术领域着手，反而韩国、新加坡、中国则是增加相关的预算。这样的做法经过一段时间后，一定会导致日本与其他国家出现差距。

日本的国立美术馆也好，位于京都的许多美术馆也好，我希望能够有世界各国的人前往参观，我也希望世界上许多优秀的人才能够到日本的大学来，但如果日本仍然维持目前的做法，将会导致日本的美术馆的规模逐渐萎缩，落后给亚洲其他国家。甚至最坏的结果是可能会变成像以前的唐朝时代，也就是优秀的学者不来日本，而前往中国或亚洲其他的大学。

从某种程度上来说，日本身为亚洲唯一一个完成近代国家体系的发达国家，一直在学术研究等领域扮演领导者的角色。以美术馆来说，上野的国立西洋美术馆保存的西洋美术品是全亚洲最多，中国、韩国、印度的规模都无法与之相比。这样的比较有没有意义是一回事，事实是日本曾经取得了这样的成就。但是进入21世纪至今，如果国家或民间不愿意继续支援文化与学术领域，讲得严重一点，日本可能会因此而失去国家的未来。

东亚现代文化圈的形成

说到文化的话，就一定要提到2007年由中国推动而实现的“日中韩文化部长会议”。该会议在中国的南通市举行，也是日中韩三国负责文化政策的阁员史上第一次一起开会讨论相关事务的会议。三国在会议后签署了“南通宣言”，宣言的开头就明确提及将尊重相互文化的多样性原则，并以平等的立场积极进行文化交流。这一会议也于2008年12月在韩国、2010年在日本继续召开。文化政策的阁员之间进行国际会议本身就很少见，宣言不是条约，但也属于对国际公开的文件。在20世纪时，我们根本无法想象到中国政府与韩国政府会如此积极地推动文化交流。

日中韩关系恐怕是目前世界上最复杂的国际关系之一，我非常期待能够透过文化交流，建立一条更稳定的相互理解的道路，可是这次的问题导致了李云迪和许多文化艺术相关人士无法前来参加日本主办的活动与研讨会，我个人觉得非常不可思议，也感到非常奇怪，真的非常令人失望。

但就是因为面对这样的时代，日本更不能停下脚步，应该要为建构未来和平的基础，积极推动文化交流与学术交流，虽然可能会遭遇许多压力，但是还是应该继续推动。第二次世界大战结束后，所谓“酷日本”的文化，被包括中国与韩国在内的世界各国所喜爱，这样的事实不容否定，而且我认为应该要以此为基础，更加积极推动文化交流。

如果要以文化为途径分析日中韩关系的话，正如同刚刚我所提及的，东亚的国际文化环境从进入21世纪起已经出现激烈的变化，同时所谓的东亚现代文化圈也渐渐形成。正如大家所知，过去历史上曾经存在着儒家文化圈、汉字文化圈。事实上因为韩国、日本、新加坡等带动经济成长的国家都受到儒家文化圈的影响，不仅经济学者在80年代提出了雁行理论来说明，也有法国的学者认为，以日本为中心，包括亚洲“四小龙”的韩国、新加坡、香港、台湾都属于儒家文化圈，因此儒家文化圈对现代是非常重要的。

可是如今包括泰国与印尼等东盟（ASEAN）的10个国家在内的整个东亚地区也实现经济增长，但这些国家并不属于儒家文化圈，而是属于伊斯兰与佛教文化圈，受到了伊斯兰文化、印度文化的影响，不能从儒家文化圈的角度进行观察。虽然大家过去一直将东亚地区称为儒家文化圈，特别是朝鲜半岛、日本、越南也使用汉字，事实上过去东亚地区也确实受到中国文化很深的影响，但现在大家对于何谓儒家文化圈也有所疑问。即使是汉字文化圈，中国现在已经改用简体字，例如我们日本人使用的“豊”这个汉字，中国对应的汉字“丰”变得简而空，虽然现在的中国人看到日本汉字马上就知道是什么，不过我们日本人却没有办法知道这个简体字的意思。越南现在已经不使用汉字，而是使用罗马拼音。韩文也是使用谚文、朝鲜字，韩国国内基本上已经很少使用汉字。

日本虽然使用汉字，但同时也使用平假名、片假名、罗马字。同时使用四种文字的国家，全世界古今中外大概只有日本吧。全世界只有日本的国语是由四种文字构成，实在令人感到不可思议，不过纵使世界的主流觉得非常不可思议，我们日本人还是很自然地使用。世界各地的语言文字受到古埃及的影响，大多只有一种形式、种类，只有日本使用四种形式的文字。虽然有一段时间受到中国的影响，但日本并不属于汉字文化圈。就算是儒教，中国本土也曾经出现排斥儒教的时期，儒教至今在中国大陆也不存在明确的形态。在讨论现代东亚文化时，儒家文化圈与汉字文化圈所适用的范围比较受限。

我最近提出了“东亚现代文化圈”这个词，意思就是东亚文化基本上都是由三种不同的文化所构成的。以日本为例，日本的文化中存在着日本本土的文化，这是以祭祀神道教的农耕文化为基础的，在日本全国各地都可以看到，但同时又受到来自亚洲大陆的文明古国的影响，例如中国的文明、儒家、道教、文字、国家体制、都市设计以及来自印度的佛教，到了近代又受到西洋文化的影响。

也就是说，现代的日本文化、韩国文化、中国文化，其实是由各国本土的固有文化、亚洲大陆的古代文化、近代的西洋文化所构成的。当然各国都还各自保有着过去流传下来的传统，但实际上无论是哪一个国家或哪一个区域，都不存在只有那个地方单纯保有的文化。

加藤周一教授在1955年发表的论文《日本文化的杂种性》中提出了所谓“杂种文化论”的观点。他认为日本是许多文化混杂的文化之国，也就是日本原本同时受到亚洲大陆的古代文明、日本的传统文化的影响，又受到近代西洋文化的影响，因此出现了文化的杂种化。不过我以“混成文化”来代替“杂种化”。我是从《老子》中选择了混成这个名词。《老子》中提到，世界诞生前存在着多种不同的秩序与观念，但渐渐混成为一体，形成一种秩序，这就是“混成”。也就是说，无论日本、中国、韩国，还是东南亚各国，基本上都属于由三种不同的文化混合而成的混成文化。

其中日本又是“混成”最成功的国家。佛教与神道可以说是性质完全不同的宗教，但是在日本却是以神佛融合的形态共存，之后也有许多外来文化进入日本，但其中一定会有与日本传统文化融合的部分；不但神道被保存下来，有的佛教寺庙还与神社盖在一起，之后属于近代文化的西洋基督教文化进入日本，但三种宗教并没有在日本发生激烈的对抗，反而融合成为一种现代的日本文化。

从电视连续剧等来看，相关的技术最早可能确实是从欧美传来日本的，但日本电视剧的内容都是反映日本的现实，主演是日本的演员，播出的音乐也是日本的音乐，这些现象在韩国与中国也是一样。所以大家都拥有相同的技术，但日本、韩国、中国各自制作的连续剧内容都不一样，这就是文化“混成”后，更进一步表现出各国文化的特色，我认为这就是现代的东亚。像新加坡与泰国制作的电影最近也在戛纳电影节获奖，电影的技术也是从西欧的《美女与野兽》开始发展的，但泰国与新加坡使用了西欧的技术制作了属于自己的故事，虽然内容有不同，但当中也有想要传达给我们观众的共通之处。

更详细说的话，韩国将日本的漫画与动画作品改编为连续剧、电影，比如目前上映的韩国电影《嚎叫》，其原著是日本推理作家乃南朝的小说《冰冻的犬齿》，现在这类的改编已经很多，甚至日本也会将韩国电影改编制作。

东亚不管哪一国的文化，只要与东亚的现代文化相关，都是“混成文化”、混合的文化，虽然各国的语言不同，故事也会有些不同，但东亚各国出身的各位看到东亚其他国家制作的作品时，都会产生共鸣，这样的时代已经到来。

各国理所当然都拥有属于自己的文化，例如中国拥有从古代流传至今的文化，日本也拥有《万叶集》与《源氏物语》以来的文化。但另一方面，如果同时观察现代的文化，可以发现各国的文化拥有所谓的国籍，也就是各有各的特色，但其中也有各国共通的地方。这可以说是现代文化圈之中非常有趣的地方，值得注目的是，目前的东亚地区进入 21 世纪以后，应该可以说是有史以来，各国终于拥有了可以在平等的立场上进行相互理解、文化交流的现代文化，而且非常明显。

现代文化也以很多种形态出现，例如东亚各国之间经常共同投资、各国演员共同演出、内容穿插各国传统文化的电视连续剧、电影，也有像韩国与日本的流行音乐，我觉得这是非常重要的。进入这个时代，各国并非个别竞争以表现其文化的特色，而是一起在现代文化的舞台上竞争，发挥自己的特色。这次的威尼斯电影节，不仅有北野武执导的电影参展，韩国的电影也参展且拿到了金狮奖，这样的时代已经来临。我们应该要对此有所自觉，并且今后必须从各方面努力推动东亚的关系。

在这个时代，东亚的人们已经能够透过娱乐、艺术、学术研究等领域对彼此进行更深的了解，这可能是电视、互联网的影响，但不管怎样现在已是日本的作品能够在中国上演，在中国许多地方被人观赏，中国的作品也能够在日本上演的时代。新加坡与泰国也能看到日本与中国的作品。

所谓的东亚地区，是指日本、中国、韩国，再加上东盟 10 国。这个虽然是 20 世纪 80 年代后期出现的国际政治上的概念，但现在最能够自由往来的就是这个地区，而东亚地区目前也正出现自由的文化交流现象。

缅甸最近也为了发展经济而对外开放，与外国进行交流。我 10 年前曾经去过仰光，与当地的大学生进行交流，当时他们问我：“滨崎步最新的单曲是哪一首歌?”“涩谷现在是什么样子?”这些仰光的大学生围着我问的，就是当时被称为涩谷文化的日本年轻人文化的相关问题。我因为不是很了解，所以非常困惑，但深深地感受到这些年轻人正透过互联网关注着日本文化。此外，中国也会举办角色扮演大会，每次都有数百万人参与，世界上也经常举办与酷日本相关的活动，这样的时代已经来到。

我认为，透过文化交流肯定能够加深相互理解，只是这些成果至今还无法反映在政治领域，这对我们来说是一个很重大的问题。

日本、中国、韩国，三个国家应该合作，这股力量将会是促使东亚发展、现代文化圈形成的原动力，而当中的日中关系已经不单纯是日本与中国之间关系的问题，必须思考东亚整体的关系并考虑当中的日中关系应该要如何发展。而这种思考模式在政治与经济领域也应该是相同的，我想要告诉各位的就是，目前的时代已经发展到如此的状况。

日本与中国相互学习到了什么？

——从专门介绍日本文化的杂志《知日》的出版进行的探讨

毛丹青*

今天听到青木老师的发言后，我重新审视了自己的经验。我在思考今天要说什么话题时，看到布帘上写着今天的主题“日本与中国相互学习到了什么？”我突然有了一个想法或者说灵感，我想要以此来进行今天的讨论。

文化是一个拥有很大力量，永远被后世流传，像空气一样的东西。目前媒体一直在炒作日中关系恶化的话题，但我认为文化这个空气并没有在日中之间消失，而是在继续流通，这场会议能够顺利举行，正是这个原因。刚才青木教授提到的“混成”这个词特别让我有触动，现在正是大家互取所长，共同朝一个方向努力、一起成长的时代。

我今天要讲的内容，是我实际亲身参与，或者说是我和中国的年轻人一起努力的成果，今天我要向各位介绍这个实际的案例。

为何会出版《知日》

其实我到昨天为止都待在岛根县，特地为了今天空下一天的时间

---

* 作家、神户国际大学教授。

从那里“逃”了出来。

岛根县有出云大社，《知日》的采访团到那里采访时，出云大社正在进行迁宫，这次的迁宫距离上一次迁宫已经过了60年。我们都以为，迁宫是把整个本殿的主祭神都要搬离原址，因为我25年前来日本时是进入三重大学留学，伊势神宫也位于三重县，据我当时的了解，伊势神宫每隔几年一定会迁移一次，所以才会有这样的先入观。但是当我抵达出云大社时，却发现状况与我所想的完全不同，神殿还好好地在那边。我们当场询问出云大社的工作人员：这不是自相矛盾吗？迁宫是怎么一回事？根据他们的说明，原来所谓的迁宫是暂时将神体、神明迁移到位于本殿前方的祈祷殿，然后在距离原本的祈祷殿大约200米的地方盖了新的祈祷殿。我想说的是，托了迁宫的福，我可以进入神明暂时离开的神殿。因为神明不在，工作人员也对我们说：“请过来参观，请进来参观。”

我在那边得到了一个想法，就是日本人对时间的认识方式。那是一个非常漂亮的神殿，而且当天的天气又好，特别是夕阳西下时，将神殿烘托得更美。优秀的摄影师也一直努力地把影像记录下来，而我到现在也还忘不了那时的感动。

现在《知日》也还在当地继续进行采访，为什么我们可以做到这样的程度？中国的年轻人、和我一起工作的伙伴们，都没有受任何人的指示，也没有收到任何机关提供的资金，都是自己希望能更进一步了解日本，才来从事这项工作的。我每天与他们一起工作，看到他们努力工作的样子，非常感动。

2011年1月，《知日》在北京创刊，这个刊物的标题虽然很大，但实际上只是一种杂志书，也就是介于杂志与书之间的出版品，目前也还在继续发行。我们是基于透过100%的中国人将100%的日本传达至中国的想法而创刊，执笔者全部是中国人，我们也将日本人的文章翻译成中文刊登，编辑也全部由中国人担任。

我们最主要的目的是思考当前的时代是如何被创造出来的。我想这大概也正是在场的各位所关心的问题，例如到目前为止的文化交流是国策下的产物，那是为了什么具体的政治目的所推动的？这个问题不只发生在中国，也发生在日本，这样的文化交流实际上是很脆弱的，发生任何状况，例如像这次的领土问题，文化交流一定是第一个被取消、被中断的，现在正是这样的状况。不过今天向各位介绍的我们的这个小小的尝试，完全不受这类状况的影响，我们希望能建构强固的文化交流体制，也就是新的文化交流。虽然有点像开玩笑，但是我想分享一个我喜欢的用语，就是“潜水员”。也就是像潜水员一样，不是浮在海面上，而是要潜下去发现精髓在哪里。

为什么中国会出现《知日》这份杂志？我们如果回顾一下，最早可以从北京奥运开始谈起。2008 年，中国政府为了让世界了解中国，推动了很多事业。

其中我直接参与的一个重大项目就是“我们生活在同一个地球：外交官带你看世界”丛书。这套丛书有 50 册，由上海文艺出版社的老板，也是我的友人亲自领军企划出版的。请大家想象一下，过去中国的政府公务人员、电视上看到的外交官，都只会摆出很严肃的表情，看不到他们的笑容。这套丛书正是这些外交专家所看到的世界，除了日本之外，当中也包括法国与德国等。那这套丛书的内容是什么呢？其实是旅游指南，内容是哪些地方卖的东西比较便宜、哪些地方的东西好吃之类。但我们请了这些外交官来写这些东西，这是非常划时代的做法，可以说这就是巧实力、软实力，中国应该要积极推动这样的做法。

而希望制作一本表现 100% 的日本的杂志的想法，是 2008 年冬天出现的。奥运结束后，各家出版社的精英集合起来，准备出版能让人更加了解世界各地文化的杂志。不只是了解日本的《知日》，还包括了解美国的《知美》、了解欧洲的《知欧》，为了了解市场的反应，首先决定以日本为主题。

为什么会决定一定要先以日本为主题呢？原因很简单，就是与日本有关的东西往往销量都很好。如果各位去中国的书店的话，可以去外国文学的专柜看一下，贩卖的书籍大概有七成，多的话可能八成以上是日本的小说。而且不只如此，包括流行资讯、漫画也是如此，在这种情况下，我和还很年轻的总编辑两个人笑着说："这个一定可以大卖。"于是决定了这个方针。

《知日》出版准备

我们在策划出版《知日》的时候，直接找了磨铁图书公司的社长，这间图书公司每年的利润是以亿元人民币为单位的。我们直接去找社长谈判"请投资我们"，并且提出了一年的预算、采访费用、印刷费用，双方对于全部所需资金进行了相关讨论，最后的结论就是大家来试试看。这位社长本来就是文化人、诗人，他的兴趣之一原本就是接触日本文化，所以根本没有详细估算金额，酒一干掉就说："我知道了，就做吧!"事情就这样决定了。

整个出版计划是在去年（2011）的 1 月决定的。挑这个时间点是因为正好 2010 年在钓鱼岛海域发生了渔船冲突事件，中日关系因此大幅恶化，2012 年领土问题的对立显然就是 2010 年的延续。所以我在提出出版计划的时候就是反向思考，认为这正好是一个机会，不过并不是为了日中友好，说实在话是为了赚钱。会这样想是因为消费者心理，虽然大家当时说讨厌日本、讨厌日本所以反对日本，但是不是也会出现想看看真正的日本的反向思考？讨厌日本的攻击反而大大地帮我们宣传，这样讲虽然有点不正经，不太适合公开讲，但这就跟没有绯闻的偶像就不能算偶像的说法有异曲同工之妙。

我们在一开始就决定要以艺术家作为创刊号的主角，因为艺术家可以通过出版检查。于是就像青木老师所说的，我们不选择传统文化而选择了现代文化，最后锁定了两个人，其中一位是出身于青森县的奈良美智，他也是世界级的艺术家，因为牵涉到版权，所以相关的费用绝对不少，而且联络的时候才知道没办法在东京直接与他会面，必须要通过经纪人安排，而他的经纪人正在纽约。得知这个消息后，中国籍的年轻编辑当天就买了机票前往纽约，顺利地解决了这件事情。等一下会给各位看创刊号的封面。

工作人员的独立

因为全球化的缘故，相关的讨论绝对不是来日本就可以解决的。我今年 50 岁，在日本也住了 25 年，因为长年在日本任教，对于目前中国读者的需求并不了解。

不过我们《知日》的工作人员之中，除了我这个年纪最大的人，其他大部分都是 1981 ~ 1989 年出生，甚至还有 1990 年出生的年轻人，这些年轻的男女对于中国市场的需求非常了解，每天把多到像洪水一样的相关资讯传给我，我再来分析这些资讯，决定要推出什么企划、主题。

最重要的当然是杂志造成的影响。现代中国的年轻人对于文化的眼光或者说非常努力想要完成一件事情的态度，真的是非常了不起。我看着他们工作的时候，仿佛像看到鱼鳞闪烁一样。今天想要介绍一位年轻的男性编辑，他是图书公司的高层主管，以总编辑的身份和我一起搭档推动了《知日》的创刊，去年包含增刊在内，总共推出了 6 期，赚了不少钱。但是在刚刚开始赚钱的时候，有一天他突然对我说："毛老师，我有件事情想请教您的意见，可不可以给我一点时间?"他请教我的事情，就是想要辞去在中国最大的图书公司的职务。他说不想再替那位社长赚钱了，想自己出来当老板。这点在中国也是很常见的事情。

图书公司的社长是我的朋友，所以我就去拜托他，"请让他走吧"，中文叫作"单飞"，当我说"让他单飞吧，因为你的公司规模大，等到将来他的公司扩大时，你再把他买下来"的时候，社长就笑着说“我知道了”。于是这个年轻人就在北京独立创办了“知日文化发展有限公司”，《知日》创刊以来才一年半就发生了这么大的事情。

而这正表示对日本的理解，因为有够大的市场，所以我们认为我们的杂志不需要任何广告，虽然我们其实是想要广告，但说不需要的原因是我们希望能先建立品牌的口碑，希望能够以实际的销售量在市场决一胜负。

各种各样的特辑主题

我们最近推出了有关猫的特辑，没有别的理由，只因为我养猫。正是了解日本，才会有这样的灵感，不需要太过在乎背负着类似什么使命感的东西，就是抱着愉快的心情去做。虽然常常在用字或引用方面发生错误，但我们正在成长，这点还请各位见谅，我们无法因为这样的小错误而停止前进。

现在是日中关系非常紧张的时候，中国也发生了许多大规模的反日游行，可是就在这样的时候，我们《知日》的采访团仿佛日中关系没有发生任何状况一样，前往岛根县，也去了玉造温泉。玉造温泉位于岛根半岛一个叫作潜户的地方，是松本清张小说的舞台，那边有一个洞窟，据说洞窟里面聚集着死掉的小朋友的灵魂，我们跟着当地的居民坐船去这个听起来有点让人感到恐怖的地方祭祀，那里真的让人感觉到恐怖，同时还有叫声很诡异的野鸟飞来飞去。“总编辑，下一期的《知日》的特辑以妖怪为主题吧。”“好主意，这一定会畅销的。”就是这么简单的经过。感性是很重要的，这是真实发生的事情，而我们现在也正在努力完成它。所谓的文化是什么，就是可以眼睛看得到、皮肤感觉得到的东西，就是这么简单，并不是和我们不同领域、不同世界的东西。

今天的一个主题就是相互学习到了什么，如果真的要举出实际的案例，恐怕说也说不完。例如日本的文化之中有很多很重视细节的东西，而且多到让人觉得很烦。一开始提到对时间的看法就是其中一个。

其次，双方对彼此没有的东西会感到有趣。我们以茶为例说明，岩手县有南部铁器，是著名的铁壶品牌。在日本茶道的世界里，大概都是用铁器来将水煮沸。可是中国的茶文化之中，不是用铁器而是用陶器。不过中国却有人组织南部铁器爱好会，我认识其中的一个成员，据说光是登录的会员就有数百人，也有老先生愿意花 150 万日元买一个铁壶，一个普通铁壶的价格是 8000 日元，如果去阪急百货公司买的话，可能要花到 4 万 ~5 万日元。这里提出一个问题，为什么他们会喜欢铁壶？答案很简单，因为中国没有这样的文化。用铁壶将水煮沸后把茶加进去在中国并不是主流，所以他们才会有兴趣。前阵子他们还组了一个团前往铁壶的制作工厂去参观，我因为认识几个有名的匠人，我听他们告诉我这些事情以后忍不住笑了出来。为什么我会有这样的反应？因为突然有他们完全不知道的人来定做大量的铁壶。这正是双方共享互相没有的事物，双方没有的事物里面蕴藏了文化，这也就是两国以文化为媒介相互分享美好的事物。

我也考虑什么时候在《知日》制作一个以南部铁器为主题的大型特辑，竟然还有人说："如果真的做这样的杂志的话，我会订购 1000 本。"我也不知道为什么会有这种情形，应该就是所谓的狂热吧。他们的心里有着很大的目标，就是我们要比日本人还要了解日本，要让日本人见识一下我们的实力。回到原本的话题，如果这样做的话，杂志就会畅销，我们就是要贯彻这点。

为了改善日中关系，最重要的就是确认如何让杂志畅销的理论，我不太了解当前的政治与经济的世界，但是政治发生问题时，也会导致经济方面连带出现问题，文化其实也拥有一样的力量。

就是因为有很多人支持我们这种非常有特色、有特殊目的的杂志，我们才能继续坚持做下去。这里反过来想，如果不畅销的话怎么办？只有放弃，然后重新思考其他的方式。这是明确的理论，一点都不会不可思议。

《知日》的封面与内容

这里透过几张《知日》的封面与内容的图片来进行说明。

创刊号（图 1－1）整个版面全部使用红色，因为中文里面有一个词叫作“开门红”，红色代表好运。本来还有另外一个版面设计是全黑色的，是我说“不要用这个”，才取消，这个就是我们的开始。

2011 年 1 月，一个寒冷的日子，我们花了约 150 万日元办了一个盛大的酒会，邀请了许多媒体，还付他们交通费，甚至是很高额的交通费，媒体因此对我们表示好感，给予这个封面非常高的评价。

图 1－1

接着请看这张使用制服的封面（图 1－2），可能会有人觉得很恶心，但这就是要表现出一种对立的感觉，因为现在的中国正出现一种制服文化，在我们的时代，我们根本不知道制服的存在，如果没有钱的话，根本就不可能出现这种文化。

日本的历史之中，制服是从明治时代开始出现的，我们请中国的学者研究了从那时起制服到底是怎样变化的，之后才做了这样的封面，因为是第二期，我们希望杂志能够继续顺利发行不要中断，所以还是继续弄成全红的底色。

第三期（图 1－3）就使用了全白的底色，原因是杂志已经畅销，就不用太在乎使用什么颜色了。

图 1－2

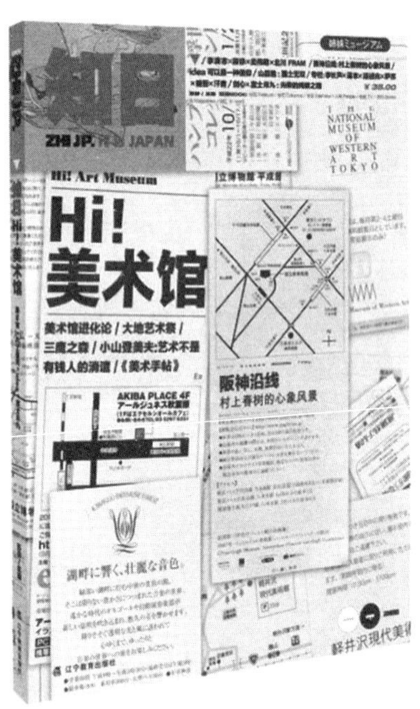

图 1－3

这期的主题是美术馆，这些全部都是日本美术馆的入场券，我们收集了这么多入场券，把它们这样排列，想要表现的并不是美术馆这个东西，而是有这么多人对文化如此感兴趣而去美术馆参观，“没有好的美术馆的国家没办法成为好的国家”这句话是我们的拷贝，因为青木老师今天也在场，所以我故意提出这件事情。

接着是书的王国（图 1－4）。日本是世界上书籍销售最多的国家之一，书籍阅读的平均数量也比其他国家要高出很多。而且生活中少不了书的存在，电车上等生活场景中可以随处看到在看书的人，所以我们以此为特辑。这个黑色的影子是我们的编辑，一开始找了短发的人来拍照，但看起来怎么都不像日本人，所以才找了长头发的她来当照片的主角，将她拿的书命名为《书之国》。

图 1－4

请各位看一下（图 1－5），这只是我养的猫，这期的封面是它的鼻子。为什么会选择用鼻子的照片当封面呢？我因为养猫的关系，读过很多与猫有关的杂志，发现日本人制作的猫的杂志之中，说 100% 也毫不奇怪，都是以眼睛的照片为封面，如果不相信的话，可以去书店找这类的杂志翻翻看，与猫有关的书也几乎都是用眼睛的照片。当然猫的眼睛很漂亮，但是因为大家都用眼睛的照片，所以我们用鼻子来凸显跟日本杂志的反向思考。

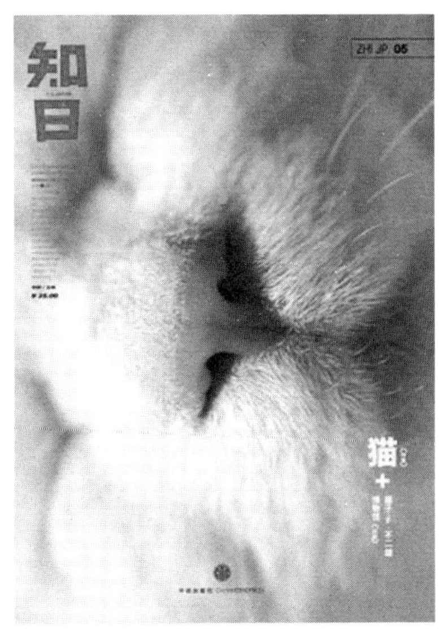

图 1－5

美术编辑与文字编辑在与我一起创刊《知日》之前，都没有来过日本，完全不会日文。当时编辑部只有我一个人会说日语，他们完全不懂，不过我觉得不懂的话反而比较好，因为他们会觉得有新鲜感，会有好奇心。托了这张漂亮的鼻子照片的福，这期是创刊至今最畅销的一期。

这张封面（图 1－6）上画的铁路是神奈川县的江之电。这个玩具的价格是 820 日元，我买了这个玩具以后，坐在电车上晃来晃去时看着它，一瞬间突然出现灵感，决定用这个玩具的照片作为封面。

这期介绍的是日本的铁路，不过不是新干线，而是中止营运的废线，就是将不要的铁轨开发成肥料，施用在土壤里，让树成长，让花绽放，河川也因此开始流动，之后漂亮的彩虹仿佛桥一样架在空中，这就是铁道御宅族。

这期（图 1－7）是增刊，我们制作了村上春树的特辑。请各位看一下，我们直接使用了“越境する文学 村上春树的心象风景”的标题。我们请了四个优秀的中国摄影师到阪神铁道沿线地区，也是我目前生活的地方，前往过去村上春树就读的香栌园小学、村上春树以前经常去看病的回生医院、村上春树中学时期常常去的爵士音乐酒吧

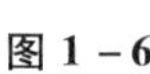
图 1－6

图 1－7

拍照，将所有的小地方尽可能地拍摄下来。虽然村上春树本人没有出现在这些照片里面，但是读过他小说的人看到后一定会马上有反应。

其实跟我一起工作的总编辑非常喜欢村上春树的作品，据说翻译成中文的84本村上春树的小说他全部读过，比我读过的还要多很多，所以我们才做了这个特辑。

《文艺风象》

我想告诉大家，现在已经不只是《知日》。这本杂志叫作《文艺风象》（图1－8），这期的名称叫作“有事没事看日剧”，是以日本的连续剧为特辑。这里告诉大家电视剧里有很棒的文化，所以有连续剧“相棒”的特辑，其他也介绍了许多适合年轻人的连续剧。这是我住在上海的朋友所制作的，我们为了了解日本，做了许多准备，也互相合作，共同分享一些想法。例如我们有个“大家一起去日本”的合作特辑，即使情势这么恶劣，也应该还是很畅销的。

图1－8

《云爆弹》

这本杂志（图1－9）的总编辑是只有17岁的高中生，我也在北京跟她见过面。她来参加我们的谈话会，而且因为没有座位，所以是站着听的。她和我、总编辑握手时手还在发抖，她说：“《知日》对我来说就像是圣经，我也创办了一本叫作《云爆弹》的杂志。”《云爆弹》现在已经发行了4本，内容也包括日本文化。像这样的年轻

图 1－9

人，没有任何人指示，只是因为自己的兴趣、狂热，就这样去做自己想做的事情。我就是因为有这样的情形，才会认为这一定会是很大的市场。

《知日》创刊号

最后重新回到原来的话题，《知日》的创刊号实际上最初有两种版本的底色，另一个是黑色太多、红色不够的版本，后来才决定全部都弄成红色。正因为我们是中国人，红色代表可以得到福气，中文有个词叫作“开门红”，我们就是基于这样的信念，在1月份，正好是农历新年的前夕发行了创刊号。

文化的力量

我最后的结论只有一段话，就是一定存在着希望。

进入当前的时代，“文化的力量”正是已经没有任何人可以简单地压制的一股力量，任何人都可以去做与文化相关的事情，理由很简单，就是今天我一直提到的，因为可以赚钱，这个是非常明确的理论。

我们必须创造可以畅销的文化，或者是可以被接受的文化，虽然有各种困难，有可能因为难度太大而无法达成，但是我们有热情。现在我们的摄影记者正在鹿儿岛，还有一个工作人员正飞往纽约。大家会有这样的力量去做这样的事情，正是因为我们认为必须坚持对读者负责。

最令人感动的一刻，是上个月我们参加上海的书展时被许多读者要求在猫的特辑上签名。有很多很奇怪的名字，不过不是人名，而是猫的名字。当读者说“为了我的猫，请帮我签名”的时候，我非常感动，大家透过猫而了解日本，透过猫而了解日本人，当我被问到“日本的野猫真的这么幸福吗”时，我回答“是”。许多读者都说“日本真的是幸福的国家”，我也回答“是”，这正是软实力的力量。

对于未来的日本来说，像我这种，或者是像我们《知日》团队的各位一样希望能够为了更了解日本而努力的人，一定会越来越多，力量也会越来越壮大，我相信日本与中国的关系也一定会因此而越来越好。我算是不懂政治也不懂经济的人，但我也存在着这种乐观主义，一定会越来越好，就像这些养猫的人一定会知道。

评论与回应

主持人：石川祯浩（京都大学教授）

石川：首先我想向毛老师请教一个简单的问题，在日本怎么样订购《知日》？另外我也养猫，也就是说，即使看不懂中文，也可以了解中国人是怎样感受日本文化的，是这样吗？

毛丹青：听说专门卖中国书的书店都可以买到，可能很贵，2000日元或者更贵也说不定。在中国的价格是35元人民币。

石川：就是说在中国，一般的书店或便利店都很容易买到吗？

毛：严格说来《知日》不能算杂志，没办法在路边的书报摊售卖，因为这样会违反法律，因此只能在书店跟便利店售卖，我最喜欢的7-11便利店向我们进了很多本。

石川：这里有一个听众的提问，他想请教毛丹青老师，“在韩国，《知日》这个名词似乎含有卖国贼的意思，虽然在中国听起来是了解日本的意思，但不会成为被批评的对象吗？”

毛：当然会被批评，不过说实在话，我们基本上都无视这些批评。我们面对这些批评时采取强硬的态度，会告诉批评者，我们可以介绍许多相关的专家给您，请不要直接批评我们。今天的说明里漏掉一点，就是到第 4 期为止，我们的标题“知日”采取了横书的方式，但是第 5、第 6 期采取了纵书的方式，因为这样看起来很像是“智慧”或者是“睿智”的“智”字，也就是说了解日本，会让我们变得睿智。

青木保：我也想请教一个问题，就是中国是怎么样来看猫的？狗在中国是可以吃的，那猫呢？

毛：什么都可以当食物，所以可能也是这样吧，但是猫就是猫。

青木：中国有养宠物的习惯吗？

毛：有，现在正好流行养宠物，不仅有跟猫相关的杂志，也有跟狗相关的杂志。

青木：我的一些中国朋友最近都开始养狗。他们说，因为一胎化政策，到了这个年纪时会变得很寂寞。我一开始觉得很惊讶，以为他们是要养来吃的，但他们说是养来当宠物。

石川：最近中国非常流行养宠物，甚至有些过去被当成是食物的动物，现在也被当成宠物。接着是下一个提问，这恐怕要分别向两位请教，是比较严肃的话题。“这是我看到最近的钓鱼岛问题所想到的，在中国，到底是所谓的爱国心与爱国精神优先，还是儒教精神优先？要怎么样来思考这样的问题？”这个提问是想请教，如果真的有所谓爱国心与爱国精神以及儒教精神，中国到底是哪一个优先？各位的意见如何。

毛：我很想向猫请教这个问题（笑）。从现实来看的话，我想应该是爱国心吧，因为现在的人接受的就是这种教育。儒教是很久以前的而不是我们这个时代的事物。刚刚青木老师也提到，对我们而言，我觉得日本是突然出现在我们中国人世界的国家，20 世纪 80 年代的时候，不知道怎么回事，高仓健这样优秀的演员主演的电影突然在电影院上映，到底是什么理由，我想到现在还是一个谜团。但是那个时候给了很多人很大的影响，真的是完全没有预料。

青木：我不是这方面的专家，但是对于中国一直保持着疑问。其中一个就是所谓的爱国。虽然现在特别是战后的社会主义中国非常强调爱国，但之前并没有这样的用词。

另外一个问题是关于中国的历史。中国拥有非常悠久且复杂的历史，例如中亚的蒙古人进入中国建立了元朝，文化与语言与汉民族完全不同的民族统治了中国 200 年吧。之后满洲人进入中国，也统治了 300 年吧。这种情形在日本是完全无法想象的。汉民族、蒙古人、满洲人对于国家与民族的概念可以说是完全不同的。

日本也有所谓的锁国，当然现在是所谓的多民族国家，但是民族与国家的关系是自然地趋于一致，世界上可以说只有日本是国境与民族完全一致的国家吧，我想在这样特别的国家之中成长的人对于接受爱国这样的观念其实是很困难的，所以政府在这方面也是非常辛苦吧。大家可能很难理解这样的状况。

所谓的近代国民国家，其实是法国发生大革命之后才建立的观念，19 世纪末的时候，曾经提出“告法国国民”这种民族主义思想的厄内斯特·勒南，也曾经说过类似把法语作为国语是非常辛苦的话。法语现在虽然是世界上具有代表性的语言，但实际上是在 19 世纪末期才成为法国的国语，目前的法国甚至还有像布列塔尼这种过去曾经受到英国统治、影响的地方，当地的法国国民是不使用法语的。

而日本的国家与民族具有一致性，可以说是非常特别的，即使是明明住了各种各样的人的多民族国家，却还是形成了单一民族。反观中国就完全不同，这到底是怎么一回事?

我觉得另外一个有趣的地方就是像蒙古人这种属于中亚地区，可以说被中国当成“夷狄”，但因为拥有强大的武力而征服了中国。可是元朝也被汉民族的大文明所同化，满洲人也是如此。所以我觉得“中国”应该是文化国家、文化的概念。

石川：这个问题是要请教青木老师。“青木老师最想向中国介绍的日本文化是什么?”

青木:例如像《源氏物语》也已经有全文翻译，刚刚也已经介绍了许多，如果真的要讲，我想介绍的其实可能与文化稍微有些距离，就是类似现代日本的都市生活之类的文化吧。也就是说，日本的都市是非常安定的，而且都市生活表现出来的是一种扁平的概念，就像是村上龙曾经提出的“超扁平运动”这个名词。也就是说日本的艺术都是所谓的超扁平，而欧洲等地却是属于阶级社会。

我觉得扁平这个概念是非常重要的。战后的日本走到今天，包括所谓的酷日本文化之中的漫画、动画到角色扮演，都是日本的无阶级社会所创造出的文化，无论是总理大臣，还是乡下的高中生，去卡拉OK唱歌的话都是唱同样语言的歌，这在世界上是绝无仅有的，日本并没有把文化阶级化，真的是非常有趣的国家。

而中国的精英阶层与一般人的文化却完全不同，韩国、亚洲的其他国家、欧洲、美国也都是一样，日本虽然现在与其他国家发生相同的状况，现在也被称为格差社会，但是和中国与美国的格差社会相比，却不能说是真的有不平等，就是因为如此，我觉得如果可以将战后日本文化之中有关扁平的概念，更进一步向中国介绍的话，可能是一个很好的想法。

寿司也好，其他什么也好，或者什么都好，想向中国介绍的东西其实可以说几乎快没有了，但是我很想向中国多多地介绍这种扁平的社会所诞生的文化，这样的话，中国对日本的看法可能也会大幅改变吧。

专题讨论：相互依赖的深化、相互不信的膨胀

——如何打破日中之间的“心防”

主持人： 加藤千洋

讨论人： 杨逸（作家）、王敏（法政大学教授）、泉京鹿（翻译家）、原口纯子（自由撰稿人）

总结： 天儿慧

加藤： 青木老师和毛老师的演说内容非常丰富，也让人感到非常温暖。我自己是比较喜欢狗的，不过演讲中有关猫的内容，让会场整个变得非常温暖。希望能够在这样的氛围下继续进行接下来的圆桌会议。今天请到的原口老师、杨逸老师、泉老师、王敏老师都是这方面非常知名，也积极发言的专家，我自己会尽可能避免插入自己的意见，而是以主持人的身份协助讨论的进行。

虽然这样，不过我还是想稍微做一点发言。今年是日中关系正常化 40 周年，日本与中国的来往方式已经和过去有很大的不同，我想可能在场的来宾也有不少人认为，日中关系应该已经迈入了结构的转变期、变革期。

如果真的要提出一个最主要的原因，我想应该就是中国走向大国化吧。目前中国发生了巨大的变化，甚至连中国人自己对变化之大都感到困惑。我们日本人虽然是中国的邻国，但仍然是外国人，对于这

样的现实该如何消化理解，如何咀嚼，可以说心理上还没有做好准备，也可以说完全是一片空白。

另一方面，现实的世界却是以非常快的速度前进，今天两位老师所做的主题报告也有提到，日中之间已经以非常多的层级、多层次的管道进行交流，今天的报告有一个关键词是“赚钱”，这也代表着日中的相互依赖关系已经非常深入。但相反的，我们也透过这次的骚动看到非常深刻的相互不信任。今天的圆桌会议的主题虽然是“相互依赖的深化、相互不信的膨胀”，但希望尽量以软性的话题来进行。

目前需要的正是刚刚提到的“不要让日中关系因为政冷经热，而被封闭在政治与经济的狭隘构造”，如果尽可能从更广泛的视野来观察日中关系，必定可以将日中关系之中还沉睡着的潜力更多地发掘出来。《知日》杂志之中有个“文化跨越国境的时代”的标题，我觉得这句话的含义正符合这个想法。日中双方无论是大众文化还是生活文化，必然已经在各种层次跨越国境、跨越海洋而有所交流，今天希望能够从这个观点进行这场圆桌会议。

出席圆桌会议的各位都在日本或中国生活了十几年，首先想请各位在开始发言时，以自我介绍的方式谈谈为何会在日本或中国住了这么长的时间。

王敏：我已经在日本住了30年，之所以会在日本住这么久，主要的理由有三点。第一点是因为我接触了日本以后对很多事情感到很惭愧。在日本我可以学习到我所不知道的中国、我所不知道的世界、我所不知道的日本。是日本让我每天可以发现自己所不知道的事物，让我每天可以发觉自己需要学习的地方，让我学会必须要谦虚。

第二点是我的博士论文主题是宫泽贤治。为什么会是宫泽贤治？其实是因为宫泽贤治的作品，有许多让我感觉到惭愧的地方。宫泽贤治的作品之中，存在许多混成文化的要素，如果只有我不了解的西洋文化与日本文化也就算了，当中竟然也受到中国文化相当深入的影响，而这部分已经成为日本文化的一部分。我因此发觉自己过去从来没有认真地去理解这方面的问题。透过分析宫泽贤治的世界，我认识到，原来日本文化之中存在着与其他文化混成的部分，宫泽贤治就像是将我指引到无限宽广的人文世界的导游。

第三点是日本人撰写的跟宫泽贤治相关的论文或分析之中，很多都是使用西方的观点与方法论，但是却鲜少有透过与中国比较的研究。为何会有这种情形？是因为日本文化会随着时间而逐渐变化。同时也告诉我，生活、感觉、价值观也会随着时代而转变。我面对这种不断进化的世界知识与世界观必须保持谦虚，但我也因此开始思考，现代的日本人在中国、亚洲的生活之中到底缺少了什么？从此我在日本的生活就是每天学习与检证的过程，我也因此发现了许多事物。

例如京都有小仓神社，大家可能都有去过，那里祭祀着天干地支的 12 地支，也就是 12 生肖，祭祀全 12 生肖的神社是非常少见的。此外，同志社大学附近的（京都）御所保存着一幅以过去的天皇为主角的隔扇画，可是这个天皇是中国古代的治水英雄夏禹。这幅隔扇画蕴含着每天要不断努力的意思，目前也正在公开展示，大家可以前往参观。

我就是这样慢慢地在日本不断发现日本与世界、日本与亚洲、日本与中国的文化关系，也慢慢地深入了解自己，现在的我仍然有所不足，需要更努力促使自己继续成长，而在日本最大的优势，就是在日本的生活可以让我继续成长。在日本居住的 30 年，每天都在学习也不会让我觉得枯燥、厌烦。今后我也将继续在日本学习。

加藤：这里想请教一个问题。您是什么时候接触到宫泽贤治的？是几年前？是在什么地方？

王：我在 1979 年就读于四川外语学院的研究院时，当时日本派遣来的第一批日本语教师之中，有一位石川一成老师到了我的母校。

当时他每天用油印机印资料给我们，把手都弄得黑黑的，好像章鱼一样，当中就有宫泽贤治的“无畏惧雨”，那是我第一次接触到宫泽贤治。

加藤：我只是一个小小的教师，听了刚刚的发言，我也稍稍学习到了身为一个教育者，应该要如何面对教育这项志业。石川老师促成了王敏老师这位优秀学者的诞生，可以说是在重庆完成了非常了不起的工作。接着请泉老师发言。

泉：我到2年前为止在北京住了16年，比不上王敏老师在日本住了30年，现在也还在日本活跃。说实在话，我真的不想离开中国，也想了很多方法看能不能继续留下。回日本的理由是生小孩，我的丈夫是住在东京的日本人，是一个不懂中文的普通公司的职员。我和丈夫以双方分居在北京和东京为前提结婚，就是为了想办法可以继续住在北京，最后住了16年。

我想继续住在北京的理由，是因为觉得居住的环境很好。2005年发生激烈的反日游行的时候，我也是理所当然地留在北京，其他包括SARS的流行等各种各样的问题发生时，我也是继续住在北京，没有想过要回日本，当时也有很多人替我担心。这次在东京看到伴随着激烈破坏行为的反日游行发生时，也还是会感到心痛，虽然有很多人说“还好你回来了”，但我的心里却还是希望有机会的话可以回到北京。当然这是一种非常复杂的感情，无法轻易放弃。

我从几乎不会说中文的时候前往中国留学，之后就一直留在那边，后来稍微有办法用中文沟通的时候，也曾经在中国的日系企业工作过，但辞去工作后很长一段时间，我几乎可以说是以自由业的方式留在中国，这种情况严格来说是违法行为，虽然不是非法滞留，但是有点像是非法劳工。而中国从以前开始就不太会去处理这种状况，所以基本上对我来说并没有什么困扰。

今天的主题是“文化”，中文与日文的“文化”都是同样的汉字，而“文化”所蕴含的意义非常大，如果要进行说明，其实是很困难的。就像我当年结束留学生生活进入日系企业，最后却辞掉工作的时候，也被很多人问说“你到底在干什么?”不过真的很难回答这个问题。实际上我在以自由作家的身份开始写文章、翻译文章、担任中国人与日本人的翻译后，也慢慢开始进行各种各样的研究与工作，主要是以生活、社会、文化方面为主，中文把这个称为“搞文化”，而我则回答“从事与文化有关的工作”。

但纵使如此，我一开始什么作品都没有，例如像杨逸老师说自己是作家的时候，可能已经有作品问世了。但是即使我一本书都还没出，如果我说“我正在考虑写书”、“正在努力进行文化事业”的话，北京的人们都认为我是希望在中国与日本之间推动与文化相关的事业而对我非常好。但实际上我什么都还没有开始，也没有出任何的书。即使在还没有任何相关作品的时候，只要说“从事与文化相关的事业”，一定会有许多人会愿意出面协助，然后一定会陆续有“那么你知道这样的事情吗”、“我可以帮你介绍这个人”、“你可以教我有关日本在这方面的事情吗”等从各种领域来的提案或请求，因为这样得到了许多人的协助，让我学到了不少，获得了许多经验。

我大学本科是日本文学，是在完全不了解中国的情况下到中国留学的。到了中国以后，不仅学到了中国的事物，也了解了日本的美好。我自己感受到的地方，就是当被中国人问到“日本有这样的东西吧”的时候，明明是一件很平常的事情，被说“这样很好”时，会觉得是这样吗？例如告诉中国人“日本人看到交通信号变成红色的时候，即使没有来车，大家也会停车”、“客人进到店里，店里的员工一定会对客人非常恭敬的鞠躬并且说‘欢迎光临’”等在日本是很平常的事情，而中国人却回应说日本是个好的国家，可能意思稍微有些不一样，但就是类似爱国心这样的想法意外地在国外萌芽。我过去并没有特别喜欢或讨厌日本，但去了中国以后，却因为中国人对日本的称赞而出现了喜欢日本的想法。

我做过许多工作，不过大约是10年前，我遇到了今天在演讲之中一直强调赚钱的毛丹青老师。跟毛老师才见面没多久，他就对我说："要不要翻译这个东西看看。"我因为毛老师的邀约而进入了翻译世界。我的中文其实并不是非常流利，但是开始从事翻译工作以后，觉得这项工作非常有趣，完全被迷住，因此将中国的小说翻译成日文的工作成了我的主要事业。在日本的各位如果去书店的话，基本上许多大书店都会有几本我翻译的小说，这就是我的工作。不过其实这份工作并不能算是一份可以赚大钱的事业，明明是刚刚一直提到会赚钱、可以赚钱的毛老师所介绍的工作，以能不能赚大钱的观点来看的话，这是一份会让人感到失望的工作。

我翻译成日文出版的中文小说之中，有一些作品比较起来算是有不少读者的，但是就像刚刚两位老师所说的，中国有不少中译版的日文小说出版，但中文小说的日译版比较起来数量算是非常的少，我大概以一年一本到两本的速度进行翻译，其他也有许多从事将中文小说翻译成日文的翻译家，但以数量来看，在日本可以读到的日译版中文小说真的远比在中国可以读到的中译版日文小说要少。

过去中国没有互联网，也没有电视、电影，就像刚刚青木老师提到的，当中国人看到高仓健等时受到了相当的冲击，因为有很长一段时期，在中国流通的日本资讯非常稀少，所以确实是有过被称为"中国人对日本的事情什么都不知道"的时代。但我认为，现在的中国人已经不能被称为是"对日本的事情什么都不知道"。其实我阅读了很多的资讯之后，反而开始怀疑日本人是否真的了解中国。我长年居住在中国，虽然还是有一些事情不是很了解，但认为如果能够促进日本对中国的理解，也是一件美事。基于这样的想法，我开始从事将中国的小说翻译成日文的工作。

小说算是创作，并不是事实的报道，但是从当中可以感受到许多中国人的心理与想法、当时中国社会整体的气氛等，我就是希望日本的各位能够多多阅读这样的作品而将这份工作当成专业，如果有人还没有阅读过的话，也请您务必阅读看看。

加藤：想请问泉老师一个问题，算是非常细节的问题，最赚钱的是谁的作品？

泉：单独作品的话是余华的《兄弟》。红色与蓝色的封面、分上下两册，页数相当多，我花了差不多2年时间翻译。当然有时候也会同时一起翻译好几本书，但这本书我花了2年时间，是一份喜欢阅读的人可能花2天就可以全部读完的作品。故事的内容高潮迭起，非常有趣，会让人想一口气读完它，属于娱乐性质的小说，主要是描写中国40年来因为改革开放而急剧变化的激烈过程。2008年出版了单行本，之后也由文春文库以文库本出版。

但即使如此，光是看到书本身，就知道页数非常多，所以可能会有人感觉到“上下2册、这么厚”，对于要不要阅读而有所抵抗，但是我在互联网看了读者的感想，大家都说“一开始读就没有办法停止，会想一口气读完它”，我想这是一本非常适合没有读过中国小说的人阅读的小说。

加藤：泉老师的发言中提到了“居住的环境很好”，如果光看最近的电视新闻报道，我想可能会有人产生疑问，觉得说“这种社会会有好的居住环境吗”。也许我们可以通过之后的讨论来解开这个谜团吧。接着请杨逸老师发言。

杨逸：我讲的内容没有那么深。虽然来日本已经25年了，但我一直称自己的日本年纪是20岁，因为来日本以后，让我感觉整个身心越来越年轻，真的觉得自己已经重返20岁。

另外，如果要明白地说的话，我在日本的生活其实是完全没有考虑过任何人际关系等问题的。在中国的话，没有走后门或靠人际关系的话，根本不可能有出头的机会。相较之下，日本社会可以说是所谓的实力社会，很多地方让人感到非常干脆。我比较不擅长处理人际关系方面的问题，只希望自己能够诚实地活下去，而日本的环境和我的个性非常合得来，所以我不管怎么样，打算到死为止都想留在日本。而且日本文艺家协会会帮忙在日本准备墓地，我也打算找一个好时机入会。

另外一点与是不是在日本或什么问题没有关联，是与今天的会议有关。虽然今天的会议主题是日中关系，但我参加这个会议其实是有其他目的的，因为我非常喜欢京都，如果参加会议的话，可以去茶屋喝传统的日本茶，对我而言，这点比日中关系还要重要，我是因为可以来京都而决定参加这场会议的，真的是别有用心，非常抱歉。

加藤： 杨逸版的小说《古都》即将出版，请各位期待。最后一位请原口老师发言。

原口： 我是原口，目前住在北京，为了参加今天的会议，昨天抵达京都。我的中国年龄是 18 岁，就是在中国住了 18 年。会在北京住这么长的时间，与我的工作有很大的关联，所以一开始想先介绍一下我的工作。我的身份是作家，正好今天毛老师来为我们演讲，请各位把毛老师的工作反过来想象一下，就可以了解我的工作了。毛老师是在日本的日常生活之中寻找题材，在中国的杂志上介绍日本的事物，我是做相反的事情，而且我的规模更小，就是将与中国的生活相关的事物，例如旅行、吃、艺术、家具装潢、建筑、流行以及对与这些领域相关的人物进行专访，主要是将这些资讯发表在日本的生活时尚杂志上。

开始这样的工作与我个人的经历有关。我并不是在中国撰写中国文学或教中文，我在东京时的工作其实主要以欧洲为主，包括在进口欧洲电影的公司担任了6年的宣传工作，当时也常常去巴黎出差，有时访问知名女演员，有时因为必须在日本的杂志上介绍电影导演的拍摄状况，为了收集相关的资讯，经常和居住在当地的作家、担任联络人的女性一起工作，因此知道了“原来海外有这种类型的工作”，这对目前的我影响非常大。我是因为家人被派遣到中国工作，才一起转居到中国，这只是一个偶然，但刚开始在中国生活时，很单纯地出现了“如果有中文版的话……”的想法，结果就开始了这项工作。

我是从20世纪90年代初期开始在中国居住，当时有一个想法，以法国为例，有政治经济的报道，同时也有流行、建筑、家具装潢的相关报道，我开始思考“为什么会没有与中国相关的杂志？我读的杂志为什么会没有与中国相关的报道”，例如以北京为例，我来中国以前阅读到与北京相关的报道只有政治经济领域，可是实际上住在这里以后，发现这里真的是很漂亮的都市，在20世纪90年代初期还保有非常古老的建筑物等。当时我就开始思考，像我这样的人所发现的中国的美好事物，能不能以什么样的方式对外介绍？就这样开始从事目前的工作，至今已经超过10年了，当时的想法对我的影响真的很大。

以巴黎、纽约、伦敦为例，其实早就有人在撰写介绍当地生活流行的报道，而这些地方的报道好像是理所当然会有人撰写，可是有关中国的部分却几乎没有。我是在这样的状况下开始这份工作，就像是踏入从来没有人踏入过的雪原一样兴奋，10年来我就是以这样的心情进行这份工作。

目前日本的杂志之中，例如前阵子有篇特辑报道是有关“无印良品”的，结果吸引了许多世界上“无印良品”的爱好者。也就是说，当我们在讨论纽约、伦敦、巴黎、北京、上海等地的生活形态时，会把北京与上海当成同一层次的都市来看待，从这个层次来看，其实过去我只知道政治经济领域的中国，但其实可以从更多的角度来观察、介绍，而近10年来，大幅度从各种角度观察中国的介绍显然越来越多，我就是在这样的状况下不断前进，就这样在中国住了18年。

但在这次的反日游行中，我觉得自己可能面临转折点。我当初只能阅读到政治经济的报道，觉得说“中国应该不只有这些吧”，才会开始现在的工作，所以这次看到反日游行的相关报道时，虽然心情感觉很沉重，但也有着“应该不会只有这种反应的啊”的冲击，让我回想起过去10年以上所做的工作。果然中国正是自身体验到的广大的国家，任何人一定可以从自己有兴趣的领域来观察中国这个拥有博大文化的大国。所以，我对于大家只从政治经济领域来观察这次的反日游行这点，感到非常可惜，因为我是带着自己的想法来接触中国的，而这也丰富了我的人生，我希望能将这样的感觉传达给各位。

加藤：刚刚听众对青木老师的提问之中，有一个问题是“青木老师最想向中国介绍的日本文化是什么？”青木老师在回应时，将日本的都市生活环境之美以“扁平”这个概念来说明。那么包括北京与上海在内，中国因为经济的快速发展，都市生活的部分也已经逐渐形成，可以接受村上春树也代表着中国内部存在着这样的环境，不过如果将中国视为一座高山的话，我个人认为北京或上海应该算是这座高山的山顶，但是您在那里待10年以上，会不会有在北京或上海也很难看清中国整体的感觉？

原口：我目前在某家航空公司的机上杂志有个连载专栏，叫作“中国万事通”，主要就是每个月前往中国的地方都市，围绕以当地为主题的企划进行采访，所以我最近这6年来不断前往中国各个地方的都市，看到了不少中国各地的状况。我就是因为经常在第一线采访，所以明显感觉到中国的地方都市的发展状况与北京、上海越来越像。

最近有一个让我印象很深的事情，就是我前往一个乡下的小村庄采访，从云南的省会昆明开车前往这个小村庄需要 6 个小时，真的是很乡下的地方。我和那边的文化部门负责人谈到了“无印良品”时，才发现她非常喜欢“无印良品”，会去收集中文版的商品目录来购买。由此可知，中国的乡下地区已经不能算是非常落后的地区了，包括互联网的发展，使得整个乡下地区的感觉也与大都市越来越接近。所以我的印象里，中国的地方都市的生活形态是越来越丰富、越来越有趣的。

加藤： 我突然回想起一件事情，这是我很早以前就开始思考的问题。2010 年的上海世博览会的主题是“Better City，Better Life”，意思就是“更好的城市、更好的生活”，目前很明显中国的经济发展阶段可能已经达到了这个地步。就是说大约只有 25～30 年的时间，我想这已经是很短的时间了，所以觉得很厉害，在北京待了 16 年、18 年的两位可能也是这么认为。所以这里想请教泉老师，如果育儿告一段落的话，打算回北京吗？

泉： 想回去，而且我经常如此计划。接下来的话题可能会让人觉得有点讨厌，去年东日本大地震发生时，我刚生产完过了半年左右，许多中国友人发电子邮件给我，担心辐射线对婴儿造成影响，甚至还有人说“现在立刻带着小孩来北京，先生就不要管了”，这并不是说中国的朋友们不担心我的先生而只担心我的意思，可能是担心我的小孩。想到这一点，就会出现“原来如此，真的谢谢大家这样关心我，非常感谢，很想去北京”的想法。不过虽然这么想，可是中国的医疗体系的状况确实相当糟糕。去年 12 月的时候，我打算带着刚满一岁的小孩去北京，其实这应该算是我的小孩第三次去北京，可是出发前一天因为发烧而出现了很严重的痉挛，只好叫了救护车前往医院，最后因为需要住院而取消了北京行。因为是出发前一天，所以赶快传简讯给北京的朋友们说“对不起，没办法去北京了，因为小孩发烧生病，还叫了救护车，现在需要住院”，结果不只日本人，连中国人都回信说：“还好你不是在中国，是在日本。”

那时传简讯给我的朋友（中国籍）之中，有一半以上，大约是八成左右的人没有来过日本，连日文都不懂，可是大家却对日本的医疗体系的运作完善相当有信心。后来我也对他们说明，救护车在电话联系后5分钟内抵达，将小孩送往有小儿科医生待命的医院诊查，虽然之后住院一周左右，但因为有婴幼儿补助制度，所以几乎是免费住院。日本全国各地包括东京都23区或京都在内，制度可能会因为地区的关系而有不同，但大概婴儿的话，不在保险范围内的治疗部分，某种程度上几乎都可以获得地方政府提供的补助，而不需要自己花钱。我将这些事情告诉中国朋友时，他们都说：“在中国，这种治疗是不可能不花钱的。”

如果是这样的话，可能会有人认为“在中国没有办法生育小孩”，反过来讲，最近东京的一般市民虽然也渐渐开始变得对带着婴幼儿的人体贴，但在中国，周围的人对带着小孩出门的人都很友善，比方说带小孩出门的话，走1公里的路可能会有100个人左右跟你打招呼，问你“好可爱的小朋友，几岁了”；带小朋友坐巴士时，驾驶员或者车长会主动说：“喂，有带着小朋友的人上车了，赶快让座”，要求有座位的乘客让位，其实使用婴儿背带抱着小孩的话，站着会比坐着要轻松，但是一定会有人让座。坐电车或到其他地方去的时候，被让座是很平常的。

此外，在日本的话，几乎所有的公共场所与百货公司等都会设置专门让婴儿换尿布的空间，可以很方便地帮婴儿换尿布。中国就几乎没有类似这种空间或设备，可是虽然很不方便，不过如果需要帮小孩换尿布的话，我常常遇到中国人会以“请使用这边的沙发”或者是“请使用这边的房间”等替代的方式来帮忙。

确实包括医疗环境在内，厕所、哺乳空间、残障人士的辅助设备等硬件设施完全不足，但是当地人却有着“如果有这个的话应该可以帮得上忙"的心情尽力协助，中国硬体设施的不足就是靠着这种人的善良、热心、温柔而被弥补起来。但是像我的小孩因为常常生病，花的医药费非常多，中国的医疗费用相当贵，所以我不敢带小孩去中国的医院看病。但除此之外，中国确实存在着适合教养小孩的优点，所以我是真的打算如果小孩稍微大一点的话，带着他回中国居住。

加藤：今天的主题是"相互依赖的深化、相互不信的膨胀"，我自己稍微思考了一下，所谓的相互依赖，大家最了解的就是双方的经济合作关系，我们也不需要列出详细的数字来说明，对日本来说，中国是最大的贸易伙伴，日本的对外贸易有接近两成是以中国为对象的。对中国来说，日本也是其世界第三大贸易伙伴。

同时也要注意到人的交流，随着中国的经济成长，前往海外旅游的中国人也越来越多，近年来平均一年会有一百万人次的中国游客来日本观光，虽然目前出现了一些麻烦，但我想这只是一时的问题，乐观地说，中国游客来日本观光的潮流应该不会中断。另外像我们同志社大学，这只是一个大概的数字，大约有730个留学生，其中近50%，约340人是来自中国。在校区漫步时，可以感觉到周边有很多使用韩文、中文聊天的人，到金阁寺与清水寺参观时也是相同的状况，由此看来，日中在以经济关系为主的许多领域，可以说是相互依赖，也可以说是一种互补关系，真的发展到相当深化的地步。

我想要以这点为先决条件进行讨论。这种切也切不断的邻国关系，可以说是广义的文化，今天提到了歌剧、爵士乐，还有次文化的、那个穿着特别服装的角色扮演，我到前阵子还不知道什么是角色扮演，日中真的是已经在这样的领域轻易地跨越了国界，进行交流、融合，达到了今天的地步。今天我想以这个部分为主轴来请教各位。

首先想先请各位听听我个人的一个体验，我在学校负责指导的学生几乎都是20世纪80年代出生的人，《知日》的总编辑毛丹青老师也是跟30岁左右的人一起工作，这些人已经渐渐开始在中国活跃，也很认真学习，不过从电视看到的这次反日游行的影像之中，许多参与者也是属于这个世代的人。在中国，这些20世纪80年代出生的世代被称为“80后”，这个世代也被认为是一个市场而受到重视。

我们重视的是出生之后就一直透过漫画与动画接触日本文化、受到日本流行文化洗礼的世代，也有上海的大学生因为喜爱日本文化，在书架摆满日本漫画。可是另一方面，这些学生却受到号召而去参加反日游行，我已经实在不太想讲，但他们确实是不断地在游行中高喊反日口号。我深深地感觉到，这个世代的中国年轻人存在着双重的对日观，要怎么样来解释这种状况呢？泉老师翻译了许多80后中国小说家的作品，透过翻译、向日本介绍这些作品时，有没有发现什么关键可以解释这种双重的对日观？

泉：目前属于20~30岁前半的世代，正是出生在身边随时可以接触到日本文化的时代。比这个世代要稍微年长一点的世代，也就是与我同一个世代，在20世纪70年代出生的人们，则对于外国有强烈的憧憬，但同时也有着反弹，这个反弹是因为人们拥有欲望想要了解自己不了解的事物。可是80后从小时候开始就对外国的事物有某种程度的了解，而且这样的了解又让他们认识到日本是好的地方。

只是非常不可思议的地方在于，我所翻译的小说之中，有些是作家在10~20岁左右完成的作品，而这些小说几乎可以说是一定会出现有关日本的内容。举例来说，可能是与故事本身没有关系，但高中生在下课时间聊天时可能会聊“喂、喂、喂，你有没有看昨天的电视节目”，这边提到的电视节目就是日本的连续剧；那时可能还没有iPod，但戴着耳机听的是滨崎步的歌曲。这类的情节可以说是很自然地出现，而这也不存在着对日本喜欢或讨厌的情感，从这个情况来说，这个世代真的是很理所当然会如此的世代。

但反过来看日本，看了那种影片（反日游行）而讨厌中国的人其实也吃中华料理，日本也有许多中国的东西，中华料理之中已经日本化的菜也可能不少。现在中国的年轻人也有类似的状况，因为接受教育时被灌输了政治上的印象，从媒体获得了政府间来往的状况与资讯，就是因为受到的教育与从媒体获得的资讯，使得他们嘴巴上会说“总之就是觉得日本很讨厌”，但实际上日本却已经深入他们的生活之中。在某种程度来看，可能有对日本不存有双重感受的人也说不定。

加藤：我记得杨逸老师确实是25岁吧，也就是说是在日本的80后。我提出所谓对日本的双重感受的说法可能有些夸张，但中国的年轻人的确存在着这种矛盾的感受，可不可以请杨逸小姐从自己的立场替这些年轻人辩护？

杨：我不太从一般的常识去思考问题，所以我本人也不太清楚，但从整个纷扰的状况来看，目前的日中关系确实相当恶劣，看起来像是如此，但最近有一部电视广告，是宣传《朝日新闻》出版的《天声人语》这本书的，宣传的口号是“爱的相反词不是恨，而是冷漠”，我认为这句话也可以适用在日中关系上。

无法对彼此冷漠，正是今天日中之间的中国对日本的反日感情、日本对中国的反中感情。这类感情可能对旁观者来说，“这个就是恨”，但我非常强烈地认为，这类的感情其实是爱的同义词。也就是说，双方的相互依赖关系越来越深，已经无法漠视、不可能彼此采取冷漠的态度。这样一来，有一方只要有一点小动作，另一方就会有非常大的反弹。从我的想法来看，因为大家对此都非常关心，所以在某种程度可能是一种好的现象。

中国可能真的也存在着反日感情。可是我本人没有在中国生活，只有偶尔会带女儿回中国探亲，女儿的背包上面印着各种各样的卡通角色，散步时如果进到某家店，店员会跑来问："喂、喂，这个是凯蒂猫，这个是什么什么。"我不知道这些卡通角色是什么，但这些店员称呼这些角色时是用日语发音，会被问"这是在哪里买的"。日本的次文化在中国就是如此的深入，各地的人对此都很关心，日本的次文化也的确存在着让大家不得不爱的魅力。

看反日游行的状况就知道，虽然很多人会说类似"拒买日货"的话，但实际上却有很多人是拿着日本品牌的相机在拍游行的画面，我也有点好玩地打电话问中国国内的朋友："你有去参加游行吗？你也买了很多日本货，已经决定不再使用，要把它们全部丢掉了吗?"对方回答："我很小心地把它们都收起来。"实际情况就是这样。本来就没有真的要完全把日本产品全部消灭的想法，由此可知，现在是双方以对立的奇怪方式在进行交流。

之前的讨论有提到政治力、经济力等各种各样的力量、权力，我一直都是采取所谓"放松"的态度，所以认为大家应该也可以放松一点来看问题。肚子饿的时候随便在路边找一间寿司店吃饭，不要去管日本或中国，我现在就只想吃寿司。如果与人之间的来往都是采取全心全力的态度，绝对不可能顺利成功。我都是采取放松的态度来面对事物，对于有关力量、权力的问题不是很清楚，但我建议不应该从力量、权力来考虑问题，我很认真地觉得，力量、权力都是多余的。

加藤：从某些角度来说，是对日本非常有兴趣吧。

杨：对日本非常有兴趣。

加藤：并非是冷漠吧？

杨：我非常积极从并非采取冷漠的态度这点去思考很多事情。我一直跟周边的人说，如果对方真的非常令人讨厌，那就什么都不要报道，无视就好了。可是日本人反而一直比我还要更认真去关心“日中关系”，我觉得“这样也不错”。

加藤：大约是20世纪90年代快结束的时候吧，NATO的美军轰炸机发射的飞弹击中了中国驻南斯拉夫大使馆，北京发生了激烈的反美游行。当时我正好在北京，北京大学里张贴的海报写着“拒吃麦当劳，但只有七天”（笑），这次的反日活动之中，也出现了类似“抵制日货”等仿佛尘土飞扬的用词，这可能也必须从类似的角度进行观察吧。真的都始终拒买日货吗？

杨：我有朋友买了日本品牌的车，听说他在这次游行期间小心地把车子停在车库，每天坐出租车上班，所以我想应该是没有问题。我也在跟朋友聊天时半开玩笑地说：“我们两个人也来进行反日行动吧，把中国富裕阶层所拥有的日本车全部破坏。”这样的话，一个月以后丰田汽车一定会大畅销（笑）。正面思考就是这个状况吧。

加藤：非常感谢杨逸老师的发言。接着请长期深入观察日本与中国的王敏老师，从别的角度来为我们进行分析。

王：日本国内过去也曾经有一段时期，将喜欢法国的人称为“法国佬（o France、おフランス）”。

加藤：法国佬，确实有过这样的时期。

王：虽然只是相对的看法，但是确实有过这种对他者的片面看法。可是现在的年青一代却不存在这种单方面对他者的认知，而是属于所谓的分裂型或是并存型、越境型。我认为这不只是日本或中国才有，而是全世界都有的现象。

大家观察叙利亚、印度、韩国及其他各国的游行后可以发现，任何一个国家的游行抗议一定是以年轻人为中心，而且伴随着如暴力、暴动等状况。日本这几天不是也连续数日每天都有游行吗？可是日本的游行却最守规则，为什么日本的游行会最守规则？因为和世界其他各国相比，日本可能是贫富差距最小的国家。如果存在贫富差距，当贫富差距急剧扩大时，游行的参加者会趁机将对此不满的心情反映在其行动上，这点在全世界各国都会出现，绝对不是发展中国家才会有的情况。前一阵子发生在英国的游行也是这样，就是年轻人引起了暴动。

有关贫富差距的问题，看全世界的情况，可以发现全球化持续进展也造成了负面影响，就是在全世界扩大了贫富差距。当中对贫富差距最不满、最烦恼的就是年轻人，他们是最为此烦恼的一群人，所以越来越多的年轻人参加游行抗议。

也就是这样，我们在观察年轻世代的生存之道与价值观的变化、他们表现自己的方式的变化时，不能只看单一国家，必须要观察整个世界的变化。另外一点就是有关单方面对他者的认知、自我认知的立场的崩溃，可能代表着年轻人处于成长过渡期，如果这样的话，身为成人，我们有必要用宽大的态度来看待，等待他们成长。

加藤：谢谢王敏老师。日本社会在世界上也是属于高龄化的速度非常快的国家，最近也有报道，日本有27%的人口年龄在65岁以上。也正是因为如此，我最近才了解，其实中国可以说属于非常年轻的国家，但实际上因为计划生育政策的影响，经过20世纪90年代、21世纪初期，目前中国也急速地迈向高龄化，上海等地已经有10%以上，好像是16%，已经接近20%。

如果提到相互学习，对中国来说，日本走过的道路有非常多值得学习之处，例如高龄化的政策，刚刚泉老师提到的建立急救医疗体系，建立不需要花费高额费用就可以接受医疗的体系等，日本的现状其实可以成为今后中国学习的模范。公害问题与环境保护问题也是一样。

像这样的问题，原口老师不知道有没有被从北京回来的旅客问起“北京的空气很不好吧，住在那种地方非常困扰吧?”我听说，中国国内有出现类似学习日本环保政策的声音。北京奥运的时候，应该就是2008年左右吧，北京的空气有一段时间确实变得不错，实际情况是如何？中国人有没有认为除了环境问题以外，实际的生活状况也可以跟日本学习的想法?

原口：政策方面是有向日本学习的倾向，而我个人因为长期撰写有关生活形态的报道，访问了许多中国人，我认为他们高度关心的是如何能够过更好的生活，这也是因为他们在经济方面已经达到相当水准。

访问中国人时，他们最常提到的话题就是“我买了这样的东西”、“我去了那个地方”、“我尝试做了这样的事情”，目前正好是旅行热，所以也有“我去了国外，看到了这样的东西”、“我去了日本，看到了这样的东西”等话题，他们对类似生活形态的事物非常关心。当中他们认为在日本可以过非常高品质的生活，例如最近这5~6年，日本有关环保生活或LOHAS（Lifestyles Of Health And Sustainability，乐活主义）的想法，已经相当深入中国人的心中。LOHAS的用语甚至直接成为中文，像“乐活”。我在第一线深刻地感觉到，中国已经有这样的想法，就是有关生活形态的部分要向拥有丰富且高品质的环境与生活形态的日本学习。

加藤：有一段时间，因为从中国输入的食品发生了一些问题，因此出现说法，认为中国国内非常不重视食品的安全问题，像婴儿奶粉被混入了三聚氰胺，导致了许多婴儿中毒而受害，丧失了许多小生命。日本也发生了毒饺子事件。看了这些报道后，我们可能会被灌输一个印象，就是总体而言中国在这方面的认知与应对的进步非常缓慢，但其实生活在中国都市的人们最关心这个问题，就是更安全、安心……

原口：追求更安全、更高品质、更容易居住的环境等话题，不只是在北京、上海，在地方都市也经常被讨论。我在第一线也深刻感受到中国人对这个问题的高度关心，他们甚至非常希望能向日本人请教相关问题。

加藤：这里想谈比较细的话题，我第一次在北京长住是在20世纪80年代，这个时代有一段仿佛是口号的话，就是“中国的自来水不能直接喝”，如果要喝冷水，就是“煮沸后放凉了再喝”。如果用水壶把中国的自来水煮沸放着不管，过了一周或两周左右，水壶内侧会出现一圈石灰水形成的白色粉末。正因为经历过这样的时代，我最近到中国去的时候非常惊讶，因为已经变成大家购买用水的时代，或是说大家非常在意水质的问题，所以购买宝特瓶装的家庭用水。我认为正是生活形态在以非常快的速度转变，因此如果想要利益的话，感觉这个部分蕴藏着巨大的市场、商机。

刚刚也有提到“LOHAS”直接被当成中文的词语使用的话题，我最近到中国的地方旅行时，阅读了当地报纸刊登的一则小小的报道，内容是商务印书馆将日文词汇中的“御宅族”、“宅急便”、“刺身”、“定食”、“新人类”视为中国的词语，直接列入其出版的《现代汉语词典》（第6版）。《现代汉语词典》类似日本的《广辞苑》或《大辞林》，是中国最有权威的词典。虽然只是一篇小小的报道，但从这件事情可以了解，可能就是所谓的日本与中国的生活文化、居住的文化、大众文化、次文化等已经在不知不觉之中相互深入到我们彼此之间，我认为这样的情况已经实际发生在我们身边了。

我刚刚一时想不起来角色扮演的部分。有一次去书店时，看到一本书名为《透过角色扮演而结合的中国与日本》的书。当时想着是什么样的书，于是随手翻阅了后记。原来作者是一位北京出生、前往东京大学留学的中国女生，她的硕士论文主题就是“角色扮演”。我当场“咦”地吓了一跳。不过我想各位比我对角色扮演等方面要更清楚，角色扮演是在日本诞生，不仅席卷了中国，刚刚青木老师报告中也提到，甚至在巴黎还举办了角色扮演大会等活动。角色扮演在不知不觉中深入了中国，成了被括号为“文化”的层次。我想不管是现场的哪一位，最近应该也会有这种东西这么有趣的感觉。刚刚毛老师也提到了一个令人意外的话题，就是南部铁器，而且登录在爱好会的会员人数竟然有6000人。听到这段话时，我也是“咦”地吓一大跳。

原口老师比我们有更多机会看到北京市民的客厅，甚至厨房，这里想请教原口老师，日本的生活之中使用起来比较方便的物品，或是属于生活智慧之类的物品，什么时候进入了中国的一般家庭？扮演了什么样的角色？能不能为我们举几个例子。

原口： 有关高品质的生活、居住在好环境的部分，最近有一件事情让我印象深刻，就是有一个职业是编辑的朋友，将在中国发行一本有关使用小苏打扫除的日文书的中文版。我也是那时才知道日本有出版过这样的书籍，也才知道“是喔，日本有过用小苏打扫除的热潮啊”。我想泉老师跟其他各位应该也知道，有关日本的生活形态，包括扫除、对健康良好的生活、对身体有益的饮食等很多种类、内容非常细致的书籍在中国出版。那本书其实是居住在北京的女性友人说：“你也试着用小苏打扫除吧”，推荐我看这本书。在北京制作馒头的时候，是将小麦粉揉到膨胀，然后加入小苏打，才拿到店里售卖，可是现在却是“你也试着用小苏打扫除吧”。我的感受就是，日本许多非常细节的生活智慧，已经可以在中国看到。

加藤：王敏老师，您在刚刚的发言中提到京都御所展示了中国治水皇帝禹的隔扇画，现代日本的日常生活之中，有没有什么事物是不知不觉之中从中国深入到日本的？可不可以跟我们举几个有趣的例子？

王：例子的话可以说是多到数也数不完。这里想谈一下禹帝的事情，为什么日本御所的隔扇画会以禹为题材？因为中国古代的尧、舜、禹三位皇帝之中，禹成功治理了黄河的水害，也就是禹是战胜了自然灾害的英雄，正如大家所知，中国文化传到了日本，日本人不可能是在完全没有认知的情况下去模仿、去绘制这样的画。也就是因为有用、有益于日本的生活，才有了取舍，做出了选择。我认为选择禹帝的原因，应该是日本从古代开始就是自然灾害很多的国家，因此精神上与物理上都有盼望，希望能超越、战胜灾害。

我试着调查相关的事物后发现，日语之中有许多和禹有关的词语，例如 5 月 5 日挂鲤鱼旗的风俗所缘起的故事、鲤鱼跃龙门等，全部与禹帝治水成功的地点有关，5 月 5 日也成了现代日本人希望小孩子成长的节日，这可以说是与传统不同的层次，成为东亚现代生活文化圈之中一个活生生的案例。

我又调查了一些相关的市民团体，到今年（2012）7 月为止，发现在日本有 50 多个纪念禹帝的纪念碑，这是过去没有过的新发现。这并不代表着中国文化有多伟大，而是日本尽可能将国外的生活智慧引入国内，将外国的文化与国内文化融合成为一种新的混成文化。希望各位可以理解，这是以智慧所构成的日本文化的一部分。

另一方面，中国本身因为文化强国的政策而受惠，也将其推广至邻近诸国，做出了有意义的贡献，也希望中国人能够对此有所理解，提高对自我的认识与对他国的理解。在日本有 50 多个禹帝纪念碑的事情，也代表着现代日本成为亚洲文化的储藏库。日中可以透过如毕业旅行等活动，进行更进一步的相互理解、认知。而且另外一个重要意义就是可以透过这样的案例重新认识彼此共通的文化基础。

加藤：王敏老师告诉了我们她发现的最近这20~30年之间的有趣案例，我自己是在20世纪80年代第一次长期住在中国，地点是东北。在那边第一次吃到了水饺，我过去知道的饺子是煎饺，我当时想："能不能快一点在日本也可以到处吃得到水饺呢？"结果现在已经实现了。

当时我也到四川旅行，在成都吃到了很美味的担担面，我当时也想："这样美味的料理能不能在日本的任何地方都吃得到？"结果现在担担面在日本到处都吃得到，也有连锁店是以担担面为主要料理与对手竞争的。有没有类似的案例呢？

王：以饺子为例的话，其实世界上唯一一个与饺子有关的石碑在日本，就在宇都宫站的西口。我也去了当地，调查为何这个石碑会设置在宇都宫？之后更深入调查后发现，当地有禹饺子、中华料理相关的餐厅的名字，还有好多名为孙悟空、猪八戒、沙悟净的餐厅。

泉：刚刚青木老师的发言之中，提到了日本使用汉字、平假名、片假名、英文，中国只有汉字，但最近阅读中文小说时，发现有些文本经常直接使用罗马字的单词。以前的话，没有说明"这是什么意思"的话，读者会无法理解，通常会加上注解，但现在常常没有注解就使用这样的单词。我当时才想到，原来这是因为年轻读者已经将这类英文单词视为常识来理解。日本也常有在文章之中不使用片假名，直接使用英文单词的案例，例如像hello这种简单的单词就不会加上注释，人们也不会对此感到惊讶。

最近中国的年轻人教了我一件事情，使用电脑输入中文时使用“拼音”，也就是输入罗马字后转换成汉字，如果打了中文的“的”字，也会出现日文的“の”，也就是“的”的意思。大约10年前开始，中国的街上会有完全跟日本没有关系的店家使用如“○○の××”的招牌，例如美容院的招牌写着“きれいの髪”，写着“焗の油”等非常奇怪的日文，甚至也不能称为是中文，却突然出现了“の”字。有些饼干等商品的名称虽然会有“の”字，但使用电脑输入中文时竟然可以打出“の”字，之前真的是完全不知道。而“の”字虽然是日文，但有时在中国不被当成日文，而是被视为一种可爱的记号，我非常讶异，这样的状况竟然会在中国被认同。

因为我在20世纪90年代后半期在广告代理公司工作过，我还记得当时只要是日本商品的广告必须把日文全部改成中文，影片中使用的所有日文歌与日文字必须全部消掉或是改成中文配音、增加字幕等，也就是本国语言以外的语言都不可以使用，当然Panasonic或Sony等使用英语的品牌名称可以例外，但甚至也有一段时间，这些也被要求“必须全部使用汉字”。当然那时是采取同时将中文与罗马字并列的方式，但现在却已经可以使用日文的“の”字，这应该就是没学过日文，但知道日本的事物、喜欢日本事物的角色扮演世代的人们，非常普遍在中文输入软件中使用这个字才会出现的结果。

加藤：那么中国是使用什么样的汉字来说明“オタク（otaku）”？

泉：住宅的“宅”，然后也对男女加以区分，一般都称之为“宅男、宅女”。

加藤：日语之中一般是以片假名的“オタク”书写，中国的汉字就是住宅的“宅”。

泉：“宅”加上“男、女”，而且年轻人已经非常普遍使用这个名词。

加藤：“宅男、宅女”在互联网上使用很频繁吗？

泉：四五十岁以上的人之中可能会有人不知道，但一般的一二十岁的年轻人，应该都知道这个词语的意思。从语言的角度来看，日本制的词语有很多已经深入了中国，而我反过来想请教杨逸老师，是不是也有很多中文词语深入日本？

加藤：王敏老师有没有发现日本的年轻世代目前所使用的日语之中，存在着缘起于中文的用语？

王：“ニーハオ”应该最常被使用吧，就是你好。

泉：大家应该都知道“シェイシェイ（谢谢）”吧。

王：应该都知道。

加藤：另外像“电脑”这个词在日本已经被普遍使用，可是发音不同，但“电脑”其实是来自中文，是“使用电的脑”。今天正好有获得芥川奖的作家，也有翻译了许多中国畅销书籍的翻译家出席，所以我想在此简单讨论一下文学。例如刚才毛丹青老师的发言，或者刚才谈到的旅游书，甚至日本文学，也谈到中国的书店有很多的空间出售日译中的书籍。

我也听说过，中国的中产阶级在经济方面比较充裕而想阅读翻译成中文的外国文学书籍时，最先接触的就是日本的作品。杨逸老师，这是真的吗？

杨：确实是日本的作品。

加藤：我还听说过，他们因为接触了与过去成长的中国社会不同的观念、价值观、人生观而进行反思，日本文学的翻译书籍正好能提供这样的题材，是这样吗？

杨：我在移居日本以前，就已经读过一些日本文学的译著，例如樋口一叶的作品之中，有一段描写女孩子奔跑时木屐夹脚的鞋带断掉的情节。因为那是1987年以前的事情，当时我完全无法想象这个画面。

但是来了日本以后，偶然间看到穿着和服、脚踩木屐的人的时候，才知道这是木屐，看着他们的样子，才恍然大悟，“原来是这样的画面”。过去就是因为没看过穿着和服的日本女性，所以没有办法想象这样的画面，但来日本以后就知道了。也就是说，翻译能够传达的部分在某种情况下是有其限度的，因为文化虽然可以透过翻译表达，但可能没有办法完全表达整个印象。

我现在几乎不看翻译书，而是直接阅读日文原文。刚才我也跟天儿老师聊了一下，虽然对日本人与中国人来说，小说两个字是同样的汉字，看起来可以一起讨论，但实际上我觉得在日文与中文的定义上似乎有些不同。日本的小说家在写小说时，是以日本的价值观来描绘小说的故事。我虽然长期居住在日本，却只带着中国式的价值观写小说，而我在思考什么是小说的时候，才发现或者说被刺激到，其实日本与中国对小说的定义是有所不同的，思考了许多后觉得“啊，真的很有趣”。

加藤：泉老师是将中国的作品翻译成日文，而现在村上春树的作品被翻译成中文，而且正爆炸式地畅销，中国是什么样的读者群接受了这样的作品？是什么样的人会去抢着阅读这样的作品？

泉：对目前的一二十岁的年轻人来说，不只是村上最近的作品，包括他稍微早期的作品，也都是描写早期的日本的。对10年前左右读过村上作品的人来说，就像刚刚杨逸老师提到的无法想象木屐的鞋带一样，就算想要去想象那个画面，也有许多事物是完全不了解的。特别是有些专有名词，包括日本人看到地名，可能也无法想象当地的感觉、氛围。可能是因为边想象边阅读的过程之中，因为对故事内容非常感兴趣，就不去在意这些小地方。但仿佛因为在意而想吃、想摸一样，也有人是对此感兴趣才看村上的作品。

不过提到最近的小说，或许是因为互联网的发达，大家如果觉得有不知道的地方，就在互联网检索，看到许多图片后，恍然大悟地说“啊！就是这个”。例如我在进行翻译时，会有完全不知道，而且即使问了中国的朋友也不知道的中文，会在检索图片、亲眼看到后觉得：“这是什么啊！北京跟上海的人都不知道，是乡下地方的东西”，现在就是这样的情况。所以对现在的中国的人来说，类似这种无法想象情节的状况已经渐渐不会发生了。

可是反而最近这10年内的一二十岁的读者，阅读同一时代作家写的作品时，对于文章本身的感觉，似乎已经没有无法理解的状况了。当然像刚刚我提到的比较细节的专有名词与地名，可能还是会不知道，不过我目前在母校的女子大学教书，也给年轻学子念我翻译的中文小说，这些学生告诉我：“如果把人名、地名、专有名词全部遮住的话，内容跟日本的手机小说没有什么不同”，但是他们也说：“可是相较于日本的手机小说，中国的小说比较具有文学性”。而中国的部分，最近他们有一个风潮，就是年轻人也并不是因为是日本的作品，而是因为觉得作品的内容有趣才会想阅读，只是里面也有一些原著是一二十年前在日本出版的翻译作品，我想当中也会有一些让年轻人觉得“这是什么”的内容。

刚刚杨逸老师分享了她来日本以前有些阅读文字也无法想象的事物，只是这样的情况会因为双方彼此流通的资讯越来越多，这种因为资讯不足所导致的情况也已经越来越少了吧。我最早阅读的中文小说是在去中国以前，也就是大约20年前，当时也是无法在脑中描绘出小说中出现的事物，结果就是在对这个国家的事物完全不了解的情况下继续阅读下去。为了能够阅读下去，也常常会去查阅许多字典。而越来越多的日本人即使阅读现在的中国小说，也能理解当中描写的中国的事物。越来越多的小说也是以人们生活中经常遇到的事物为主题，也正是因为相较于历史或长篇小说，描写现代人们生活的小说越来越多，翻译虽然有其辛苦之处，但其他方面的乐趣也越来越多，我觉得这是翻译文学作品时会觉得有趣的地方。

加藤：今天发给各位的资料之中，有《东京新闻》《产经新闻》中关于毛丹青老师的报道，这些是毛老师最近接受的访问，或是相关的发言，我也读了这些报道，当中有两点让我特别有感受。一点是“日本人有许多无形中的乐趣与生活习惯，这些正是中国人感到新鲜、非常想知道的事情”，另外一点是“国与国的关系因为牵涉了外交、经济、政治，甚至包括军事问题，所以非常复杂”，这句话仿佛就是谈到当前的局面，但下一句话是“相较之下，日常生活的事物则更容易成为双方相互理解的基础”。这两点让我非常震惊，而继续阅读了这几则报道。

另外过去王敏老师的发言也让我印象非常深刻，当被问到“日本的软实力之中最强的部分是什么”的时候，王敏老师回答：“日本的日常生活之中自然而然浮现的魅力，就是日本所拥有的最强软实力”。

这点也与刚刚原口老师提到的“日本式的更安心、品质更高的生活形态”有共通之处，所以想请王敏老师更进一步为我们解释一下有关“日本的日常生活之中自然而然浮现的魅力，就是日本所拥有的最强软实力”的部分。

王：如果谈到文化的话，一般的人想到的可能会是古典文学与文献或是一些已经脱离了现实生活的憧憬。可是我所理解的文化，指的是日常生活的一切可以与所有人分享的事物，能够反映在食衣住行上的，属于人类生活的所有部分都可以算是文化。如果认为将此定义为文化，或认为这是不够完全的定义，那有关人际关系、国家关系、中日关系的看法也会有所变化。过去都认为日中关系是以政治与经济为主轴的相互关系，可是没有发觉缺乏了来自生活的观点。如果将生活视为相互关系的基础，从这样的角度进一步去思考事物的话，就有机会找出相互理解的可能性。

从其他三位女性讨论者的发言来看，三位都是从生活的角度去思考相互关系，我想毛丹青老师的工作也与我们相同，如此一来，能够接受这样观点的一方，就有可能跳脱只从政治与经济思考的方式，而是尝试从不同的角度去理解对方。所以，请各位尽可能从生活的角度去发现、了解他国。从片面的观点去分析对方的话，让对方也没有别的选择，也等于是自己将可以走的路封锁住，这是一种有限度的分析方式。

加藤：我的感觉之中，过去一段时间非常喧扰的历史问题已经有些退烧，反而是岛屿和领海的问题成为目前日中关系的焦点。这些问题如此严重，可以说是成为妨碍日中关系相互信赖与相互理解的壁垒。

因此今后如何跨越这样的壁垒，就成为一个很重要的课题。今天的发言之中，提到了中国人对于日本人自然而然的日常生活非常有兴趣，日本最强的软实力就是这种自然而然的日常生活所展现的魅力，我也从这点得到了一些启发。毛丹青老师在媒体的发言中也有提及，就是双方以推动日常生活层次的相互理解为目标，以建立相关的基础。为了促使目前困难的日中关系能够冰解，必须要寻求破冰的方法，我觉得应该可以更加重视这个方向，我的想法会不会太过牵强？

原口老师，您的看法如何？

原口：如果谈到日常生活的部分，我在最近这10年来有深刻的感受，那就是日中的生活形态在这段时期已经越来越接近了。我从20世纪90年代起就住在北京，当时强烈地感受到外国人与中国人仿佛是活在不同的世界。

可是最近，像我常常去北京的机场迎接日本朋友，我已经无法判断入境的是日本人还是中国人，我认为这正代表着双方的生活形态、对于生活的感觉越来越接近，所以我在第一线真的感觉到日中之间已经迈入了划时代的境界。

加藤：杨逸老师，您有没有相关的看法？

杨：如果说不谈政治与经济，而从生活方面来关心日中关系的话，截至目前，中国因为文化大革命浪费了很多时间，使得中国在日中关系的立足点处于落后，中国人也因此在生活形态等方面将日本视为模范而非常努力地学习，特别是年轻人、年轻一辈，对日本有非常强烈的好奇心，但另一方面，日本的年长者因为了解与中国在文化与历史之间的关系，而对中国非常感兴趣，年轻一辈却对中国的事物无法产生兴趣，这显然也是一个问题。

就我实际的体验来说，我目前也在日本的大学教书，谈到中国的唐诗时，大家当然不知道，但也没有任何的反应。反而有一次我去南京演讲时，谈到松尾芭蕉的俳句，我才用日文提到开头的部分，念出“古池や”时，底下的年轻大学生大家一起像合唱一样把接下来的内容都念出来。双方就是有这么大的差异，这样的鸿沟显然不容易消除。

正因为如此，所以要怎样解决这个问题呢？今天出席的各位就不存在这样的问题，但正是没有出席的人存在着这样的问题，所以必须透过观光或是电影等，慢慢地让这方面能够持续深化，我认为这是一个重要的课题。只是并非中国人单方面理解日本就好，必须是双方面，而且要让未来会成为社会中坚的年轻一辈能够关注这一问题，我认为这将是今后最重要的课题。

泉： 我这里也有一个跟文化可能稍微有点距离，不过也是我在大学教书时产生的想法。那就是日本的年轻人对中国的兴趣，远比中国人对日本的兴趣，或是中国人对其他国家的兴趣淡薄。我们这个世代，或是比我们年长的世代，一般都会利用暑假等假期打工存钱，然后背着背包前往国外，去看国外的发展。可是现在的年轻人却觉得“使用互联网就可以看到很多海外的事物了，为什么还要特地跑去海外?”对于国外的憧憬已经越来越淡薄，令人感到非常遗憾。

当然因为国外也有很多危险的事物，所以我也不是说要大家一定要去国外，可是目前已经到了不去接触国外的事物就无法生存的时代，我一直用这点吓学生。而且实际上也真的有类似的事情出现在我的身边。我的朋友在日系企业工作，可是公司被中国的企业并购，结果成了中国企业的员工。类似的事情今后将会越来越多，如果遇到这样的状况，而工作地点是在日本，可能不会讲中文还有办法继续工作，但如果会中文的话，工作可能会更容易着手、更轻松。即使不会中文，如果对中国的事物有兴趣，与即将成为自己的同事、上司的人们、未来的客户进行会话，也会成为一种乐趣，如果没有兴趣的话，这些可能会成为一种痛苦吧。

我们也可以从这样的观点来谈这次的反日游行。从很多方面来看，其实中国方面获得的资讯非常少，就像刚才杨逸老师提到的，可能就是因为讨厌这个国家而会在意这个国家的一举一动。中国人虽然讲了很多莫名其妙的批评，但实际上对日本的事情是非常在意的。就像毛丹青老师身边有许多完全不会讲日文，但却表示“因为日本的事物很可爱、很有趣”而不断前来采访的人，相信有类似想法的人，即使不会日文，也可以用各种方式吸收许多日本的好，进而丰富自己的生活，朝更好的生活迈进。

所谓丰富自己的生活，当然也牵涉到金钱的部分，过去在中国，如果会日文、英文，就可以找到薪水特别高的工作，但现在已经不是这样的时代了，即使不会外文，在中国的企业也可以获得很好的待遇。可是日本今后将没有办法这样，也就是即使有能力使用日文处理各种问题，也不一定能够生存下去。这个时候，如果稍微有一些对文化方面的兴趣，并且与经济方面相结合，从某种角度来说，可以丰富自己的生活。这些是我非常想提醒年轻人的。

加藤：思考日中的文化关系时，没有比深信中国与日本的文化是同种的想法要更危险的，刚刚王敏老师的相关发言的关键词可以说是“相互理解的差异”，杨逸老师也使用了“相互理解的鸿沟”的表现方式，这里想请王敏老师再用比较容易了解的方式，说明什么是“相互理解的差异”。

王：中国与日本从古时候开始就阅读同样的书物，但双方对于所接受的汉字、对于汉字所延伸出的理解，有很大的不同。这好比孙子和祖父虽然面貌很像，但并非完全相同。虽然同样是鱼，但生长在海里的鱼和生长在河里的鱼是不一样的。同样是喝水，每个人对水里面的成分要求也会不同。日中也是一样，彼此之间存在着独立且非常特殊的关系。例如京都有被认定为是世界遗产的稻荷神社。

日本也有被称为狐狸乌龙面与狐狸荞麦面的料理，就是加了油炸豆腐和葱花的清汤乌龙面、荞麦面，因此世界各国的人来日本时，会非常惊讶“日本人很喜欢狐狸，喜欢吃狐狸”。之所以会有这样的反应，是因为多数的国家将狐狸视为比毒饺子还要“坏”的动物，不会吃狐狸。

加藤： 就是因为狐狸给人很强烈的奸诈、狡猾的印象吧。

王： 可是在日本，狐狸却成为非常普遍的名词。我调查以后发现，无论是日本还是中国，都有《封神演义》《山海经》等描写狐狸的古典文学，同样的经典传到韩国，也使韩国人对狐狸的印象不好，可是日本就完全不同。更进一步调查后发现，日本从古代对狐狸就存在着独特的观点，认为狐狸是农业之神，因此，虽然与韩国和中国阅读同样的古典，日本人对于狐狸的认知与接受的态度与中韩两国完全不同，并没有用同样的方式定义狐狸，这就是所谓的差异。

对于中韩而言，明明是同样的古典文学，但是事物在不同的国家也会出现变化，因此有必要去理解在日本的风土下发生了什么变化。而日本本身也必须去了解，并且积极地去说明这样的差异，被问到相关问题时，只回答“恩，该怎么说呢”，是没有办法让问的一方了解问题所在的。从这种日常生活上的差异开始，到两国间的重大问题、国家关系不也存在着类似的认知上的误解吗？从这方面来看，特别是从事外交工作的人士，可能有必要进行相互学习。

加藤： 谈到相互理解的时候，所谓的“理解、了解”，其实可以分成两种形式，一种是了解双方有相同之处，一种是了解双方有不同之处。但不管是哪一种形式，我认为应该可以做出一种理解，那就是当前的日中关系，已经进入了双方必须了解彼此的不同之处的阶段。或者说彼此的文化有不同之处，不能因为认为哪个文化不好，或哪里恶劣而加以排除。所谓的文化，就是存在着“大家有所不同、大家都好的地方”，所以有所不同是一件好事，日本与中国之间有没有存在这样的想法？

王：我想是存在着这样的想法的。只是思考的程度有所差别，也因人而异。日本从古代的圣德太子时代，就开始主张“和”，职场也是如此，尽可能不要跟其他人有不同的意见，尽可能配合当时的状况行动，类似的想法相对比较强烈。双方的文化有不同的部分，其实也是理所当然的。

好比说加藤老师的钱包里的钱，和我钱包里的钱数量不同，这个是理所当然的。每个人都存在与他人的不同、差异，扩大到地区、组织、国家，不同、差异的存在也是理所当然，所以一种可能克服这种问题的方法就是在观察对方的时候，尽量以综合性的角度进行判断。以人的全身来说，只观察头却不看手脚，或只看对方的一只脚，这种观察方式应该是有其局限的。

加藤：也到了必须慢慢朝降落地点迈进的时候了，各位讨论人都是从各方面，以各种各样的形式、方法，将日本的事物传往中国，或是将中国的事物传往日本，从促进相互理解的观点来看，“传达、表达”本身就有一定的困难，自己可能觉得已经将想表达的意思表达出来了，但对方可能完全没有理解，或没有办法理解。我过去做过新闻记者，写了各种各样的报道，也以为读者阅读了我写的报道后会了解事件的状况，但事后却常常因为读者并不了解而感到泄气。

各位在进行“传达、表达”的过程之中，应该也已感受到可以把想讲的事物更容易表达出来的关键因素，或是导致了反效果形成了阻碍而无法顺利“传达、表达”的关键因素。这里想请教杨逸老师，杨逸老师当然也有将日本的事物传达至中国的想法，有遭遇过什么样的状况呢？

杨：没有任何媒介，因为完全没有来自中国的邀稿（笑），所以变成只有把中国的事物传达给日本。我反而没有特别想要去做所谓的传达，就是自己喜欢写小说、只想写小说这种单纯的想法而已。

可是我也想过一件事情。日中恢复邦交40年来，中国国内也发生了很大的变化，看日本的电视节目，可以发现越来越多的纪录片与新闻节目是以中国为主题的，可能也是因为这种情况越来越多，每当看这些节目时，常常会被友人问："是这样吗?"我会反过来问："是这样吗?"对方也会回应"中国是这样啊"。实际上他们了解的只有一个画面而已。透过新闻媒体或者论文与研究传达也是一种方法，但还是有其极限，仍然有很多地方没有办法深入地探讨，我自己有非常深刻的感受，觉得"不是还有很多不清楚的地方吗？不是还有很多地方没有说明白吗?"反而透过小说与电影等媒介，有很多事物可以很清晰地被传达。

其实我前年曾经在《朝日新闻》上连载小说，虽然是长篇小说，但是《朝日新闻》某位经常采访中国问题的记者告诉我："读了您的小说以后，我发觉有很多过去不了解或感到疑惑的地方都获得了解答"。被一位经常采访中国而且对中国非常了解甚至被称为"知中派"的记者这样称赞后，我才了解，原来小说拥有这种令人容易理解的软实力，既然如此，而且我也从事这方面的工作，过去虽然没有特别去意识到这方面，但今后写小说的时候，必须尽可能去意识到小说在这方面的作用。也希望各位能够多阅读我的小说。

加藤：我一直到最近，都在媒体界工作，这仿佛跟向天吐口水一样渺小，这次反日游行的相关报道也是如此，刚刚也有提到目前的媒体描绘的所谓"中国"的印象时的问题，也就是必须要从更为整体的角度、为了平衡报道而必须好好判断，但现实上还是会陷入只能看到局部、片面的报道。现在已经变成发生了什么问题，就只从这个问题来进行观察。然后就是选择某个问题当主题时，媒体往往只挑选最能够吸引读者的，或者说可以给读者最强烈印象的部分进行报道、编辑，然后告诉读者："现在的情况已经变得如此恶劣"。这可能已经是日本报纸、电视媒体的一种特征。

从这样的角度来看，本来所谓的媒体，应该是介绍他国的事物，使本国人尽可能对此有所认识、理解，拥有促进相互认识、相互理解的功能，但从刚才的严厉批判可以知道，媒体现在反而会导致彼此间的误解。所以有关媒体的问题，我也想听听讨论人的看法。

比方说 2011 年"311 东日本大地震"的时候，有大量来自中国、不会说日文，甚至是第一次来日本的记者与摄影师。过去中国的媒体没有报道的有关日本的部分被大量报道，这些可能包括日本的真实：或是日本的日常生活，也就是生活品质方面；或是说即使受到大规模灾害，相较于其他国家，日本人民也能够冷静应对，生活秩序能够维持。也有中国的友人告诉我："透过对这样大灾害的报道，让我们知道了我们以前不知道的日本"。原口老师当时应该是在北京，您看了当地的电视，有没有出现我现在介绍的情况？

原口：这次日本的日常生活被如此大量报道，可以说是前所未有的，虽然是震灾的报道，但画面也有照到周边的事物，而这些事物被普遍且如此大量报道，我认为其实是非常有助于提高日本形象的。

加藤：我记得是 2008 年的 4 月吧，四川发生了大地震，虽然当时在人命救助方面没有办法达到很好的效果，但日本的国际紧急救援队也被认为达成了某种重要的成果。在寻获被埋在瓦砾下的一般市民的妈妈与小孩的遗体时，全体队员整列对遗体敬礼并进行了非常隆重的仪式，这件事情在中国的媒体被大篇幅报道，虽然当时日中关系存在一些问题，但据说这件事情促进了中国方面对日观的改善。我感觉到，果然媒体就是因为其运用方式或者是传达的内容，可以成为日本与中国之间相互利用的促进因素，但反过来也可能是导致障碍的因素或是造成不必要的混乱的因素。

接下来我们应该准备进入最后一个主题，因为青木老师从文化力进行了讨论，因此我想以文化力或软实力作为今天最后的讨论。青木老师提到，软实力也有许多不同的类型，也提出了一段富有意涵的发言，就是美国会提出软实力是因为感受到硬实力有其极限，那么不妨推动一点软实力；而相较于以军事实力作为核心的硬实力，日本应该要推动与众不同的软实力。我记得青木老师确实是将此称呼为日本型，透过不存在军事企图、拥有和平主义文化的软实力，使双方的关系良好、让对方可以深入认识与理解本国的软实力，也就是酷实力。我想这是从酷日本得到灵感，才会使用这样的词语吧。

这也与刚才的专题演讲时的质疑有重复之处，我想请大家分别举一个具体的例子，就是当我们讨论中国这个具体目标的时候，日本今后应该要使用或是应该要稍微重视的酷实力是什么？刚刚请王敏老师谈有关“日本的日常生活之中自然而然浮现的魅力，就是日本所拥有最强的软实力”的话题，这里想先请王敏老师谈一谈，可不可以告诉我们，您有没有从这一点想到什么样的例子？

王：从日常生活流露出的富裕的力量，也可以称为生活教养，也可以说是生活的魅力或被生活化的文化，我认为这个部分可以成为与世界各国的人们联结的桥梁。如果日本文化的特征或者是日本人的生活的特征是混成，那么日本就不是所谓的对西洋一边倒，而是既重视西洋，又对已经来往了非常久，以千年为单位计算的中国文化有深厚的积累。世界上的其他国家也没有任何一国有名为“孙悟空”、“猪八戒”的餐厅。

活用汉字打开西洋之门的就是日本，对日本来说，追随西洋或脱欧入亚是发展的必要条件，当时的武器与工具就是活用了长年累积的汉字文化。与那个部分完全切割，等于切割了日本本身的历史、日本人的认同，让人觉得非常可惜。

也就是如此，当我们尝试思考日本与中国独特的历史关系时，应该要像今天青木老师所提出的主张，今后要将日中文化力相互结合迈进，并且一起维护和平的环境。日中之间或东亚各国之间虽然对西洋或是西洋式的价值观有所歧异，但应该可以找到应对的基准，我认为也需要大家要好好讨论这些相异之处，进而相互来往。

加藤：也请泉老师发掘一下日本的酷实力。

泉：所谓酷实力，就是刚刚加藤老师所提到的“传达、传播”吧，也就是应该传达什么的问题。实际上到目前为止许多日本小说被翻译，也获得许多读者，但有点失礼地说，这些作品之中其实有些在日本并不算畅销，但这样不断翻译，不断在中国畅销，让我的心境很复杂。对读者来讲，有趣的地方与其说是故事本身，不如说是故事里他们没有接触过的事物。小说与刚刚提到的新闻报道不同，包含了作者本人的想法、作者想传达给读者的讯息，但读者对某部小说的看法、接受的程度是因人而异的，因此小说并非只是单纯的讯息，而是提供给读者某种程度的选项，我想读者是从广大的选项之中挑选自己想读的小说。我相信读者应该是因为“这本书的内容很有趣，我很喜欢这本书”才挑选了这本书。也就是这种情况，让大家拥有越来越多的选项，可能就是大家刚刚提到的生活中的喜怒哀乐。中国人其实心理也非常纤细，川端康成因为获得诺贝尔文学奖，而成为作品很早就在中国被非常仔细阅读的作家。这种属于比较旧、被认为比较好的日本人的感情表现方式，与现代的日本人完全不同，但很明显的是无论现代还是过去，日本人的感情表现方式都与中国人有不同之处。比如说“为什么这里不生气、不发狂，而是静静地哭”，但也会有“日本人在这种情况也会发笑，跟我们中国人一样”的情况。我想把这种属于喜怒哀乐的不同感情、却也同时会成为双方共通之处的部分，更多向中国传播，同时日本也应该接受这样的部分。

不过在中国看了许多报道后，我发现有许多属于日本人感情的部分并没有被顺利传达。中国人非常了解许多日本的硬件发展，例如精良的电器制品、高度的发展、发达的经济，但电影、小说等属于感情方面的事物却是最近才知道，还有待努力。只是我认为这类事物并非是进行宣传，要中国人“你好好理解这些东西”，而是要给对方许多选项，让他们能够精挑细选般地思考，之后再进行选择。

杨：日本不管是酷实力还是软实力，拥有很多很好的事物，但我认为这些都不是现在才发现的，重要的是如何传播、传达这些事物，如果没有办法传达给对方，那就没有用。虽然有很多实力，但无法传达给对方，对方也无法理解，也就没有办法发挥任何作用。从这点来看，日本那种自然而然的文化、副文化就是非常重要的存在，另外媒体的态度也非常重要，真的想尽力传播、传达的态度也不错，但如果采取与毛丹青老师的《知日》相同的感觉，类似介绍猫的时候就用猫来表达“这只猫在日本幸福地生活，比人类还幸福”，这也是一种很好的方式。

然后就是也有必要反过来进行传达、传播，就像原口老师利用杂志作为媒介，也是一种不错的方式。目前的电视与报纸大多有所限制，只会报道相同的事情，我认为如果能够从不同的角度、用不同的方法进行传达、传播，应该也不错。

加藤：杨逸老师刚刚提到一连串有关“放松”的话题，也就是做好万全准备与中国来往是很麻烦的事情，反而不如不要做什么准备，很自然地去交流、往来的意思吧。

杨：从正面出发的话，有的东西可能相当有魄力，但自然而然的实力也可以成为非常大的力量，如果是真正想向人心诉求的事物会自然而然被接受，并非如此的事物不管如何都没有办法被接受。无论如何进行正面宣传，对方如果不愿意接受，就等于是告终了，所以自然而然的感觉，充满着温暖，即使是一杯热茶也可以达到同样的目的，这样的感觉不是很好吗。

原口：从生活形态相关的话题来谈的话，我想可以将生活区分为欲望象征的生活、哲学象征的生活两种类型。今年春天，我参加了在北京举行的一个国际会议，日中分别有6人左右参加。会议进行到最后，有一个希望讨论者们分别表达意见的问题，“如果大家拥有了花不完的钱，会想要盖什么样的家呢？请日中双方的讨论人每个人对此进行发言”。中国方面的每一位讨论人的回答都类似“想要盖跟凡尔赛宫一样大的家”或“想要盖一间可以让100个朋友来住、可以象征我有这么多钱的奢侈的家”。日本方面的讨论人则回答：“我想改装旧式的住宅，因为我想保护这些旧式住宅，所以想要体验住在里面的生活”。日本方面的回答不是属于象征欲望的住宅，而是表现出象征哲学的住宅。

我在日常生活之中也有相同的感受，例如我带来自中国的友人在东京旅游时，中国的友人买了非常多的名牌商品。我对名牌没有什么兴趣，被对方问到时就回答说“如果想买的话，我会想买年轻、今后有发展的设计师所设计的产品”，对方则回答“你不是只因为欲望而购物啊”。然后就像刚刚毛丹青老师提到的猫的话题，中国目前也有一种生活形态，就是饲养名贵血统的猫炫耀给别人看；反观日本，却有为了保护遗弃猫，而把不知道种类的猫捡回家养的形态，可以说是一种生活中拥有哲学的做法。

和中国的友人一起聊天时，她们自己也会明白表示：“现在的中国社会只存在着欲望，这样下去一定会遭遇极限”。我觉得日本生活中有哲学的生活形态，说不定可以成为中国往下一步走的一个答案，这样的生活形态也是我本人住在中国时，感到非常骄傲、非常想要更多传达给中国人的一件事情。

加藤：经历了10年左右的文化大革命，可能也失去了比10年还要长的时间，只用“欲望”这个词语来形容发展起步较晚的中国，我自己是觉得有点可怜，但所谓的发展阶段，就是人因为熊熊燃烧的欲望去大量生产商品、大量购买、大量饮食等阶段，但是当中，应该也已经有很多中国人觉醒，开始用比较哲学、比较自制的角度来看自己的前进方向吧。

原口：应该已经来到转折点了，而回答这个问题的一个答案，我想应该就是日本这种拥有哲学观的生活形态吧。

加藤：我听了今天的讨论后，实在没有办法做一个非常完整且全面的结语，不过早稻田大学的天儿老师，也是负责这次连续国际研讨会的企划负责人，会在今天的会议结束前为我们做总结与整理，所以我想将这个工作也推给天儿老师。我想现在就进入会场提问阶段。青木老师因为要搭乘新干线回东京，已经先行离席，不过他也留下想请教各位讨论人的问题，我就以这个问题为开头。这是一个针对所有讨论人的问题，那就是“对女性来说，比较容易工作的是日本还是中国”?

王：我想应该是中国对女性而言比较容易工作。中国在1949年建国时，就针对女性制定了有关女性的劳动义务、待遇、劳动法等相关法律，之后国家也制定了各种各样的法律作为女性改善生活与维护相关权利的后盾。

这里举几个案例，比如说几乎所有的工作场所都设有托儿所、幼稚园。现在与以前稍微有些不同，生活富裕的人会选择在离都市比较远的地方盖别墅或买别墅，但一般的人还是居住在以前提供给人们居住的社区住宅，而这样的环境让职场与生活空间、小孩的教育一体化，对女性来说是很容易工作的。

另外就是在会议时，如果女性发言，也没有人会因为“这个女人讲话太尖锐”而不可思议，所以对日本来说，中国的女性看起来很强势。这不是那边好或不好的问题，而是生存环境不同。针对这个问题，我不打算回答哪边容易或不容易，而是相对而言，双方的不同之处是有其一贯性的。

泉：王敏老师也提到了，我想目前的社会，女性在中国很明显比较容易工作。我想回中国的一个理由就在此。我属于高龄产妇，日本也有很多高龄产妇，也有许多相关讨论，但日本女性会选择高龄生产的一个理由，就是类似“生产等于离开职场”的想法。虽然实际上企业会遵守相关法律，员工生产时可以请产假，也可以请育婴假，但我很明白地讲，只有这些是不够的。实际上我目前为了照顾小孩，经常辛苦到每个星期都会哭。如果小孩生病，有固定工作的女性必须请假照顾。甚至小孩如果要接受预防注射或健康检查等事情而必须请假时，常常有上班族的女性把带薪假全部请完也还是不够。

而对于这类问题，中国整个社会，特别是国有企业，会给予方便。我到怀孕 7 个月为止，还在中国某个国营杂志社工作，被告诫“不可以在交通高峰的时间搭地铁”，可以说是柔软地应对吧，当时真的很像是到公司露个脸就回家的感觉，在地铁很空的时候搭地铁上班，然后在地铁很空的时间被命令提早下班，如果加班到地铁很拥挤的时间，社长还会让他的司机送我回去，而且这不是因为我是外国人，在工作的中国人也受到相同的待遇。对孕妇或是小孩还小的时候发烧或是小孩的学习参观日，大家都可以正大光明地请假，中国社会对于这种状况采取了宽容的态度。当然日本也可以，但必须考量各种各样的人际关系，进行必要的调整后才能够做得到。而这对中国人来说，不仅是理所当然的权利，同时传统上周围的人也会亲切地接受请假。

不过因为逐渐变成了竞争社会，工作也越来越忙碌，也有人说“跟以前比起来会越来越难请假”，所以中国也不可能一直维持我当时的情况，同时日本也已经逐渐走向高龄生产、少子化社会，一定要尝试做一些改变，当然政府也采取了各种方式，周围的人们的意识也逐渐产生变化。

另外一个我个人的体验，就是我在中国的时候，有请家政妇来我家打扫，做一些简单的家务。可能会有人说我很奢侈，现在回想，对我而言确实是很奢侈，雇用这位家政妇的过程可是有各种各样的曲折、冲击。中国的都市人都是夫妻同时有工作，一个女人因为工作忙碌时，理所当然会雇用家政妇协助做家务。虽然不能算高收入的工作，但还是有不少人愿意做这样的工作，可以用计时的方式雇用，也可以请他们住在家里，这属于大家在思考的选项。

但是对我们日本人来说，朋友介绍我们这类选项时，心理还是会有一些曲折、冲击。首先跟自己的父母提起这件事情时，马上会被很严厉地训斥，像我就被父母骂：“你在说什么？不管你有多忙，这个世界上有许多比你从事更了不起的工作而忙碌的人、拿高薪的人也没有雇用家政妇，有能力工作的女性也很理所当然要有能力做家务、照顾小孩”。同时我自己也觉得“雇用家政妇”是很丢脸的事，一开始不敢跟日本人提，这完全是日本的教育与过去的生活经验所培养的感觉。

可是中国人的想法却是“我是在工作，我牺牲工作的时间做家务是很浪费时间的，因为我想赚更多的钱”，虽然话题变成还想要工作、赚更多的钱，但这些正是截至目前深植在她们脑中的思想、感觉，所以有关出外工作的问题，与日本的女性相比，中国的女性真的很少在这方面犹豫，我实在是非常羡慕这点。

杨：不能说是普遍的情况，但有一件事情是可以确定的，那就是在中国，因为从以前开始就认为女性工作是很理所当然的，所以社会环境与家庭环境都已经对此有所准备，然后也需要丈夫的理解与父母、亲戚的协助。

中国最好的地方就是非常能够通融，虽然这可能有些不好的影响，但比方说如果跟托儿所约定好 5 点去接小孩，在日本的话就一定要准时在 5 点抵达，但在中国，即使晚了 30 分钟，也不算什么大事；如果小孩发烧到 38 度，日本的托儿所不会接受托育，但在中国则会“妈妈，这也是没办法的事情，没有关系”的情况，我觉得这样也很好。所以我想也就是如此，中国对女性而言是比较容易工作的地方。

原口：我想到一点，那就是中国是以女性工作为前提的社会，然后就是几乎所有的人都有小孩，在这样的前提下运作的体系，从许多观点来看，无论是对女性还是对男性，心理上很少会有犹豫、不适。

站在女性的角度来说，我的日本朋友有人有工作、有人没有工作，也有人有小孩、有人没小孩，但我感觉所有的人都很烦恼。而在中国，女性也要工作，所以这种心理上的烦恼就会比较少，几乎所有人都会想生小孩，我也感觉中国人都认定一定要有继承人。也就是如此，才会有各种各样坚实的支援体系，所以我想投中国一票。

加藤：有一个以女性为出发点的提问，“在这个今后将以建构文化力为目标的时代，女性可以扮演什么样的角色”？王敏老师，您有什么看法？

王：那也有期待各位男性的地方，聪明的男性才可以让女性发挥其能力（笑），如果女性的能力可以顺利发挥，女性可能在软的一面的传播能力方面会优于男性。

关于这点，日本已经可以看到变化。目前国际会议已经会固定找女性来宾，我本人在参加会议时，也曾经被告知“因为被告知需要女性来宾，所以才会邀请你”。不管动机为何，我认为日本也在国际情势逐渐变化之中朝这方面发展。

女性观其实也就是男性观，也和人生观、生活观、家庭观有所连结，日本女性甚至在世界上被评价为“如果要找老婆，就要找日本人的女性”，一定有很多可以发挥的角色。

加藤：今天也有年轻的听众来参加会议，可能是学生吧。这里也有来自年轻人的提问，例如有些日本人存在着对中国人的偏见，“为了消除这些偏见，我们学生有什么地方可以发挥？日本的年轻人今后与中国来往时，第一个要小心的地方是什么”？这个问题我想请教提出放松论的杨逸老师。

杨：我非常喜欢日本，但是有一点不是很喜欢，那就是大家马上相信媒体的报道，却不太愿意自己去观察，特别是年轻一代的人这种倾向更明显，而日本的媒体也真的很有影响力。中国的话，媒体的报道从以前开始就不被信任，所以大家更愿意相信街头巷尾的传言，而且这些传言有时候会从传言变成事实。而日本则是完全相反。

我特别想提的一点就是，日本人特别是年轻人，今后对任何事物应该要尽可能拥有自己的看法。不要媒体宣传什么事物正在流行，大家也跟着这个潮流，有关比较哲学的部分，必须要自己培养自己的观察能力，这是非常重要的。用自己的眼睛去观察或者是想知道中国的事情时，查阅资料或用互联网当然也可以，但我的想法是，最好亲自踏上中国的土地一次，用自己的眼睛去观察，然后建立自己的观点。

加藤： 确实，独立的思想是很重要的。日本与中国也有很多相同的谚语，日本比较常用的谚语之中有一句叫作“百闻不如一见”，而中国也有与此完全相同的谚语，没有去过中国的年轻学生们，我建议你们，一定要自己找机会去中国，用自己的眼睛观察，并且在回来之前将自己感受到的事物好好整理。

今天非常高兴的地方就是有许多来自年轻一辈的提问，而我接着也想选择来自年轻一辈的提问，这个问题是“目前在政治与经济的领域有许多双方无法互相接受的困难状况，这些是现实发生的问题，那么文化的领域之中，有没有双方都没有办法互相接受的部分呢”？

原口： 文化领域之中，双方都难以相互接受的部分，可能不仅限于日中之间，而是人类整体、整个世界都很难完全接受的问题，例如人权的拥护，这不仅是日中，而且是全世界必须共同进行思考的问题。

加藤： 在日本方面的论述之中，经常很单纯地将日中的结构描绘成：国力上升、站在上坡看着白云的中国，走到顶端开始下滑的日本。我想这点可能让年轻人的心理受到了很大的震撼，这里有一个提问是：“对中国而言，是否有将日本视为第二重要的国家，或是拥有与此相当重要地位的想法？”

王： 如果从国力发展途径来看，可能日本与中国在国家的发展经验上有些不同。耶稣诞生那年，中国的国力如果用现在的 GDP 计算方式来计算的话，是当时的世界第一，而且很长一段时间都是世界第一。当时虽然没有目前现代国家的概念，却也是这个区域之中属于国力强大的国家，这方面中国已经有所经验。

可是现代或是现在是如何来看待这样的经验的呢？是否和过去采取相同的看法？或者是运用过去的教训与智慧？这些都有待做更进一步的分析，所以中国国内在2006年出现了有关“何谓大国”的全国性讨论，电视台也播映了名为“大国崛起”的系列节目。透过电视或影像反映出的大国、世界如何发展、分析发展后的大国的各种可能性。我认为这一系列节目，有机会成为促使国民理解大国蕴含的真正意义的一个契机。我想这是以目前中国的GDP上升为背景而进行的企划。

当然过去与现在的情况是不一样的，然后是现在进行式，中国本身如何维持平衡好好发展，就是一个很大的课题。我也是两星期前刚从北京回来，中国社会科学院世界史研究所目前与中央电视台合作，一起参与讨论有关发展成为世界性大国的方法的新政策，目前的状况与2006年的时间点有所不同，根据我的了解，制作这个企划的目的，就是有必要更谨慎更谦虚地了解自己，了解他国。

加藤：接着想请教杨逸老师与王敏老师有关中国的教育问题。我想请杨逸老师回应这个问题，有许多提问说“中国青年的反日行动的背景是中国推动的所谓反日教育，他们似乎没有被告知日本的现实状况，而是基于想象酝酿了反日感情，有关这点可不可以告诉我们您的感想？”杨逸老师不知道对这个提问想反映的观点有没有什么看法？

杨：反日教育这个名词经常听到，但其实在我这个时代的中国，排名第一的敌人是美国，第二是苏联，如果要把日本视为敌人的话，大概是第三或第四吧，但几乎没有这样的想法。可是每年到了纪念日，也就是中国的抗战胜利纪念日左右的时期，会播放电影与连续剧等特别节目，每天看这些节目，我对日本人只有大家都是拿着日本刀，喊着“八格野鹿”的印象，没有过日本人里也有像加藤老师这样绅士的印象。

现在提到的反日教育，其实是20世纪90年代以后的事情，我对这个部分完全不了解，但有一点可以告诉大家，那就是为什么要刻意去搞爱国主义与反日教育这类东西。原因就是大家一直没有这种意识，所以才要搞。当比较日本人与中国人时，中国人常常被说“你有受过爱国教育吧”，但也有人并不是爱国者。当问日本人有没有受过爱国教育时，并没有听过有人回答接受过，可是我虽然没有直接询问，不过日本人都爱日本。这并不是爱国主义，但大家都很爱国，可以做到这样的爱，是因为一直爱这个国家而自然而然拥有这样的感情，我觉得有一个问题，就是只有教育能够达到这样的程度吗？

至于每次发生反日游行之类的事情时，媒体与接受媒体访问的人，大家总是口径一致地认为“这是中国推动反日教育的结果”，但我完全不这么认为，电视播出的确实都是反日的画面，但实际上去中国时，大家都会过来看我女儿身上带的玩具、吊饰，然后说“这个好可爱”之类的话。喜欢日本的人还是压倒性地占多数，特别是年轻人。

确实历史上发生过许多事情，这也没有办法否定，可是有许多部分是要用前瞻性的思考方式或者是长远的眼光来观察，反日教育或爱国主义教育就是因为大家没有这种想法，所以才会刻意要灌输、推动。而我对这些东西并没有特别深刻的想法，问题应该是在别的地方。

加藤：然后有一个希望泉老师回答的问题，可能是比较简单的疑问，就是您为什么会想翻译周国平的《妞妞》？可不可以告诉我们您翻译后的感想？

泉：那是我翻译的第一本书，有这本书的读者提问，实在是非常高兴。翻译这本书的原因，是毛老师有一天突然问我“要不要试着翻译看看”。其实我是第二个候选人，第一个候选人是原口老师，可是原口老师当时已经非常有名，工作非常忙，于是我回答：“虽然没有这样的经验，但我想试试看”。有一点我在很多地方都提起过，因为我并没有专攻过中文，对于是否接触翻译这类很专门的工作，当时感到非常犹豫与不安，但毛老师说：“最重要的是热情与自己的母语能力”，这样的鼓励是我对毛老师最感谢的地方。也就是这样的鼓励，让我下决心担任这个工作。如果中文有不懂的地方，可以查阅字典，也可以问别人，重要的是透过日语表达以及想做这份工作的心情这两点。

《妞妞》的作者是中国非常知名的哲学家，他写了很多读起来非常轻松的短文，如果要我举例，在日本可能就是五木宽之老师这样的大人物。本来是哲学家，但他的女儿在出生只有 18 个月的时候，就因为医疗事故死亡。这本书是这位哲学家以哲学的眼光写的书。我也因为生了小孩成为妈妈，阅读这个非常令人难过的故事时，害怕到几乎没有办法翻页回去重读。

我在这本书的“后记”也写到，我在开始翻译以前读完这本书时，问了交情最好的中国朋友：“有没有读过这本书”。因为这本书在中国是长期畅销作品，有很多的读者，而我的这位朋友是一位完全不会日语的白领阶层女性，她告诉我“读过了，读过了，而且边读边哭”，并且不断地诉说她的感动、感想。

我当时有点不高兴，因为我经常跟她一起吃饭，一起出游，我正好又在日本的媒体工作过一段时间，就像加藤老师一样，常常询问“有没有什么有趣的书”、“有没有什么有趣的电影”、“有没有什么有趣的电视节目”，一直在寻找中国国内出现的新的变化、非常受欢迎的事物、介绍中国时可以让人容易理解的物品、可以成为新闻素材的资讯，所以一直拜托她，“有什么消息一定要跟我说”。她过去也介绍我许多书与音乐，但这本书的事情则是第一次听到，当我问她“既然有这本可以让你喜欢到感动流泪的书，为什么不介绍给我”，她回答我：“因为我以为你只对稀奇、新的、有趣的事物有兴趣”。

她也说：“这本书已经出版很久，内容对中国人来说也是非常普通的事情，即使被翻译，我也不觉得有日本人想读”。就像她说的，这本书的内容只是一个非常普通的父亲的感情，作者虽然是哲学家，但更是一位父亲，这本书描写的就是他身为一个父亲很理所当然的感情。这对我来说，是一个非常新的阅读体验。

这里想稍微谈一下别的话题，刚刚杨逸老师提到放松的事情，我觉得也有一部分中国读者阅读日本书籍的习惯，是从日本的新奇、有趣、与中国不同的事物，慢慢地、渐渐地转向年轻人的小说。就像我一样，他们阅读到对日本人来说很理所当然的事情时，也受到了冲击。刚刚也有提到喜怒哀乐，对于在日常生活中都可以遇到的日本人来说，并不是很稀奇的事物，但我自己阅读这本书以后，这些喜怒哀乐、悲伤、痛苦等很理所当然的感情让我非常感动，所以非常努力地、慢慢地、认真地翻译了这本书，第一次进行翻译，可能有一些地方不是很令人满意，但这确是一本好书，谢谢您阅读了这本书。

加藤：由于时间的关系，将只能进行一半的提问。“原口老师，中国目前的欲望是朝美国式的大量消费欲望发展，世界上都在担心这样的欲望会不会升温，您觉得如何?”

原口：我不是经济学者，所以没有掌握经济的相关数字资料，没办法回答，但就我个人的感觉来说，日本是在20世纪80年代左右开始，经过三四十年的时间后，生活形态已经渐渐变化。20世纪80年代是泡沫经济的时代，而进入现在则是乐活主义的时代。

中国的话，可以说在10年左右就经历了日本花费三四十年来的发展，所以有心情属于泡沫经济时代的人，也有已经进入哲学时代的人，我感觉这些状况其实是在同时进行的。但只依靠欲望，整体是无法顺利发展的，无论是资源面还是环境面，答案已经非常明确，我期待这样的极限能够改变中国人消费心态。

加藤：我计算了一下，其实今天来自现场听众的提问超过了40个，但只能回答其中的四分之一左右，实在非常抱歉。这些提问会好好保存。已经到了预定结束的时间，谢谢各位讨论人的非常热烈的讨论。

总　结

天儿慧

我前来京都参加会议时，在新干线上思考今天会议的讨论内容有哪些会成为关键而简单整理了草稿，我总共整理了四点。第一点，就是如何思考造成当前日中关系陷入最严峻现实的最重要因素。这可能是因为双方对彼此的理解非常浅或者是双方早已经陷入充满太多误解的状况。我想今天应该会有许多老师讨论这个部分，实际上也确实对此进行了相当的讨论。

之所以会思考这样的问题，是因为这次在中国的“反日运动”一直在全国扩散，而且发展成过去没有过的反日游行，或演变成暴动事态，如果思考这个问题的话，可以发现日本国内虽然也进行了相关讨论，但仍然无法解开一个谜团，那就是为何事态会发展到这样的程度。对日本人来说，所谓岛的国有化的说法，就是“政府尽可能努力管理”的意思，整个状况演变成日本人觉得，为什么中国方面没有办法理解，如果日本政府尽可能努力管理，事态就不会持续恶化的道理。

当时我真的很想知道，事态为什么会发展到这样的状况。前几天我一个住在重庆，目前在大学教书的学生来日本访问。我和他见面时，他告诉我说，中国大众强烈认为“日本是军国主义国家”，我认为，这正是所谓的相互误解的问题。基于这样的意义，如何从今天的主题来讨论相互理解或者是相互误解、相互信赖的问题，应该可以成为一个关键。

第二点就是加藤老师非常适时地将这场大会的主题定为“文化与女性”，我认为非常好。我也在很多地方演讲、讨论有关中国问题、政治体制论、外交论、安全保障等硬性话题，但其实我的思考非常柔软，只是外表看起来并非如此，所以我一直希望外表可以变得像加藤老师一样帅气。

我在新干线上也思考着，“文化与女性”这个题目存在着什么样的意义？为什么要在这样的时机讨论“文化与女性”这个主题？我也发觉，“文化与女性”其实是距离政治权力最遥远的存在，也是因此才会选择这个主题吧。虽然也有很多例外，我想应该就是希望尝试从普遍认为距离政治权力最遥远的存在来观察日中关系，看能够出现什么样的讨论吧。

第三点，如果要从远离政治权力的方向讨论，另外一个出发点就是民间交流了。我对民间交流存在着什么样的可能性以及我们能够推动到什么样的程度这个问题稍微做了一些思考。

第四点，就是即使从文化进行讨论，也不可能无视文化与体制的关系。从今天的主题来思考，可能包括青木老师在内，大家都可以预测得到，结论一定是文化交流非常重要。我也试着思考，这个可以被预期的讨论之中，如果以文化为主轴的交流，或体育交流、经济交流等民间层次的交流与所谓的体制冲撞的时候，能够维持多大的力量或是能够维持多大的影响力？

我从今天的讨论中学习到很多，比方说如果没有某些想法，日中关系就不会顺利；或是从某些角度来看日中关系，也是非常重要的。这些观点给我很多启示，我想各位应该也有同样的感受。我现在虽然提出了四项关键，但我们今天出席这场会议，听各位来宾从各种角度进行分析的同时，全中国本土正出现反日游行，而包括日本媒体怎么分析反日游行、今后日中的外交会往什么方向走、中国会不会派遣军队前往尖阁列岛等方面的讨论也非常热烈地进行，我也在各种场合进行了许多发言，但我们在今天的讨论之中，得到了仿佛完全置身于忘记这些状况的体验。今天的会议所进行的讨论就是这么丰富，让我们在讨论日中关系时，反而出现了“因为激烈的对立、因为充满了相互的不信任而‘爆发’的事态真的发生过了吗”的疑问。我坐在前排听各位讨论时，强烈地感受到各位的思考与想法真的是非常重要。

下星期将在早稻田大学举行东京大会，讨论的主题也是最硬的，将从正面直接讨论历史认识、安全保障，可能也会包含尖阁问题。我虽然感到肩负重任，但因为听了杨逸老师的发言，会尽量轻松面对，这样说不定可以让我想到一些不同的看法。

我从 40 年前开始从事中国研究，所以今年对我来说，其实是中国研究、日中关系研究的 40 周年纪念。可是我的中国研究虽然已经迈入不惑之年，许多疑惑却依然没有解决，我不可能再活 40 年，应该会和加藤老师一起迈入坟场吧，但虽然这样讲，我们会努力、加油，希望能够建立新的 40 年、新的日中关系的里程碑。

我非常高兴，今天各位在百忙之中出席，使得今天这场非常有意义的大会得以召开，再次感谢各位，非常感谢。

第二部

如何突破日中关系的对立与摩擦

寻找迈向真正相互理解的新尝试

天儿慧

稍后我们会介绍出席的来宾，这里要向各位报告，我们突然收到来自北京大学国际关系学院副院长王逸舟老师的信息。他因为这次钓鱼岛问题所导致的日中之间一连串的对立，而无法出席今天这场研讨会。我非常能够理解他的立场、心情，虽然感到非常遗憾，但也只能接受。今天原本只想简单介绍这场国际研讨会的基本方向，不过我也想在当中向各位介绍王逸舟老师的看法，所以会多花一点时间进行今天的报告。

近年来日中关系的动向

今天会有这么多人关心，并且有这么多听众参加这场研讨会，我想今年 9 月起围绕着日中关系的对立所导致的一连串问题，应该是最大的理由。我们应该如何来思考当前的日中关系？特别是在日中关系正常化迈入 40 周年这个日子，却没有办法举行相关的纪念仪式，我们要从什么角度来思考这样的状况？我认为这是一个非常深刻的问题。

我们稍微回顾一下之前的历史，进入 2000 年，日中之间的对立因为小泉纯一郎内阁时代的靖国神社参拜问题而激化，当时经常使用“政冷经热”这个名词来形容日中关系，对立非常严重、深刻。可是就如大家所知，这次重新复任自民党总裁的安倍晋三在2006年9月就任首相时，第一个前往访问并举行双边高峰会议的地方，就是中国的北京。安倍的访中打破了小泉时代“政冷经热”的严峻局势，当时也经常使用“融冰之旅”来形容安倍的访中，之后日中关系也开始逐渐改善。

例如2008年1月发生了众所皆知的“毒饺子事件”。这个事件几乎破坏了当时日中之间的相互信赖关系，原本胡锦涛主席准备在那年3月或4月初，也就是樱花盛开的春天时期访问日本，也因此延后到5月。5月份胡锦涛访日顺利实现，与当时的福田康夫内阁进行会谈，达成了建构东海和平与发展架构、共同开发海底资源等共识，我对于能够达成这样好的成果，感到非常高兴。

而胡锦涛访日后没多久，中国发生了四川大地震，日本的救援队前往灾区积极参与救援活动，中国的电视台也对此大幅报道，表示“非常感谢日本的救援”或者是“对日本的印象越来越好”。北京奥运在当年8月举行时，福田首相也前往中国访问，举行了重要会谈。2010年中国举办了万国博览会，日中关系在这样的过程中有着确切的改善、发展，双方的关系越来越深厚。

可是在2010年9月，发生了与这次钓鱼岛问题有所关联的中国渔船冲撞日本海上保安厅巡逻船事件，日中关系也因此再度陷入僵局。我真的是从当时就认为，正是在这种情况下，双方更应该持续进行对话。而当时也和这次一样，有许多活动被迫取消，例如当时正好万国博览会在上海举行，因此也有许多相关的企划，但这些企划都被中止了。我们学者的国际研讨会等交流也被迫中断。其他还有中国停止将稀土输往日本、藤田工业公司的员工遭到逮捕等打击了经济层面的事态。这次的事件所导致的影响可以说与当时完全相同。

不过我当时被邀请参加了有关日中韩区域合作的研讨会。这场研讨会是在北京举行的，我记得是在9月25日，当时相关的交流活动只有这场研讨会顺利举行。我在这场于北京有名的旅馆长富宫举行的研讨会上进行专题演讲时，强烈地主张日中正是在这样的状况下才必须持续进行对话。

这次的事件也导致了许多活动与企划中断，令人感到非常遗憾。所谓的“只不过”这样的用语可能会让人觉得有语病，也可能会有人觉得不愉快，但是这次即使已经对中国说明，这次围绕野田首相宣布将钓鱼岛“国有化”的发言及其用意绝对不是要攻击中国，却还是发生了这么激烈的讨论、对立，这样的状况是过去从来没有发生过的，而且事态的严重程度也不是过去可以比拟的，甚至中国外交部部长杨洁篪在几天前（2012 年 9 月 28 日）于联合国演讲时使用了“日本窃取钓鱼岛”的激烈言辞，也导致了日本的驻联合国大使严词反驳。日中之间的对立已经如此严重，那么我们应该如何来看待这样的发展？

中国的反日游行在这几天确实已经逐渐平静，但这不代表问题已经解决，钓鱼岛问题依然存在于日中之间，所以这样的平静化事实上对于今后双方是否能在言行上有所自制这点有着相当的影响。同时日本与中国并没有改变自身的原则与立场，但对于自身的言行采取自制的作为，也是一个很重要的事实。但我不认为这代表问题已经解决。

日本与中国双方之间的误解

为了思考这个问题，包括我自己在内，我们有必要重新回顾日中关系正常化 40 年来，我们为日中关系做了什么。其中有一个重要的结论就是我们必须不断问自己，日中之间真的促成了相互理解吗？真的有努力去化解双方之间深刻的误会吗？

大家可能都知道言论 NPO 在 8 月公布了今年（2012）6 月进行的“第 8 次日中舆论调查”的结果，包括 NHK 在内的新闻媒体也以大篇幅报道这个消息，所以很多人应该都听过这件事情。根据相关报道，日本的对中感情急剧恶化，感受不到对中国亲密感的比率大幅增加（84.3%）。

而整个调查结果之中，我重视的是中国如何看日本社会的部分，而这方面的调查结果几乎没有被各界重视。受访者的回答之中，最多的是认为日本是资本主义社会（49.4%），这个答案没有任何问题。但问题在于第二多的答案竟然是认为日本是军国主义社会，而且有超过46%的比例。当然这份舆论调查的结果不见得完全正确，也不能说完全客观反映出全部中国人的看法，但为什么会让这种没有道理、乱七八糟的印象深植于中国？我认为这点是我们日本人必须要深切地反省与思考的问题。

当然会有人认为，这是江泽民时代的历史教育所导致的结果。会有这样的说法也是理所当然，实际上这也确实是重要的因素之一。可是我们在二次世界大战之后日本人的态度是努力反省过去发动的战争，并且尝试建立和平国家，希望对和平的国际社会有所贡献。参与国际合作，特别是20世纪80年代起，在面对各种各样的困难时决定对中国提供政府开发援助（ODA），全力支援中国的改革开放，但是这么多前辈们的努力，却没有获得相对的回应，我们必须深切检讨这一点。

可是在建立真正的信赖关系所需要的相互理解不足的情况下，日本突然在9月11日宣布将钓鱼岛国有化，中国方面完全没有承受这个决定的空间，而日本显然有些想法太过单纯，认为如果照自己所想的去做的话，对方应该能理解日本的做法。也就是说，日本希望能够确保维持现状才宣布将钓鱼岛国有化，日本政府也是这么说的，但我认为应该要以刚刚提及的对日认识为前提，来好好思考钓鱼岛国有化代表着什么，中国会如何判断这个决定。

这里再次强调日中相互理解的重要性，因为这代表着我们将在日中关系正常化40周年的时间点，为建立新的40周年踏出第一步。然后我们为此必须要做的，就是为了达成真正的相互理解而努力，为了真正消除误解而努力，这不只是中国人对日本的误解，恐怕也包括日本人对中国的误解吧。我们必须要更加深入地了解中国。

新的动向——民间交流

基于这个想法，接下来的话题可能牵涉的范围比较广泛，日中迈向建交 80 周年这个第二个 40 年的第一步，就是必须找出推动深化日中之间相互理解的关键所在。

既然如此，那么最重要的关键是什么呢？我认为最重要的新动向，就是民间层次的交流。这点我不仅在这段时间在接受媒体访问时提及，也撰写了相关的文章。民间交流常常被当成是官方交流的相对位置，但现在民间交流与官方交流已经不再是那么单纯的关系了。民间交流已经是范围非常广泛、可以非常深入、拥有非常强大能量的一种力量、关系，我们应该已经迈入了要对此有所自觉并且积极推动相关活动的时期。

昨天有一个由目前住在日本的中国人和与中国有密切关系的日本年轻人为中心所推动的活动。他们自发性地在昨天发表了一份称为“中日市民联合倡议”的文件。我虽然没有参加这个活动，不过今天的研讨会，也邀请了许多年轻人，请他们发表自己所进行的各种各样的尝试。

这里想再谈一下网络。相较于中国常常提及的“华侨网络”这个名词，前往中国或其他亚洲地区，融入当地的生活、推动经济与文化活动的日本人也会称自己是和侨，类似扩大“和侨网络”等新动向也越来越多。

关于第一场国际研讨会“京都大会”

这次我们将连续举办四场纪念日中关系正常化 40 周年的国际研讨会。当时认为，既然要举办的话，内容就要有足够的冲击效果，只单纯地、机械式地安排相关行程与开会的做法是行不通的，所以虽然很辛苦，但我们决定以连续举办四场的方式，来进行这次的国际研讨会。第一场是京都大会，已经在上星期六于京都举行。因为会场在京都，所以参加的听众比东京大会的人数要少，但也有超过 200 名听众参加这场以“文化与女性”为主题的国际研讨会。整个讨论提供了许多非常有趣、让人深思的观点和想法，是一场非常有趣、有意义的大会。我是以政治、安全保障、历史认识等受大家关注的焦点来讨论，这类主题的会议常常在热烈的讨论下激动到站起来发言、讨论（我现在的心情也有点激动）的气氛下进行，而京都大会完全是不同的气氛。

我非常希望在场的各位当时也能够参加京都大会，这并非一句玩笑话，我在京都大会总结谈话时，也有提及，我是真心希望能够有更多人前来参与京都大会。京都大会是在同志社大学举行的，会场外面常常看到有人提到日中问题，就皱眉头说：“日中问题？又来了，实在很烦”。今天的状况也是这样，但是会场的气氛却完全让人忘记了日中之间的不信任与对立。也就是说，整场大会的讨论让我们深切地感受到，日中之间的交往已经融入我们的一般日常生活之中。

我们原本邀请了中国著名作家余秋雨在京都大会进行专题演讲，但是他突然没有办法来，所以我们另外邀请了目前在关西地区非常活跃的毛丹青老师前来演讲。目前有一本名为《知日》的中文杂志定期在中国发行，毛老师正担任这本杂志的总编辑，毛老师的发言非常有趣。

毛老师的想法与我们所想的最大的不同，就是“你们知道我为什么要出版《知日》这本杂志吗”的地方，如果我说要在日本出版《知中》的杂志，大家一定会说“天儿总而言之就是要让日中关系越来越好的使命感，才会弄这份杂志”。不过听到毛老师的说法时，会觉得“啊，你在说什么东西”，是因为他说他出版《知日》的理由是赚钱。《知日》这份杂志每期都会有特辑，我忘了是第几期的特辑，主题是猫，而且是将猫鼻子的特写照片作为封面。我觉得这是一个很好的想法，但是他的重点却是“你们知道这期卖了几万部吗”，我记得他确实是说“卖了10万部”。也就是说，至少《知日》这本杂志的读者是对日本的事情非常关心的人。毛老师就说，他认为中国的一般人，至少大学生与知识分子，应该会非常关注日本的事物。

我们也邀请了获得芥川奖的作家杨逸女士参加会议，然后因为主题是文化，所以请到了青木保老师来为我们做专题演讲。但相较于青木保老师非常努力强调“今后将是文化力量的时代”，杨逸女士却说“我是个懒散的人，所以不需要力量”。这样的论点非常有趣，所以我问了杨逸女士相关的问题。不过我本来以为杨逸女士会回答我说保持自然体，就是保持自然的状态、平常心。可是杨逸女士却说“为什么凡事都要提到力量”，因为经常处于紧张状态，才会需要力量，她觉得自己本来就是懒散的人，所以她的想法就是“力量是什么？要怎么用？”的感觉。日中之间的紧张感是存在于国家层面的形式，听了杨逸女士的说法，让我觉得这种紧张感在这种轻松的气氛下渐渐消解。就是因为这种想法，京都大会的讨论真的让我学到很多。

可是今天的专题演讲与专题讨论的内容都属于沉重的话题，所以我在这里想拜托各位，请千万不要做出如叫嚣或嘘人等影响会场秩序的行为，我想今天来参加这场研讨会的各位都是绅士、淑女，应该不会做出影响会场秩序的行为，但日中之间的情势真的非常紧迫，如果听到不同的想法与意见时，请大家不要因为一瞬间出现的不满，而说出类似“你在说什么啊”之类的发言影响会议进行。会议讨论时一定会有不同的意见与想法，但这场会议正是提供大家思考如何冷静地认识、理解、互相切磋琢磨所谓的不同之处的空间，因此希望大家务必遵守规则。

关于王逸舟的报告

最后想要提一下王逸舟老师的事情做为结论。刚刚有提到，我们本来邀请了王逸舟老师进行专题演讲，我们也非常期待他的演讲内容，但是受到这次“反日大暴动”的影响，前几天收到他的信息，表示“非常遗憾，我必须取消这次的出席”，不过他希望能将他的想法传达给大家，因此将原本为了这次会议所准备的论文原稿在短时间内尽可能地大幅修改、整理，并且明明知道非常困难，但仍然请求朝日新闻刊登，而王逸舟的文章也在昨天，也就是9月29日（2012）在朝日新闻上刊登，他的文章内容如下：

> 日中两国围绕着敏感的主权问题，有必要建构能够统筹、有效因应各种各样问题的危机处理体制，而且这样的必要性已经非常迫切。如果持续无视这个问题，两国之间的对立将有可能会变得更加激烈，冲突有更进一步升级的危险，可以说是迫切需要解决的重要课题。本文完稿后，日本政府通过“国有化的内阁会议决定”，显然我们正面临着发生深刻冲突的危机。
>
> 目前日中之间有关海上国境的划界和岛屿主权的纷争，不仅存在着两国之间原本就有的问题与历史要素等特殊性因素，也存在着目前世界上不断重复发生的围绕海洋权益的争议的普遍性因素。所以为了解决这次的危机，只看两国之间的问题是不够的，也应该要参考如英国与西班牙、马来西亚与新加坡等世界上其他区域所发生的岛屿纠纷的经验与教训。
>
> 展望今后的发展时必须要注意的一点就是，中国拥有很长的海岸线与广大的领海，却属于传统的大陆国家。包括政治人物在内的许多人都很清楚陆地的国境线的相关知识与规则，可是对海洋权益的保护方法以及在这方面如何和他国来往的方式仍然不是很了解。
>
> 不过近年来以“综合国力”的增强与联合国海洋法公约的批准为契机，中国开始对海洋的重要性有所认识，同时开始出现了“要求扩大海洋权益”等所谓“大国成长时一定会有伴随而

来的烦恼”，这些“烦恼”可能会对邻国及本国内的各种各样的问题造成影响，可是我认为这也是建立双赢关系的好机会，也就是“危机就是转机”。

过去隔台湾海峡的两岸关系被认为是中国外交上的“负面资产”，但大陆方面与台湾方面的各党派之间慎重地因应，情势逐渐改变，现在两岸关系已经转化成为对华人世界与中国和平崛起有益的“正面资产”，这是一个很好的变化，给中国国民与国际社会、日中关系都提供了丰富的参考价值。

另一方面，日本从近代以来就被认为是一个传统的海洋国家。过去也曾经为了争取东亚的海上霸权而发动战争，对周边各国与日本国民都造成莫大的痛苦与深刻的灾难。海洋国家的日本与新兴海洋国家的中国认识到“危机就是转机”，思考如何建立新时代的两国关系、如何处理海洋纷争，可以说是打开东亚未来的试金石。对日本来说，也可以成为一个发挥身为海洋强国的优势，深化与周边各国合作关系的机会。世界正关注着日中对于围绕海洋问题所采取的作为。（责任编辑、编译：天儿慧）

王逸舟就是这样能够做出非常平衡看法的学者。我和他也交换过好几次意见，首先都意识到双方不能够将纷争继续扩大，而必须尽可能将其极小化。我们的共识就是日中双方为了建构危机处理机制，必须努力进行对话与交换意见。而且他真的是一位非常聪明、可以做出平衡看法的学者，在讨论中他还提出了一个问题意识，就是日中应该要对于国际社会中发生的各种各样的区域冲突有更多的理解、学习，然后将其还原在围绕钓鱼岛问题的相关讨论上。

另外还有一个重要的话题，就是日本长期以来是一个海洋国家，而中国则是一个大陆国家。换个角度讲，中国对于身为海洋国家所应该有的各种知识、规则、义务等方面的认识还不够深厚。王逸舟对此也很率直地承认，而且他以“大国成长时一定会有伴随而来的烦恼”

这个很有趣的说法，来解释中国的综合国力急速成长的过程之中，对于扩大海洋权利、增强海军军力等要求不断提高的状况。而他也认识到，这个“烦恼”可能会对邻国以及自己国家的其他方面造成影响。

但是王逸舟同时也认为这正是建立双赢关系的好机会，也就是说他强调危机就是转机，我们正应该要从正面来思考相关的问题。他也以在中国大陆被称为两岸关系的大陆与台湾的关系为例，表示过去大陆与台湾之间存在着深刻的对立、紧张，但今天这成了双方发展的正面资产。

他最近常常前往台湾，与台湾方面进行各种各样的交流，从这里可以看出，我们必须要有所认知，就是在思考日中关系时，在中国发生剧烈变动的过程当中，日本应该扮演什么角色。

从今天的日美中关系来看，对日本来说并非只有美国、中国的关系；对中国来说，也并非只有美国、日本的关系。我想要告诉大家的地方就是中国与美国之间建立了非常多的管道，虽然发生军事对立的可能性很高，但是根据中国方面的复数人士告诉我的说法，美中之间的正式对话管道恐怕不会少于 60 个，这是我最近听到的资讯。在日本想要找出 60 个与美国对话的管道，恐怕是非常辛苦的，但美中之间已经建立了这么多的对话管道。所以不要太过单纯地从权力政治来看日中、日美中或者包括台湾与韩国的关系，可能会比较好。

今天有这个机会从正面来讨论这个问题，希望这场研讨会能够成为一个宝贵的机会，让我可以从中好好学习，也让大家可以从会议的过程之中思考今后日本在亚洲应该如何发展。

日中政府间交流的轨迹与困难

五百旗头真*

日中士官学校交流的企划

我到今年 3 月为止担任防卫大学的校长，在 6 年的任期之中最想达成的目标，就是日中之间的士官学校交流。为了达成这个目标，不知道访问中国多少次了。一开始是透过中国外交部推动，但始终没有实质性的进展。虽然也直接透过国防部讨论，但也不是很顺利。结果是和人民解放军总参谋部负责教育训练的少将接触后，才开始有一些进展。

中国有 7 个军区，而且每个军区的陆海空军各有各的士官学校，而日本是陆海空军集中在同一所学校，也就是防卫大学。防卫大学每年约 500 人，四年约 2000 人接受教育、训练，而中国的规模远比我们大得多，所以找对口单位可以说是一件辛苦到让人昏倒的麻烦事。不过那位少将说，“确实像您所说的，中国有很多军校，但是有重要的，也有不重要的”，接着又告诉我，“陆军的中心是南京理工大学，海军是大连舰艇学院，空军是长春的航空大学。我已经告诉他们，五百旗头校长会为了建立交流事宜前往拜访，请五百旗头校长自己去和

---

* 熊本县立大学董事长、复兴推动委员会委员长。

他们个别接洽。”所以之后我分别拜访了南京、大连，达成了推动交流的共识。

大致上，日本每年3月会举行由防大生主办的国际军校生会议（International Cadets' Conference），这个会议的时间约为一星期，有十多个来自世界各地的学生参加。我们准备邀请南京方面参加这场会议；同时南京方面也有举办国际学生周的交流活动，南京方面邀请防大生参加相关活动；舰艇学院过去没有类似活动，但也决定开始推动国际学生周的交流活动；我们也有考虑和空军方面推动类似的交流活动。

我们和南京的陆军、大连的海军士官学校开始交流后，正觉得也必须和空军方面进行交流时，却陷入停滞。于是我再度拜访那位少将，他给我的解释是：“国家改变了方针，认为交流应该从更高的层级开始进行，年轻学生的层级可以在那之后开始”。我则回应：“这种教育、交流是很花时间的，重要的是慢慢地累积成果。从高层次开始推动当然是很重要的，但因此不推动较低层次的交流是不对的。低层次的交流由低层次持续、认真地推动也是很重要的”。我虽然很热心地说明我的看法，但是那位少将只回答：“我非常钦佩您的高见，但是国家有国家的想法”。结果和空军方面的交流没有办法推动。

但我们也同时确定，防大每年举办国际军校生会议，而中国方面无论是陆军还是海军都是隔一年才举行相关活动，如果防大每年邀请中国方面来参加，不过却要隔一年才会受邀前往中国，整个感觉不是很好。所以我们又提案，建议中国方面在没有举办活动的那一年，由防卫大学派遣陆海空的学生代表团前往中国进行短期访问，同时也把访问空军方面列入行程。对方也表示“这是一个好的想法，可以取得平衡”，决定如此推动。

可是在活动开始前夕，也就是两年前，发生了钓鱼岛渔船问题，许多没有直接关联的交流活动也被一一取消，防卫大学到最后仍然持续努力地推动交流，但进入最终阶段时仍然被中止。中国有时会把政治问题牵扯到经济、文化、学术等领域。某种程度上，可以说是还没有习惯多元社会，令人遗憾。

今天虽然王逸舟老师没办法来，但还是有许多来自中国的客人参加会议，可以说是跨越了因为政治问题而中止全部交流活动的这道鸿沟，象征着中国社会相对地存在着一定的自主性与自立性，非常令人高兴。

日中之间的战争历史

2000 年的历史之中，日中处于战争状态的时间其实只有 50 年左右，大多都处于和平状态。但日本攻击中国、对中国发动战争有 2～3 次，第一次是丰臣秀吉时代，秀吉虽然是进攻朝鲜半岛，但很明显是以当时的明朝为目标，虽然只是尝试，但秀吉确实有意图要进攻中国。接着是近代，20 世纪 30 年代毫无止境似地进攻中国。然后还有一个必须要提的案例，就是公元 663 年的白江口之战（日文为白村江之战），日本派出 2.7 万人的大军发动进攻，与唐、新罗的联军发生冲突，两天左右全军覆没。不过这是日本为了扩大影响力，借由支援公元 660 年灭亡的百济重新建国而出兵，单纯是以朝鲜半岛为目标，所以这场战争要列入进攻中国的次数，也就是第三次进攻，我觉得有些困难。

相比之下，中国进攻日本的次数只有元朝时期的一次，虽然分成两次战争，第二次战争据称甚至派出了 14 万人的大军，但都没有成功。近代的日本是亚洲最早迈入现代化的国家，因此相对之下拥有强大的力量，看起来像是迈向成功之路，但也可以说只不过是走向了大失败的道路。

经历了这样的历史，在第二次世界大战之中战败的日本在战后彻底采取了极端、高纯度的和平发展主义路线，极端地抑制军事，采取专守防卫的政策，不考虑攻击他国，以经济国家的身份重新站起来，日本已经不可能向大陆采取侵略行为。

可是中国并不这么想，刚刚天儿老师提到了“理解不足与误解之深”，有人认为中国目前已经拥有进攻日本的机会，比如在日本国内被认为是和平笨蛋，讨厌危险、肮脏、辛苦工作的年轻人。有不少人所认知的中国并不是现代的中国，某种程度来说，这只是基于过去存在的一些特定印象所做出的认知。

中华人民共和国成立后的历史

另一方面，在日本侵略中国的过程中，毛泽东规划出以农村包围城市的战略，而在 1949 年革命成功。之后虽然推动了如“大跃进”与“文化大革命”等政策，但进入 20 世纪 70 年代，出现了剧烈的变化，毛泽东、周恩来认为文化大革命不能持续下去，特别是当时面对来自苏联的威胁，因此决定善加利用美国这个因素而推动了中美和解，而邓小平则终结了文革。这可以说是中国历史上一个决定性的大事。

毛泽东建立人民政权虽然也很重要，但整个内涵却始终不能说充分。邓小平为了让处于饥饿状态的人民能够吃饱、生活能够改善而全力面对，这促成了中国的新生，也带来了中国连续 33 年（截至 2012）的经济成长。日本从 1955 年起到 1973 年的石油危机为止，经历了 18 年的经济高度成长。中国虽然目前有一些困难，但以非常高的水准持续了 33 年的经济高度成长，又因为是大国，所以给予日本相当大的震撼，这是邓小平采取了不否定共产主义的原理、体制，却让中国能享受市场经济的恩惠，推动改革开放所达到的成果。

克服了文化大革命、推动了改革开放以来的中国历史，就如同日中关系正常化 40 年来的概况。1978 年的《日中和平友好条约》是在福田赳夫内阁时期签署的，而第二年大平正芳首相前往北京访问时，确认了双方的合作关系。正如大家所知，中国于 1972 年与日本恢复邦交时放弃了日中战争的赔偿，可是大平首相认为，中国当时正要开始推动经济发展，为了跨越日本当年伤害中国的历史，必须透过日本支援、协助中国成功地发展经济，以推动新的历史。基于这样的想法，虽然中国放弃了战争赔偿，但是日本依然愿意提供经济合作，因此日本非常重视官方发展援助（ODA）。大平首相的想法也被之后的历代内阁所继承。

进入20世纪80年代，胡耀邦在邓小平路线下与中曾根康弘首相推动了3000人的青年交流活动。推动这一活动的主要考量在于，如果没有心灵上的交流，而只有金钱的合作，整个合作关系是很空虚的。如果推动年轻人之间在心灵上交流，将可以为日中之间的合作注入暖流，因此双方推动了这样的活动，而当时正是胡锦涛担任中国方面的秘书长。不过因为中曾根首相访问靖国神社，使得中国国内的一些人反对胡耀邦的对日政策。

到了20世纪80年代末期，也正是冷战终结的时期，发生了八九北京政治风波，邓小平坚持维护既有政治体制，同时在1992年的南方谈话中强调了在市场经济之下积极推动经济发展等主张，再次强调了“社会主义市场经济”的方针。

这里要附带提一点，八九北京政治风波后，西方先进国家对中国实施经济制裁，但日本外交在促使先进国家早日解除经济制裁方面扮演了积极的角色，日本的外务审议官访问了美国的布什政权与欧洲各国，强调不能让中国这样的国家孤立于国际社会之外，希望各国能在一年内解除经济制裁，而日本的说服也获得了成功，因此天皇也在1992年前往中国访问。

不过邓小平在1992年的南方谈话提示了整体的大方向后没多久，就将权力完全交给江泽民。而当时冷战刚刚结束，官方意识形态的结合效用降低。江泽民则采取了以民族主义、推动台湾在内的国家统一为号召，基于过去在抗日的过程中达成了建国这个原点，推动了“爱国主义”教育。1995～1996年在台湾海峡进行的导弹演习就是对台湾展示其强烈的意志，不过美国克林顿政权的国防部部长佩里为此派遣航母前往台湾海峡因应，这个结果代表着重新确认了美中在1972年达成的谅解，也就是美国与国际社会虽然承认台湾是中国的一部分，但不承认使用武力统一、支持和平解决的原则。

江泽民时代推动的国家统一，虽没有取得重大进展，但这段时间也有达成安定社会的重大成功，那就是将改善国民生活、经济发展作为国家统治的正当性基础并进一步提高中国在国际上的存在感，这些邓小平时代所确立的方针在江泽民时代成功地稳固、延续下来。

东南亚各国的对日感情

战后的日本其实也是在这个立足点上主导了东亚地区。日本的情况，是改善国民生活与经济发展加上自由民主主义赋予了自由民主党政权正当性。而中国与日本不同的地方，在于中国于冷战结束时开始以发展军事为目标这点。美国在波斯湾战争中以高科技武器针对巴格达的重要据点进行有效爆破、破坏，中国的领导人因此受到冲击，认为如果不努力推动军事现代化，未来将有可能遇到与伊拉克一样的情况。由于从20世纪80年代起中国已经过了10年以上的经济发展，国力有所提升，而以此为基础开始采取了军事现代化、扩军的路线，20多年来以相当的速度扩军、发展军事现代化与高科技。

日本与过去的相关问题可以说是非常困难的，例如菲律宾与新加坡可以说是遭到日军攻击的东南亚各国里受害较大的国家，但是我在1997年访问东南亚各国时曾提起相关问题，而各国的态度却是已经不在乎过去与日本的战争了。当我问他们“已经忘记与日军的战争了吗”的时候，他们回答“不，没这回事，我们不可能忘记过去遭遇的战争，但我们可以原谅”。没有办法忘记（forget），但是可以原谅（forgive）。我又问他们“为什么可以做到原谅”，他们又回答“我们从日本人那里学到了什么是值得信赖的商业，而且日本将推动现代化过程中的技术透过官方开发援助（ODA）的技术合作专案等方式，派驻来我们这边的专家花了5年的时间非常热心地贴身指导，将对我国有益的技术移转给我们，同时也不只是那5年，之后还有第2个5年，第3个5年，我们对此非常感谢。我们并非忘记过去的战争，而是不会再想对目前的日本提起过去的战争，非常感谢日本对我们的协助”。也就是说日本透过官方开发援助（ODA）等方式提供的协助获得了肯定，这些国家不会想到要以过去的问题来责怪日本。我想日本与东南亚各国之间已经大致成功地达成了“宁静的和解”。

历史认识问题的复杂化

但没有办法如此的是韩国与中国。韩国受到日本殖民统治的时间很长，而且因过去拥有值得夸耀的高度文化而受到很深的伤害。中国也是，即使从1937年的日中战争算起，也让中国8年时间卷入战火。正是因为如此，中国和韩国没有办法像东南亚一样，采取“日本在战后的历史上帮助我们向前迈进，所以不用再提战争的事情”的态度。

不过即使如此，韩国的金大中总统在1998年访问东京时，曾经对小渊惠三首相提出了非常令人感动的建议：“韩国不想再对日本提起过去的历史问题，也希望日本能正视过去的历史问题，为了两国国民的未来，应该面对未来进行合作”。小渊首相对此也非常感激，针对殖民统治时期的问题当场谢罪，这一瞬间就是所谓的“历史性的和解”。但之后的发展并没有延续下去，实在令人感到可惜。

就在同一时期，也就是中国针对台湾进行导弹演习的第二年，江泽民主席访问美国，美中关系更加密切，接着克林顿总统也进行穿梭外交，礼尚往来地回访中国。这显示中国的存在感不仅在市场经济领域，也在以美国为中心的政治领域之中开始发展。

而再下一年，也就是1998年，江泽民主席也来日本访问，当时日中之间的和解也备受期待。新日中友好21世纪委员会当时建议，相较于过去的问题，应该以当前的共同利益为基础，重新建构日中关系。日中两国政府也接受了这个建议。江泽民主席预定在访日时签署33件有关共同利益的协议，表明日中将迈入新时代。

但是中国方面提出强烈主张，要求日本对中国做出与对韩国同样的书面谢罪，小渊首相非常诚恳地以口头的方式对过去的问题表明道歉之意，但江泽民主席对这样的方式无法接受，因此也以口头的方式在各种场合的演讲中对过去的日本定罪，在皇宫与天皇见面时也是如此。日本的偏右人士主张的反中论因此崛起，日本媒体之中持续宣扬反中论的形式也因此确立，也出现了部分主张“与中国友好的家伙是爱国心不够”等激烈批判中国的团体。

在江主席访日的过程中，中国方面发现对过去的日本断罪的做法非常不受欢迎，所以中途停止了这个做法。也因为刚刚提及的东南亚各国的对日观已经出现变化，韩国的金大中也希望朝未来迈进，只有中国仍然延续了以过去的问题批判日本的做法，这不仅没有建设性，反而也象征着中国陷入孤立的一面，促使中国反思。因此在与日本会谈时转换方向，仅提出了“以史为鉴”这个词，希望大家好好讨论对双方都有意义的共同利益的议案。可是好不容易出现了转机，这次换成日本的反中论持续升温，双方又出现交错。而小泉纯一郎首相就在此时登上舞台，他宣示“坚持继续参拜靖国神社”，并且付诸实行，日中领导人相互访问甚至因此停滞。

最令人感到遗憾的交错，莫过于中国在2002～2012年是胡锦涛主政。胡锦涛在胡耀邦总书记时代担任共青团的书记，对改善日中关系的重要性是有所认识的。但在小泉政权时期，日中之间因为靖国神社参拜的历史对立表面化而持续陷入冷却状态。我当时担任新日中21世纪委员会的委员，每次的日中会议，中国总会在进入历史问题时进行严厉的批判。

我在这里要非常诚恳地说，我对于日本发动侵略战争这点真的感到非常抱歉，这点不需要中国方面来提。从当时的政治外交方针来看，当时的日本政府真的是非常不好。但这已经是50年前的事，我们为什么得常常重新讨论不是我们所生长的时代，而且是怎么讨论也无法改变的历史？相较于历史，为什么不对战后以及目前有意义的合作进行讨论？日本为了中国的发展，透过官方发展援助（ODA）尽可能地提供协助；八九北京政治风波之后，为了国际对中国的制裁早日解除，日本外交协助中国重新返回国际社会；和我非常要好的小渊首相为了协助中国加入世界贸易组织（WTO），也游说了克林顿总统。从这种角度来看，明明日中之间存在着对双方都有意义的方向，为什么不讨论这个部分而是将怎么样也没有办法改变、双方过去在历史上的对立拿到现代来讨论？我担任新21世纪委员会委员的任期之中，小泉首相任期满了，安倍首相就任，刚才提到的“融冰之旅”“战略互惠关系”就是在此时开始进展。

到了福田康夫内阁时，日中关系更急速向正面迈进，我们新21世纪委员会的日本方面成员一直提议：“德国与法国过去不断发生战争，但是他们现在不是已经跨越过去了吗？日中过去虽然发生过不幸的战争，但不断重复讨论过去的问题，绝对不会是一件对两国或对世界有益的事，为了跨越过去，日中共同开发位于东海中间线的煤气田吧，这样的话，东海就不会是为了寻求权力平衡的题材，而可以成为‘合作、和平之海’。如果真的能将东海发展成如此，那么不就不需要战争了，我们正好可以像过去欧洲共同体一样，透过共同管理铁与煤炭使得战争失去其意义？我们难道做不到吗？”在新21世纪委员会的层级，这样的提议几乎无法获得中国方面的认同。

可是福田首相非常热烈地向胡锦涛主席、温家宝总理提出这样的建议，而中国方面也因此有了令人惊讶的动作。虽然这样的建议并没有办法在中国内部的实务层级与国民层级获得广泛支持，但是胡锦涛、温家宝两位领导人的决断使得日中达成了共同开发位于东海中间线煤气田的共识。这是非常重大的进展，日中关系有如此的进展可以说是我非常强烈的希望与梦想，但非常遗憾的是这样的状况并没有持续很久。福田首相因为国内的政治情势而辞职，也因此中国对于推动相关政策的态度开始走向冷淡。

2010 年钓鱼岛近海发生中国渔船与海上保安厅巡逻船冲突的事件，中国马上通告日本，将延期举行有关共同开发东海中间线煤气田的实务性磋商。而中国当时出现的激烈的反日活动，却招致了国际的反感。美国过去采取的态度是“领土问题是当事者之间的问题，美国不介入”，但这次事件后开始强调“钓鱼岛问题属于日美安保的适用范围”。

中国的相互依赖模式与综合国力论

中国内部总是有两条路线的争论。邓小平主张“韬光养晦”，也就是在还不够强大的时候，不要让人家看到你的实力；为了建设经济，尽可能不要做出军事上的挑衅，领土问题交给下一代处理。在邓小平提出这段主张之后，中国于 2009～2010 年时无论经济力还是军事力都已经超越日本。中国内部也出现了强硬派，认为跨越邓小平所指导的“韬光养晦”阶段已经来到，应该提出强烈的主张。这样的主张越来越多，而钓鱼岛问题就是在这个时间点发生。

可是胡锦涛主席确定将在 2011 年 1 月访问美国后，2010 年 12 月起强硬论的主张就在中国内部消音了，接着中国又与奥巴马总统重新获得了共识：中国会继续遵守国际社会的原则。我在那之后前往中国时，也有许多人向我说明，那种强烈的做法不是中国的真心，和平发展才是中国的主轴。

换句话说，中国存在着两种面貌，并不是过去所谓“中国与台湾的两种中国”，而是一方面在全球的市场经济下发展了 33 年的中国，这是相互依赖的模式。就是从大局来判断，如果不和世界合作，发展将无法持续下去，因此重视国际合作的中国，这可以称为中国A。可是另一方面，以枪杆子推动革命，在抗日战争的过程中建立了人民政权，之后也并没有像战后的日本那样认为军事是不好的，而是尽可能地发展中国的综合国力，而关键的主轴就是经济力与军事力。只要是为了国家利益，必要的时候无论是经济力还是军事力都可以使用，这就是不排除使用权力政治的中国，可以称为中国B。

亚远经委会（ECAFE）在1968年公布钓鱼岛海域蕴藏有海底资源的调查结果后，中国于1970年左右开始宣布拥有钓鱼岛主权。1992年公布的领海法之中将钓鱼岛与南沙群岛称为是中国神圣不可分割的领土，这应该包括只要中国有能力，就会将其纳入范围的意涵在内。而在2009～2010年时，中国内部出现了相关讨论，认为中国无论是经济力还是军事力都已经超过了包括日本在内的东亚各国，应该可以开始采取相关行动了。而胡锦涛主席则认为应该在国际合作的范畴内讨论相关事宜，不能够失去与国际的相互依赖模式。胡锦涛的想法在这两年之间有效地拴住了这些激烈的主张，虽然默许了香港的保钓人士前往钓鱼岛，但仍然保持了冷静。

中国基于也想要在钓鱼岛进行实效控治的立场，在新领导人接班之前不会退让吧。

虽然已经成为不容易解决的问题，但重要的是日中如果忘却相互利益，对日中双方或对世界来说，都不会有益处。可能中国有人认为必须否定相互依赖模式，但有必要去理解其存在的重要价值。中国不可能放弃权力政治模式，但是在当前的世界上，权力政治的合理性与优越性是有极限的。即使国力变强大，也不表示强夺是可以被容忍的。我在这里强调，希望（中国）能追求卓越的生存之道，尽可能采取各种方式以使各方能够获得相互利益，不要迷失在负面的想法里。

对日本来说，为了在迈向21世纪的航路上平安无事，一定要追求“日美同盟加日中协议”的并立。协议指的是重视双方的共同利益，我不是说日中一定要成为同盟关系，但必须重视建立共同利益的架构。所以即使政治问题方面多少会有一些对立，但不要让其影响到经济关系，文化、学术关系，认同这些领域的神圣与尊严，希望能够如此成熟地因应而持续发展。

如何分析中国民族主义的崛起

郑永年*

亚洲各国民族主义的崛起

如同刚才介绍的，王逸舟老师无法前来参加这场研讨会，然后五百旗头老师从日本的角度进行了分析。因为我来自新加坡，所以我今天将从东南亚的角度进行分析。目前中日两国的关系正处于恶化的状态，东南亚的人们都很担心，如果这两个国家之间发生了冲突，应该怎么办。今天我想要从民族主义这个角度来探讨这个问题。

亚洲各国的民族主义在这几年逐渐崛起已经是一个毫无疑问的事实。有关领海、领土的纷争可以说是更传统的民族主义问题。越南与菲律宾之间因为领土问题而导致民族主义发生；韩国与日本之间因为独岛（竹岛）问题而引发双方国内的民族主义；国内民族主义崛起的国家之中，中国也被认为是最核心的国家。中国和周边国家之间存在着许多领土、领海的纷争，特别是中国南海以及钓鱼岛问题等。中国大陆与香港、台湾因为反对日本的钓鱼岛国有化而展开了保钓运动。

* 新加坡国立大学东亚研究所所长。

中国的民族主义的形成因素

有不少人从亚洲地区、太平洋地区的安全保障角度观察，而对目前在亚洲扩大的民族主义非常忧心。许多国家都有民族主义，但是中日两国的民族主义无疑是亚太地区安全保证的核心、关键议题。

造成这样的情况有几个因素，第一个因素是中国与日本分别是世界第二、第三的经济大国。不仅中日两国的经济相互依赖，而且亚洲其他国家的经济也与中日的经济相互依赖，例如新加坡就同时与中国和日本拥有非常良好的经济关系，所以这两国之间如果发生冲突，对亚洲乃至全世界的经济都会造成影响。

第二个因素是日美同盟的存在。因为日美同盟的存在，中日之间的民族主义冲突也会直接影响到中美关系，而中美关系又是目前世界的核心结构要素，对中美关系造成的影响也会实际影响到世界各国。而美国又认为，日美同盟是维护美国在亚太地区霸权的中心。中国与日本如果因为民族主义发生冲突的话，美国不可能置身事外。

可是对美国来说，无论是选择介入还是不介入，都存在着困境。如果选择不介入，那么就等于抛弃了日美同盟，如此一来美国不仅无法发挥其影响力，也可能会失去在亚洲地区的信用。反之如果卷入，因为中国跟美国都是拥有核武器的国家，所以将会成为两个核大国的冲突。美国学者曾经说过，目前的经济是所谓的“中美国（Chimerica）”的状况，当中双方又同时面临着金融恐怖主义的问题。过去历史上也有美国与苏联在冷战时期的冲突以及古代希腊时代的雅典与斯巴达之间的冲突，而美苏的对立最后导致了苏联的解体，中国如果与美国对立，可能对双方都造成伤害。

美国是从地缘政治的角度来看中日之间的紧张关系，如果美国感受到中日之间真的出现了发生冲突的可能性，就表示局势真的很紧张。这就是美国表明不希望中国与日本透过武力解决问题的理由。美国在中美国与日美同盟之间取得平衡是一件非常困难的事情，如果这个关系失去平衡，不仅可能招致中日之间的冲突，也可能招致中美之间的冲突，而许多人目前正担心美国是否有能力维持这样的平衡。

接着是第三个因素，将中国与其他亚洲国家的民族主义以及中国与日本的民族主义进行比较，可以发现中国与日本的民族主义的关系存在着不同于其他国家的特色。中国、越南、菲律宾之间的民族主义可以说是一般的民族主义，也就是因为领土与领海纷争这类具体的问题，可以说是属于物质性质的国家利益，围绕着这类国家利益的冲突与纷争是有可能进行管理的。

可是中国对日本的民族主义关系存在着特殊性，中国的民族主义原本是迈入近代时从日本传入的概念，进而以日本这个因素开始发展、茁壮的，也就是从甲午战争到第二次世界大战为止，日本侵略中国，中国败给了日本。中国人所谓的民族主义的概念因此出现了变化，因为中国的民族与国家所受到的羞辱、耻辱都与日本有关，所以中国对日本的民族主义还是包含着感情的因素在内，因此变得难以控制与管理，从五四运动到现在的反日运动，都可以从这个分析角度明确看到这样的状况。

由此可知，中日两国彼此如何因应对方的民族主义和亚太地区的安全息息相关，这里举出了几个原因，如果能够了解本质的话，最后应该可以控制、管理，进一步找出解决之道。

中国的民族主义的特征

中国的民族主义最近受到大家的注目，虽然也有必要探讨日本的民族主义，但今天我主要想针对应该如何理解中国的民族主义的问题进行讨论，如果确实能够理解这个问题，就不需要对此感到恐惧，也可以做出正确的判断与选择，也可以因此推动和平的外交政策。

当然这对中国来说也是一样的，中国也必须理性地去理解包括日本在内的其他国家的民族主义，如果能做到的话，那么就没有必要对其他国家的民族主义抱有恐惧感。中国必须非常切实地理解，身为亚洲的大国、世界第二的经济大国，中国的民族主义与亚洲的战争与和平有非常大的关联性。

目前有关中国的民族主义的研究越来越深入。冷战结束，苏联解体，之后许多国家开始关注中国的民族主义动向。中国政府在推动改革开放之后表明“中国的发展是一种和平发展”，并且提出了“韬光养晦”，不轻易对外展现能力及提出“和平崛起”的外交政策。

可是许多人担心中国的民族主义最后会如同第二次世界大战之前的德国与日本的民族主义一样，对外发动战争。亚洲各国如果将中国的民族主义视同是以前的德国与日本的民族主义，那么我想目前就是基于这样的理解来制定对中国的政策。如果是这样的话，最后的结局已经非常清楚。如果真的朝向这样的结局迈进，那么中国的民族主义真的可能会朝二次大战前的德国与日本的民族主义的方向发展。

我长期研究民族主义，我认为近代以后的中国民族主义有两种特征，就是反应形态与防卫形态。德国与日本的民族主义在一开始也是反应形态、防卫形态，但为什么最后会走向侵略攻击形态？因为是在与他国来往的过程中逐渐变成如此。也就是所谓的民族主义并非是先天，而是后天所造成的，民族主义的内涵是在与他国来往的过程中逐渐形成的。

所以今天中国的反应形态与防卫形态民族主义可能也会因为在与他国来往的过程中，而在将来逐渐形成侵略攻击型的民族主义，如果是这样的话，将可能会导致冲突与战争。亚太地区的和平是这个地区所有国家的责任，中国在亚太地区扮演稳定、和平的角色，还是成为导致冲突的媒介，不仅是中国自身的责任，也是周边国家的责任。

错误的认知

客观来看，目前有关中国民族主义的国际关系的文献之中，存在着三种偏见与错误的认知。第一种是意识形态的问题，主要是学者如何分析民族主义，另外也包括政治人物怎么看待民族主义。他们认为民主国家出现民族主义是很正常的状况，因为通常这是一种民意的表现。但是非民主的国家如果出现民族主义就是不正常的状况，因为这往往是由政府煽动引起的。然后从地缘政治、战略来看，民族主义的出现又与利益有关，多数的思考模式是：与自己国家在地缘政治上的关系密切、拥有共同战略利益的国家的民族主义是正常的，反之如果处于冲突与竞争的对手国家的民族主义则是不正常的。

另外一个是道德层次的问题。社会存在着各种阶层，而道德的判断往往是取决于大国或小国、强国或弱国，也就是道德上往往不允许大国欺凌小国、强国欺凌弱国。

民族主义也一样，如果其他小国或弱国向中国进行挑战，大多会获得赞扬。民族主义，也就是 nationalism，理论上在处理自身与他国的关系时，往往会倾向于认为自己一定是对的、他国一定是错的。如果没有办法好好处理这种民族主义偏见，不仅会损及他国的利益，也会损及自己的利益。

从过去的经验来看，民族主义至今在历史上导致了许多主权国家之间及其内部发生战争与冲突，即使是冷战终结，民族主义至今仍然维持着这样的倾向。

我昨天（2012 年 9 月 29 日）在报纸上看到了我尊敬的日本作家村上春树的文章，他在这篇文章之中把民族主义比喻成“cheap liquor”，就是便宜且品质很差的酒。喝了名为民族主义的酒以后，马上昏昏沉沉，失去理性，然后会随便找人吵架、打架。但是酒醒了以后，会完全忘记自己做了什么，连和人吵架、打架都会不记得，不过如果因为吵架、打架而砸坏了许多东西，留下的就只有赔偿金。

各国的民族主义会不会发展成国与国之间的战争与冲突，不仅要看各国能否好好处理政府与民族主义之间的关系，也得仰赖各国的民族主义与他国的民族主义之间的关系能不能好好处理。虽然需要民族主义与否完全是因人而异，也有人认为民族主义是必需的，但我认为民族主义所导致的战争与冲突应该是可以避免的。纵使民族主义是一种客观上的存在，代表主权国家的政府如何将此视为外交资源加以运用，完全看该国政府的态度。

爱国主义教育的目的

正如大家所知，学术界目前也对中国的民族主义是否会影响中国政府的政策问题进行了讨论与研究。我认为是有影响的，但与其他民主国家相比，影响的方法与影响力有所不同。中国并没有所谓民主的政策，政策的合理性并非是以民意为基础的，所以相较于其他国家的政策是与民意相互结合，中国的民意对于政府的政策决定的直接影响力并不高，以学术语言来说，就是中国政府的自主性仍然非常强，事实上中国政府也的确在处理与民族主义之间的关系。

举例来说，毛泽东时代，中国的民族主义就是所谓的政府动员的形态，以反对美国与苏联的霸权为主体。可是改革开放后的中国，民族主义是受到政府管理、控制的。八九北京政治风波以后，面对越来越严峻的国际关系，中国开始长期、持续地推动爱国主义教育，有许多国家特别是日本，认为这是目前中国民族主义高涨的原因。

而实际上应该有两种角度可以观察这个问题。确实这次的反日活动受到中国社会各方面的民族主义的影响。根据当时官方的纪录，爱国主义教育的目的确是为了内部的政治安定。20 世纪 90 年代起，中国开始进入世界经济体系，邓小平在 1992 年发表了南方谈话，当时中国希望能融入世界之中，而这个现象是无法单纯以中国的民族主义来解释的。

我认为目前中国的民族主义无论从哪个角度来看，应该是属于反应形态，政府已经无法忽视民族主义这个客观的存在，而且民族主义可能会威胁到政治的安定，所以必须有效地加以运用，或者有时候必须对其妥协。但另一方面，因为民族主义会释放出庞大的政治能量，如果不将其控制在一定的范围内，将会影响到社会与政治的安定，这是目前中国面对的状况。

以建立理性的合作关系为目标

中国正逐渐崛起，目前可以确定中国的民族主义是属于自发性质，也就是民族主义在中国是一种客观的存在，政府甚至可以利用民族主义赋予推动政策的合理性与合法性。目前的中国政府当然是对此相当自制，从中央到地方政府，没有任何政治人物会企图煽动民族主义使其扩大。

但是反过来说，无论从哪个方面来看，中国政府倾向于希望顺利控制、管理、遏制民族主义，而国内外的民族主义对这样的中国政府都采取批判的态度。在中国国内，特别是外交单位的人，常常被中国民众辱骂为“卖国贼”“汉奸”，政府企图参加、诱导民族主义的做法并不顺利，相反，中国的民族主义在激烈的感情表现下出现的破坏性，也成了政府的压力，

我刚好前阵子前往中国访问，参访了许多地方，见了许多人。我觉得中国的民族主义是非常复杂的，目前发生在中国的这些现象与其说是民族主义，不如说是毫无理性的、如同义和团般的、充满破坏性的排外主义。目前很多发生在中国的民族主义都是暴力性质，袭击日本人与日商的厂房等，今天袭击日本的工厂，明天就袭击、放火烧政府的建筑也说不定。

我曾经有机会与日本驻新加坡大使谈话，被问到“中国的民族

主义为何会对日本有这么厉害的破坏性”的时候，我回答说“大使，您搞错了。目前在中国，对社会的反感都是以暴力的形式表现，也有因为对地方政府的官僚感到不满而放火烧地方政府的事件”。目前中国正面临着重大的转型期，我觉得当中暴力这个东西可能是不可避免的。就我的理解，这些暴力并非单单以日本为目标，因为我们虽然看到反日运动充满了暴力，但另一方面，事实上我们也可以从网络上看到不要感情用事的主张。

不过也存在令人担心的问题，目前的社会因为全球化的发展，各国政府逐渐弱化，无论是民主国家还是非民主国家、日本还是中国，任何国家都不希望强大的中央政府存在，这已经成为普遍的现象。在全球化的时代，理论上应该是主权国家的时代，但是主权国家的政府已经越来越无法像从前一样轻易地操控自己国土上的人们。民间社会的力量已经急速地崛起，拥有各种各样的能力，在国际社会也逐渐比以前扮演更为重要的角色。

即使是外交领域也出现了一样的状况，过去透过必要的谈判与妥协以实现外交目标的权力，是由各国的政治精英与官僚所掌握的。可是现在的外交已经不只是掌握在政治精英的手上，也掌握在大家的手上。外交领域的民主化已经是不可避免的，我认为过去以谈判与妥协推动外交的传统方式已经逐渐消失，不久将会是大众外交的时代。

可是当问到民众外交与大众外交能否解决国与国之间的冲突时，只靠民众、大众的力量可能无法处理类似的问题。中国在江泽民时代成功地解决了与俄罗斯之间的领土问题，也解决了与越南之间有关陆上边界的划界问题，但这些问题如果放在现在，可能很难解决，因为20 世纪 90 年代的互联网没有像现在这样发达，也没有微博，而现在有很多民间的人拥有微博，民间的人所做的事情、所思考的问题也因此越来越让人了解。

为了解决目前两国之间的纷争，必须进行政府之间的对话，目前中日两国的政府面对着相同的课题与挑战，两国政府之间必须进行更多的合作。无论是中国政府还是日本政府不能只单单将责任归罪对方，必须以更理性的方式抑制各自的民族主义。有关民族主义的部分需要更加努力去应对，这并非是指煽动民族主义，而是指应该要以实现正当的政治目的为目标，然后改造民族主义，使其更加理性。除了各自的国家利益，中日两国应该要以更为理性的方式思考范围更为广泛的国家利益。

哈佛大学的经济学者熊彼特教授曾经说过，民族主义是中近世留下的精神产物。当然熊彼特教授的比喻可能太过简略，但是刚才讨论时，我们已经了解，民族主义甚至有透过物质利益诱导的可能性，也可能透过感情诱导，我们不是应该有必要透过各种非民族主义的方法，更有效果地追求国家利益吗？

无论是从历史的经验还是从现在的课题来看，如何应对属于一种客观存在的民族主义，对各国政府来说，都是一件非常困难的课题。如果民族主义超出了可以控制的范围，不仅政府会遭到国内民族主义与过激政治势力的夹击，也可能会引发国家之间的冲突，甚至可能导致战争的发生。这是从第二次世界大战之前的日本与德国的经验所得到的教训，我们应该要以这样的历史为鉴。

亚洲各国的民族主义逐渐崛起，让各国政府感到不安全、不安定，如果中国与日本无法控制民族主义，那么亚太地区的安全无法维持的问题将会成为现实。所以我们要如何管控各国的民族主义？从历史来看，民族主义发展到一定程度时，一定会有政治力量想利用其达成目的，而这样也会导致国家间的冲突。我们必须有所认知，当前我们目前正面临着非常重大的课题。

专题讨论1：
历史上的合作、对立、误解

主持人： 高桥伸夫（庆应义塾大学教授）

讨论人： 高原明生（东京大学教授）、松田康博（东京大学教授）、步平（中国社会科学院近代史研究所前所长）、黄大慧（中国人民大学教授）、刘杰（早稻田大学教授）、张大铭（加州大学圣迭戈分校副教授）

高桥： 今天的专题讨论主题是“历史之中的合作、对立、误解”。可能在企划这个项目的时候，主办单位也没有想到日中之间会出现目前这样的紧张局面，应该是在更高兴的气氛、仿佛父母庆祝小孩出生的心情之下，预定回顾过去四十年的日中关系是怎样被推动、发展、成长的。可是整个气氛却出现了大变化，已经没有办法轻松地回顾过去，而必须认真讨论如何跨越当前的难关。但是我们也还是有必要站在稍微过去的历史之中，来眺望目前的对立，我认为这样应该也有助于我们展望未来的发展。

今天的讨论人都是拥有能够自由展望、分析过去到现在的能力的优秀研究者。

首先第一位是东京大学的高原明生教授。他在日本的中国政治研究领域是具有代表性的学者，也活跃于国际，扮演的角色可以说是日本学会的发言人。

再来是早稻田大学的刘杰教授。他主要针对日中之间对于历史认识的相异、对历史的相互认识之视点或误解的结构进行研究，是今天这个题目不可欠缺的讨论人。

接着是步平教授。步平教授之前担任中国社会科学院近代史研究所所长，在日中关系的研究上有非常深的造诣，在从2006年起进行的“日中共同历史研究”委员会担任中国方面的主席委员，日语也非常流利。

然后是中国人民大学国际关系学院的黄大慧教授。他的研究领域是东亚国际关系论、现代日本论，是对日本非常了解的日本通。

接着是东京大学的松田康博教授。他著的《台湾的一党独裁体制之建立》一书，是非常优秀的作品。他虽然是台湾政治的专家，但对东亚的安全保障问题也有非常深入的了解。

最后是加州大学圣迭戈分校的张大铭教授。他在该大学的“世界纷争与合作研究所”（Institute on Global Conflict and Cooperation）担任所长，研究专长是中国与东亚的安全保障问题，特别是军事与经济，以及军事与科学技术的领域。

以上是有关今天的讨论人的简单介绍。

接下来想说明今天的讨论方式，首先希望各位讨论人能够对下面三项重点进行分析。第一，如何评价过去四十年来的日中关系的历史；第二，基于过去的历史，如何来观察现在的对立或紧张；第三，应该如何建构培养日中之间信赖关系的机制。各位讨论人提出看法后，再请各位讨论人进行相互讨论。

高原：我有四点看法想向各位报告。第一点是当前我们应该如何来看待过去40年历史的问题。我认为前20年与后20年的两段时间的根本性质存在着很大差异。首先一开始的20年是所谓的日本崛起的时代。日本人可能没有意识到，但当时从世界、从中国的角度来看，那是日本崛起的时代。现在要讨论受到注目的尖阁问题时，日本一贯地采取了非常自制的态度。我首先想跟各位谈的，就是为什么日本在崛起的同时能够自制。

第一个因素当然就是日本的和平主义。日本在战后贯彻了和平主义国家的角色而发展至今，其中一个原因是当时对于战争有着强烈的赎罪意识，另外一个原因则是有着这样意识的世代，当时仍然作为社会的中心而活跃。

第二个因素就是20世纪70年代，正是日本遭遇石油危机这个非常严峻经济问题的时代，日本社会的价值观也从这个时期起，开始从所谓“大就是好”，转换为“小而美”。如果要进一步说的话，日本开始从现代社会朝后现代发展。然而当时也存在着一个趋势，就是从熊猫热到丝路热，日本人对中国长期存在的文化亲近感也越来越强。如果要更深入探讨的话，那就是日本也对中国在经济上有着非常大的期待，一开始是期待中国的资源，再来就是对中国市场的期待越来越大。

第二个时期是1992～2012年，这个属于后半的时期就是中国开始崛起的时代。如果要谈尖阁问题，我想这个时期也可以说是中国开始逐渐强烈提出自身主张的时期。原因就是中国的外交开始迈向传统的现实主义。特别是最近这几年，这样的趋势越来越明显，而且当中也包括了一部分属于过去中国一贯批判的霸权主义，也就是以实力压倒对手的主张。虽然这并不是主流，但确实开始出现，这就是目前中国外交的状况。

中国正处于现代化过程的正中央位置，也就是社会整体开始追求富国强兵的范例，刚才郑老师谈到的民族主义与爱国主义教育的问题，也都与此相关。然而中国国内也出现了对于现状有所不满的声音，社会变得非常强调人际网络，光靠个人的努力已经越来越不可能在中国社会获得成功。

如果要纳入经济因素的话，中国的经济规模目前已经超越日本，这样的优越感在一部分人中间逐渐扩大。可是在文化方面，却是日中因为动画、漫画、流行歌曲等次文化，使得亲近感逐渐加强。我想讲的就是在中国崛起的时代，中国逐渐强烈提出自身主张的原因。

主持人希望我回复的问题，那就是基于过去40年的历史来看现状时，能够做出什么样的观察。我认为，回顾过去的40年，日中关系确实是脆弱的，但也表现出一定的坚韧。日中在这40年来就是呈现出这样的关系。坚韧的核心当然是双方在经济交流方面的强化，不仅如此，双方在安全保障领域其实也有各种各样的合作。可是日中关系存在的脆弱性，就是如目前双方正面对的尖阁问题、整体安全保障等存在于各方面的问题。我们往往偏重脆弱的面向，但这样反而容易出现错误的判断。我认为今后的方针，应该是努力思考如何强化日中关系的坚韧之处以及如何消除日中关系的脆弱之处。

目前可以感受到，中国有一部分人士准备推动在经济领域或文化领域的对抗措施。这点之前已经提到，而我对此非常强烈地反对。我们不能够再失去日中关系的强韧性，而必须将其加以强化，尽可能促使日中关系有所进展，这样的想法是为了日本、为了中国、为了亚洲、为了世界，就是因为重视日中关系的立场，因此希望绝对不要再做这类的对抗措施。如果对抗措施扩大到经济与文化领域，将会导致日中关系全面破坏。我在此强烈呼吁，希望能停止推动对抗措施的行为。

最后我想说的就是具体而言应如何解决尖阁问题。这点也是今天已经出现过的话题，我本身也是将危机视为机会，即使石原慎太郎先生在今年（2012）没有做出挑衅的发言，中国早已持续派遣船只进入尖阁海域，所以日中之间如果没有达成一个共识，迟早会发生意外，而且发生意外的可能性会持续升高。目前暂时是处于当前的状况。

我想说的是，我本人认为应该要新建立一个“2013年共识”，因为无论是日本还是中国大陆、台湾，对于尖阁的主权都不可能让步，各方对此达成共识是非常困难的，因此各方应该以遵守自己所提出的原则为前提，并且将尖阁做为和平、友好、合作的海域的象征。我认为大家应该要努力去思考促成这样共识的可能性。

刘：如果要谈如何回顾过去 40 年的日中关系，今天这场研讨会的主题，也就是“历史性的转变”，可以算是一种表现方式。那么是如何转变？我认为，日中关系基本上已经从日中友好时代转变为战略互惠关系的时代。所以我主张，首先 1972 年以来持续的日中友好的时代说不定早已结束，这是第一点。

那么为什么日中友好的时代已经结束？我认为有两根支柱支撑了日中友好，这两根支柱是两个汉字，一个是“信赖”的“信”，一个是“敬意”的“敬”，就是“信”与“敬”支撑了日中友好。日中两国政府围绕着领土问题而达成的种种“默契”，都是双方以 1972 年邦交正常化时培养的“信”为基础的。然后对彼此的历史或文化维持敬意，也成了支撑日中友好的根本。而且也因为这两根支柱，使得两国间的具体问题能获得解决，例如中方相信，双方在面对如何处理历史问题，或如何处理领土问题时，达成了搁置争议、暂时不将其视为问题的默契。

状况开始出现变化是在 80 年代末期到 90 年代初期，跨越社会制度与意识形态的差异所达成的“信”与“敬”开始崩溃，也就是所谓的“价值观”的差异，开始成为两国国民间的重要障碍。接着小泉内阁的诞生，首先不再认为在历史方面存在默契，第一根支柱因而崩解；然后也开始出现有关尖阁列岛问题不存在搁置争议的讨论，这个部分也开始崩解。结果导致日中的友好关系出现变化，双方迈入了追求战略性的国家利益的时代。

如此一来，在思考东亚的和平、安定如何维持时，就会觉得不安。那么我们应该如何在历史之中将现在定位呢？在思考这个问题的时候，我个人非常沉痛的地方就是现在日本与中国的人们，彼此之间竟然以20世纪30年代看对方的角度来看现在的对方。具体来说，这已经是80年前的事情，九一八事变之前的中国，认为日本正是军国主义、侵略国家，而且与中国缔结了许多不平等条约，企图借此从中国夺取许多利权。

就像刚刚天儿老师在发言中提到的，现在中国看日本的角度仍然没有改变，认为军国主义在日本已经复苏，日本企图否认侵略的历史。拒买日货等做法仿佛重现了九一八事变之前的状况。

80年前日本是怎么观察中国，当时的日本认为中国不遵守国际规范、不守约定、不遵守条约、没有品格，这也是导致九一八事变爆发的一个因素。

另外一个问题，就是最近有许多学者提醒中国，认为“现在的中国必须要记取20世纪30年代以来的日本的经验”，虽然是希望中国不要走上相同的道路而做的提醒，但中国的学者则以“不，这是非常大的误解，两国的状况完全不同”的说法，不理会这个提醒。

从这样的状况来思考的话，我们不仅需要重新找回一些40年前的日中友好的精神，还要往更早之前回顾，以温故知新的方式重新思考，包括日本与中国80年来到底前进了多少、我们到底达成了多少成果等问题。

我的结论就是目前精英或领导人之间已经有某种程度的对话管道，虽然最近被认为有稍微薄弱的状况，但现实就是这些管道或是民间的广泛交流管道也依然存在，但两国政府在如何促使民间交流、如何对他国的国民提出其诉求等重要工作方面仍然非常不足。我认为必须要透过强化这些重要工作，让日中踏出新的40年、甚至新的80年的起点。

高桥：双方以20世纪30年代的眼光来看对方的看法，令人印象非常深刻。

步：现在与我来此之前想做出的发言，状况稍微有所不同，可是思考以后发现，目前有关历史认识、相互理解问题的部分，与今天的主题有相当部分非常契合。

这 40 年来，日中有好几次面对相互理解等方面的问题。对于研究历史的学者来说，历史认识问题非常明了，但对中日关系造成了非常重大的影响，而且当这些影响变得过度激烈的时候，会导致游行，会造成政冷经热的状况。到这个时候，包括我在内的许多学者都会去思考该如何解决历史问题，也会去思考能否与其他国家的历史学者在这方面进行交流。在 2006 年，日本政府也提议由两国的学者共同进行历史研究。

在 2002 年我已经与中日韩学者一起进行共同研究，这是以提供补充教材的形式的研究。而 2006 年我担任中方的代表，参与了中日两国政府所推动的历史研究。研究成果获得了各种各样的评价，但双方在这项研究中获得的共同认识，就是历史问题对中日关系的发展所造成的影响，程度已经比过去降低，已经不再是影响中日关系发展的最大障碍。这些成果也是学者们努力的结果，所以这个经验，我们必须要努力去回顾，在今天也有着必须以此进行思考的价值。

那么这个经验能否适用在其他方面呢？我在这里想强调几个部分，我的论文里也提了不少相关论点。首先，所谓的共同研究是否存在着学者对话的意义？刚刚五百旗头老师也提到了德国与法国的共同研究，2008 年中国、日本、韩国的学者也前往德国学习相关的经验，我想东亚也必须学习这些经验。我上个月（2012 年 8 月）才刚从德国回来。我在德国也与研究国际教科书的研究所所长会面，当时还没有发生目前的情势，那位所长对东亚的学者们做的努力表示敬意，他说因为欧洲目前还做不到东亚学者所做的程度，第一本书刚完成，就已经在写第二本书，能够达成这样的成果是了不起的。也就是说，其实他觉得欧洲也必须向东亚学习。

另外一点，就是许多研究之中，也有一些问题在学者之间产生了非常大的争论，但最后却促使大家能够培养出普遍的信赖关系与友情。当然提出的意见之中，有些我没有办法赞同。也就是说，很难完全达成一致的看法，但理解对方的看法也是一件重要的事情。

然后第三点，我想说的是问题的复杂性。这个问题牵涉了政治、感情、学术三个层次。历史的共同研究2000年以后才开始的，但我曾经在早稻田大学表示，政治问题、人与人的感情、学术研究并非完全重叠，也不能彻底切割。所以必须要用冷静的态度来努力进行分析。

我对于今后则有四点意见。第一点就是我赞成刚刚高原老师的看法，希望能以正面的想法来思考，还是要巩固双方的对话，如果否定存在领土问题，就等于关闭了对话的入口，这是非常重要的。我的能力可能没有办法和在座的各位学者相提并论，但我本人认为国有化是非常严重的问题，必须进行对话。

第二点，身为一个历史学者，我认为历史事实非常重要，我没有办法提出一个结论。不过虽然确认每一个历史事实需要花非常长的时间，是非常累的工作，但是非常重要。

第三点，必须保持冷静沉着的态度。妥协也是必要的。

第四点，除了政府间的交流，民间的交流也是非常重要的。我也希望这些民间交流能够持续推动、进行。

高桥：谢谢步老师。步老师为我们说明了围绕历史问题对话的重要性。

黄：在思考日中过去这40年的时候，有三个必须要注意的焦点。首先是经济面，这40年来，中日关系在经济力与国力方面都出现了重大的变化。总结来说，中国改革开放刚开始的时期，日本的力量非常强大，从这个时期到冷战结束，然后进入到2010年，成了双方已经对等的时代，经济领域就是发生了这样的变化。也有人表示，今后将进入中国逐渐强大的时代。日本政府与日本人之中，也有相当多的人认为今后中国会逐渐变强。我个人认为，这些变化不仅限于中日之间的经济结构或国力，也会给予两国人民的心理造成很大的影响。有关这点，今天就不加以说明了。

第二个值得注目的焦点，就是中日两国在国力、经济结构的变化之中迈向平等交流的时代。从历史来看，中日关系从来没有平等过。古代可以说是中国强大而日本弱小的时代；到了近代，长期以来都是日本强大而中国弱小的时代。东亚因为日本发动侵略战争而遭受了大灾难。历经了这样的时代后，中国采取改革开放政策已经过了30年，中日关系也开始变化。目前已经是中国与日本可以平等交流的时代。这是非常难得的时代，双方不再处于用过去的角度，或是轻视的态度来看待、对待对方的时代，而是彼此平等面对的时代。这对中日关系的发展来说是非常好的机会，目前中日两国把握好这个机会，是非常重要的。

目前为止的中日关系是国与国，或是政府与政府之间的关系。可是目前的中日关系已经不限于政府间的外交关系，而成了两国社会之间的来往。或者说国与国、国与社会之间相互交流、共存，变得比以前更为复杂的状况。我想要强调的地方就是这40年中日关系的变化导致了这样的变化。双方政府在解决外交问题时，对象不仅是对方的政府，也必须把对方的国民列入考量。同时中日双方的政府也必须面对一个状况，就是如何面对本国的国民。两国政府为了促进中日关系发展而推动政策的时候，这样的局面成了重大的课题，就是必须在这样的现实之中处理中日关系。

这里想稍微谈一下中日之间的问题。第一点是双方的相互信赖关系非常薄弱。而且中日关系也存在着战略性的相互猜疑。北京大学的王辑思教授与美国的布鲁京斯研究所所长李侃如教授一起出版了一本名为《释疑：走出中美困局》（*Addressing U. S. – China Strategic Distrust*）的书，中日关系其实也面临着相同的状况，这是必须克服的问题。但另外一个状况，就是双方民间的心情，目前彼此对于对方的亲近感在比例上开始下降，双方相互厌恶；感到厌恶的感情变得非常的强烈。为了跨越这个苦难，中日必须要推动真正的战略互惠关系，真正地去实践非常好的建言，如被称为第四个政治文件的相关内容。

第二点，当我们在思考如何促进中日关系发展的时候，双方共同推动区域经济的一体化是很重要的。区域经济一体化能够顺利推动的话，双方应该可以获得许多共同利益，主权的意识应该也会稍微变得薄弱，如此一来，中日双方即使遭遇钓鱼岛的问题，也有推动共同开发的可能性。

第三点，中日双方必须共同推动这个区域的多边安全保障机制的建立。我们必须抛弃冷战时期的思维，如果思考同盟等方面的问题，将会对这个地区的发展不利，必须要采取新的安全保障思维，另外透过新的安全保障机制的建构，可以消除彼此间的猜疑，而促进长期的安定。

此外是我个人的看法，截至目前，日本与东亚的邻国还没有在侵略历史方面达成和解，当中也包含靖国神社问题、教科书问题、岛屿问题，这可以说是历史所留下的课题。日本与亚洲的邻国之间如果没有达成真正的和解，就很难彼此手牵手进行合作。

高桥：谢谢黄大慧老师的发言。我理解您提到的有关日中双方为消除误解而应该推动多元对话的主张有怎样的重要性。

松田：有关日中关系的现状，可能大家都有相同的看法。首先有一个观点，就是政治制度的不同导致了非常大的冲突。这也是日中关系存在的一个现实，我们必须要正视这个现实。

第二点，就是有必要思考如何解决这个问题。这个问题是让人相当担忧的，而直接面对问题的时候，非常重要的地方是如何判断问题的性质。也就是说，要判断这是可能解决的问题，还是不能解决的问题。如果是有能力解决但很难解决的问题，那么就会想尽办法去解决，否则可能将问题进一步扩大。所以非常重要的就是看清楚问题的本质。

目前日中两国面对的尖阁列岛问题，是非常难以解决的。我认为这个问题在短期内几乎不可能解决，所以可以不去处理这个问题，只要想办法在实务上进行管理就可以。问题是必须在双方都可以接受的原则下进行处理。最好的方法就是不要采取任何方式去强制改变现状，而是维持现状。可是如果对现状不满，而想去改变的话，也绝对不使用武力或物理的手段，特别是绝对不能使用暴力，也就是一定要用和平的方式来变更现状。

有关和平变更现状的方法部分，在第二次世界大战结束后，有三种和平解决国际争端的方法：第一种是透过外交途径的谈判；第二种是透过第三者进行调停；第三种是向国际法庭提出诉讼，然后双方遵守判决结果。

首先是透过外交管道进行谈判。日本政府的立场，就是主张日中之间不存在尖阁列岛所有权的争议，所以不会在这个问题上与中国进行任何协议。如果对此有异议的话，就需要第三者进行调停，但如果找不到适当的第三国，那就要向国际法庭提出诉讼。这是和平且负责任的做法。所以如果有异议，那就是遵守第二次世界大战后的国际法，寻求解决的方法，这才是一个国家应该采取的负责任的态度。

外交上有一个叫作相互主义的原则。相互主义的精神就是“你和我都遵守相同的原则”。我们经常听到这个名词，例如中国主张1978 年日中两国之间同意共同搁置领土问题，虽然双方对这件事情本身有各种各样的意见，但如果中国也同意搁置领土争议的话，为何在 1992 年制定领海法的时候，将钓鱼岛列入领海范围？由此看来，中国早已经变更了现状。如果双方都同意搁置领土问题，那双方应该共同接受这个制约，但中国单方面变更现状，日本却不被允许变更现状，那么相互主义就没有办法成立。还是中国主张日本同意了只有日本单方面受到制约的共识呢？

这里想整理一下我的论点，也就是如果想改变现状，就必须要通过和平的手段。然后必须遵守外交上的相互主义原则。

第三是具体的建议。我认为应该要建立多国间共同研究包括海洋秩序在内的东亚地区国境问题的机制，日本、韩国、中国大陆和台湾、俄罗斯等都应该参与，另外也邀请来自欧美的观察员。当中也可以进行两国之间的会议，双方的主张可以全部列入最终报告书，然后将双方的文章翻译成英文，全文在互联网公开。为了以知识的力量解决这类问题，知识分子必须将尖阁列岛问题从政治的舞台夺回来，以上是我个人的提案。

高桥：日本拥有这样能成为协助两国间沟通的桥梁式人才，实在是非常宝贵。

张：主持人在一开始表示，会议原本是要庆祝关系正常化40周年，但我觉得在安全保障领域方面，问题可能稍微有些不同。其实在安全保障领域方面，并没有特别明显的发展。我想透过回顾40年来日中之间的安全保障是通过什么结构与过程建构的，来思考这个问题。

当中的主要问题就是结构与过程之间的调整非常不顺利。双方经常处于分裂状态，困难也非常多，问题也常被扩大。日中之间围绕军事与安全保障的交流并没有增加。

这里想稍微详细地说明，也就是说，我想表达就是日中间的交流并没有太大的发展，我特别想一边分析安全保障与国防、军事的部分，一边讨论有关软实力的相关部分。

日中的安全保障关系可以分成三个阶段，首先是20世纪70年代开始到20世纪90年代初期为止，因为有包括历史与各种协议等问题，所以安全保障关系的优先顺序较低。日中虽然也还是有意见的交换，军队与国防的关系、学生交流也有某种程度的进展，但只停留在“您好、午安”这类自我介绍的低程层对话。有各种各样的断层，竞争也非常激烈，双方的关系并没有扩大。

接着是 20 世纪 90 年代中期到目前为止的阶段，两国间的安全保障问题变得比过去更加破碎化，而且也发展成围绕硬实力的竞争。例如围绕台湾海峡的紧张关系从 20 世纪 90 年代中期开始明确化，美日同盟也开始对中国造成影响，中国也开始急速推动军事现代化，可是和 20 世纪 80 年代相比，双方能够针对这些问题坐下来坦诚对话的机制并没有太大的进展。

双方的安全保障关系今天在进入新的阶段时，问题又变得更加破碎。首先是围绕着硬实力的问题变得更加敏感、越来越难以解决。其次，围绕尖阁问题等主权问题也掺入进来。另外，美国将焦点转移至太平洋也对美日的安全保障关系造成了重大影响。所以我们必须要思考这样的机制今后会如何发展。

接着分析目前日中的安全保障关系。当然扩大到军事冲突的可能性非常低。我前阵子刚去过中国，与治安、解放军相关人士进行了讨论，他们也明确表示不希望因为尖阁问题而导致军事问题。但是虽然两边都不希望战争，战争却很可能因为偶然的因素而爆发。

中国国内有许多以前没有的势力开始崛起，他们并非是军队与治安领域的人士，而是一些民族主义者或政治领导人。他们开始对许多问题提出自己的意见。我们必须假设这些过去不存在的行为者的崛起可能成为潜在的影响，而导致某些状况在偶然之下爆发。

在这样的状况下，我们今后应该怎么做呢？刚刚已经提到，问题在于交流完全没有进展，日中之间完全不知道要如何讨论防卫与国防问题，也没有足够的管道可以进行这样的讨论。所以其中一个方法，就是中国与日本要参考美国与中国、美国与日本的两种对话方式，进行高层次的安全保障参与，也就是进行定期会谈与共同开发。可以透过建构危机管理机制来应对尖阁问题。目前完全没有类似的机制，没有机制的话是非常危险的，因为日中安全保障关系的结构与过程越来越破碎的可能性将会提高。

高桥：张老师的发言重点，就是日中关系在过去40年来并没有在安全保障方面达成重要的成果，必须要尽快建构危机管理机制。

听了各位讨论者的发言后可以发现，与其说大家提出了各种各样对立的观点，不如说大家提出了许多共同的看法。首先，日中之间的战略互惠关系非常强韧但也存在着脆弱之处；其次，必须要避免为了一个看起来不可能解决的问题，而导致整体日中关系受到伤害；再次，为了缓和双方的紧张关系，必须要同时进行多元的对话，不应该关闭对话的管道；最后，将危机视作机会。这里我想从更正面的角度进行接下来的讨论。许多中方的人士经常说："解决难题的方法比难题要多"，总而言之，我想这代表着从正面的角度寻找解决方案是非常重要的。我想上面这几点应该是各位讨论人之间达成共识的部分。

只是讨论就这样结束的话就太无聊了（笑），所以我想提出一些尖锐问题来挑战各位讨论人。

松田老师的大纲写到了以对等原则面对的内容，高原老师的发言则提到"收回到潘多拉的盒子"，这几点让人印象非常深刻。如果从有关尖阁的问题来看，两位是不是假设暂时撤回国有化，使其重新成为私有地？

高原：我不是这个意思。刚刚步平老师也提到国有化的问题。目前日本政府因为"国有化"的用语对中国方面造成不必要的刺激，所以改用"政府购买"的用语，但是中国方面对此非常重视，使用"这是侵犯主权"的说法进行抗议。但引用某位人士的说法，其实站在日本的角度来看，这并非改变问题本身的性质，原本就是日本人所拥有的，换个说法，就像从左手换到右手一样，只是在日本国内进行所有权的变更而已，可能今天出席这场研讨会的日本人之中，有许多人都有相同的看法吧。

如果中国是抗议侵犯主权的话，是代表什么呢？第一是这次政府的购买如果伤害到中国方面的感情，是可以理解的。但如果是因为侵犯主权而进行抗议的话，是对类似的不满进行抗议呢？还是认为自己在法理上站住脚而认真进行抗议呢？如果认为在法理上站得住脚的话，那不就是将117年前（甲午战争）发生的事情拿到现在来抗议吗？我觉得这样反而导致混乱，让人无法理解到底想要讨论什么问题。中国国内也有看法，认为政府购买的话会强化日本的实效支配。我自己并非是国际法的专家，从我个人的角度来看，相较于国家不得不掌握所有权，我反而觉得私人拥有并且固定向国家缴纳固定的资产税金方式，是更强力的实效支配。

我提到所谓“收回到潘多拉的盒子”的状态，指的是回归20世纪70、80年代的状态。邓小平曾经说过，不涉及这个问题，所以任何一个国家都不要去刺激彼此。当时的园田外务大臣也在国会表示，日本方面虽然主张自己的主权，但不要去做破坏中国政府已有表态的事情。我想就是1972年以来，日本一贯重视日中关系，也考虑到彼此面子而自我克制。所以我的主张是应该回归到20世纪70、80年代的状况。

松田：我所谓的相互主义，是指如果双方都同意的话，采取不改变现状的动作，可是我认为目前最大的问题不只是相互主义的问题。国有化的问题之所以会造成这么大的反应，是因为不管名称是尖阁列岛还是钓鱼岛，有关日本政府已经长期进行实效支配的实情，中国国内很多人都不知道。

为什么这几年来中国周边国家对中国会有这么多异议？原因就是这些国家感受到“我们拥有的岛屿一个一个被中国用武力夺走”，他们觉得必须要让世界知道，中国企图使用什么样的手段改变现状。

日本国内也有各种各样的人，也有人说“尖阁列岛是中国的领土”。反之去台湾时看台湾的电视节目，也有人说“钓鱼台是日本的领土”。在台湾，还有人拿出以前的地图说明：“这是中华民国以前出版的地图，20世纪60年代的地图将钓鱼岛划入日本领土，直到20世纪70年代才开始将其划入台湾领土”。在日本和中国台湾，与政府做出不同意见也不会被取缔，中国国内也应该介绍日本国内的立场。不需要去赞同，但将和本国不同的立场向国民说明，也是一种相互主义。

高桥：有关目前日本政府将尖阁列岛国有化的问题，有哪一位讨论人要发言？

步：我必须要更正发言之中有关中国方面的状况。中国人并不知道钓鱼岛目前是由日本实效支配的部分，我想并不是事实。大家都知道围绕钓鱼岛有许多纷争与不同的意见，当这个问题在1972年被提出来讨论的时候，是田中首相先问周恩来总理“这个问题要怎么处理”。

我想提出的另外一点就是政治制度的不同并非今天的讨论主题，中日达成了很大的成果，40年来从一开始只有1万人左右的交流发展到至今已达到500万人，贸易也扩大到3000亿美元，即使政治制度不同，也存在着领土问题，日中关系还是能够有这样的发展，我想今后还是会有相同的发展。

高原：我想要解释一个常被普遍误解的问题，那就是到底何谓领土问题。中国方面包括外交部可能都有一个误解，就是日本在自民党政权时期没有提出“不存在领土问题”的说法，是民主党政权起才开始转为强硬，开始采取这样的说法。

其实日本长期以来一贯就很了解日本与中国在有关所有权问题的立场不同，这也代表着争议确实存在。可是站在日本的立场来说，无论是从历史还是国际法的角度，都认为尖阁列岛是日本的领土，所以日本政府的立场，就是所有权问题不存在。不过如果要中国表明看法的话，中国一定也认为钓鱼岛是自己的领土，所以所有权问题也不存在。

其实日本政府在1972年的应对要点之中，已经记载着不存在领土问题，所以政府并没有改变政策，只是以前没有明确宣示就可以应对，没有必要特别去提。可是到了最近几年，特别是2010年的渔船冲突事件以来，非常多的中国船只开始进入海域，日本政府才开始明确表示不存在领土问题。既然出现了误解，改变说法也是一种应对方式。

桥本龙太郎在担任首相时，于1997年访问中国。当时他曾经表示，“有关所有权的问题，我可以理解你们的立场与我们有不同之处”。如果我们使用类似“我们虽然可以理解你们的立场与我们有不同之处，但在我们看来，并不存在所有权问题”的说法，中国方面应该可以接受。就是因为没有明确定义所谓的领土问题，却表明“不存在领土问题”，对方才会非常生气。我想应该是这样的事态。

黄：有关高原老师的看法，我并非完全同意，但也有赞成的部分。我不知道我的理解是否与高原老师相同，高原老师使用了“潘多拉的盒子”这个说法，也就是不应该打开盒子，打开的话会有坏人跑出来。高原老师是指中日之间存在着协议？还是指存在着默契或共识？建立邦交后到2012年为止，钓鱼岛也并没有成为中日关系的负面因素中日关系也因此发展。换句话说，与其说双方将这个争议搁置，不如说双方把这个争议锁到盒子里，是这个意思吧？邓小平使用了“搁置争议”这个词，高原老师想表达的是不是这个意思？也就是说，高原老师建议把潘多拉的盒子关起来，就是建议双方重新搁置争议吗？

目前的问题是，就中方的立场来说，会持续主张钓鱼岛是中国的固有领土。另外，有三句话可以整理中方立场，这三句话依序是“主权在我”、“即使有纷争也搁置争议”、“共同开发”。

另外一点，我认为搁置争议、共同开发是很重要的，但最重要的是主权在我。关于这点，中方过去并没有过度去强调，因为中日之间有许多纷争与不同的意见。当前既然无法解决问题，那么应该怎么办呢？必须尽可能寻找解决方法，不管花几年的时间也要找到好方法，共同进行开发，这才是最好的方式。

我想说的是刚刚提的三句话之中，只强调了一开始的“主权在我”，或者是主张争议不存在的做法都可能不太好。

张：我认为日中双方必须积极以各种方式寻找问题的解决之道，也就是寻找参与的规则，并且不将这个问题军事化。因为纠纷而出现渔船进入海域的时候也必须要积极应对。如果现在不做，即使将其搁置，未来一定还会成为问题。所以与其只因应目前发生的问题，不如更积极地进行应对。而且不要以醒目的做法，而要用沉默的方式去进行。我认为必须要抛弃过去的方式，并非无视问题的存在，重要的是积极地进行管理。

松田：对日本方面来说的下策，就是转变立场，认为与中国之间存在主权问题、所有权问题。为什么呢？因为日本始终不承认存在问题的状况，会变成因为中国方面使用暴力而承认有问题存在。如此一来，中国将来只要与他国发生任何问题，这样的经验会促使中国方面再度使用暴力。这将会让中国国内的强硬派占上风，所以向暴力妥协的做法，会让中国成为恐怖的国家。

高原：是的，在谈这样的问题时，想做出不造成误解的发言，真的很困难。我的主张是当前应该建立新的共识。所以重返70、80年代的意思，并非将所有的问题重新回归到当时的状态，而是有关主权问题方面，正如刚刚所提到的，因为这是无法解决的问题，所以必须将其收回到潘多拉的盒子。以此为基础才可以推动如建立新的了解、不使用武力、共同开发等各种具有建设性的议题。大家既然都有共识，认为应该使当地成为和平、友好、合作的海域，所以应该如何使这个共识具体实现呢？将这个问题视为一个契机，正是因为目前利用大家担心这个问题会导致危机发生，应该可以推动建设性的政策、新机制的建立。只是不能拿出主权问题，因为这是无法解决的。

刘：今天大家提出了许多意见，不过我认为有一点必须要做的，就是对现状的理解。这次的问题，非常明显地告诉我们，40 年来持续至今的日中关系已经迈入新的阶段。我们还不知道进入这个阶段后，日中关系会面对什么样的局面，但即使不知道，我们仍必须尽快推动建构新的规范。在新的规范建构完成前，我认为解决尖阁列岛问题最好的方法就是搁置争议。而新的规范的建构，今后则必须靠知识分子与政治人物等从许多层次来进行探讨。

高桥：最后是有关如何跨越对立的部分，希望各位提供我们建设性的意见。

高原：刘杰老师刚刚提到有关双方以 20 世纪 30 年代的观点来看彼此的问题，我觉得这是非常重要的，而媒体又在当中扮演重要的角色，我们也必须注意到应该如何与媒体接触，也就是对媒体的认知能力的问题。

刚刚步平老师与松田老师也提到了有关共同研究的部分，我觉得这是非常好的事情，但是必须在气氛稍微缓和、没有政治力介入的安静场合与气氛下进行。

接着张大铭老师提到有关日中应该要跟美中学习，我非常赞同这点，也觉得现在正是推动日美中合作的机会，应该在此刻进一步推动日美中三国的安全保障合作。

我也非常赞同黄大慧老师提到有关双方没有在历史方面达成和解的部分。但是我们也没有忘记温家宝总理 2007 年 4 月在日本国会所做的演讲。那时温家宝总理说："中日邦交正常化以来，日本政府和日本领导人多次在历史问题上表明态度，公开承认侵略并对受害国表示深刻反省和道歉。对此，中国政府和人民给予积极评价。"我认为这是走向和解的非常重要的一步。所谓的和解，不仅是加害方诚心道歉，被害方如果不愿意接受，就不可能达成。我们不应该忘记这点。目前的气氛下可能很难达成，但希望日本的领导人与中国的领导人都能够朝这个方向迈进。

刘：历史问题也已经浮上台面。有一个经常被提起的说法就是中国将领土问题视为历史问题，也就是将其历史问题化。对于历史认识的问题，依然持续成为中日两国之间的问题，既然有这样的现实，自然会有一个面向，就是将领土问题与历史问题结合。所以进一步将历史问题加以克服是非常重要的。

另外一点，领土问题会发展到今天这样的阶段，与中国在这 100 年与国际社会的来往方式存在的问题有关。这些问题产生于比方说对条约与国际秩序的认识、对国际关系的理解等，我们必须要应对这些问题。

步：我认为有一点必须要重视，这点与刚刚郑永年老师提到的民族主义有关，就是中国从 1995 年至今已经设置了 353 个爱国主义教育基地，而当中有四分之一与日本有关。中国的人们对日本的反感非常强烈，所以日本认为这不就是反日教育的结果吗？但中国本身并非利用爱国主义教育基地推动反日教育，万里长城等也是爱国主义教育基地，但为何会出现这样的问题？就是因为刚刚谈到的问题，也就是双方的民族主义互相刺激对方。这个问题不解决的话，可能会导致陷入危险的方向，所以双方有必要注意、抑制民族主义，特别是属于过度激烈的民族主义。

黄：是的，就像郑永年老师、步平老师所提到的，中国的民族主义多数是在被动的状况下浮现。如果不受到外部的刺激，中国是不会出现这种民族主义的，也就是所谓的因果报应，没有原因就不会有这样的结果；没有任何因素的话，是不会导致像这次的反日游行之类的状况。有人说这是中国政府的教育所导致的结果，但我不这么认为，我认为应该还是来自于外部的刺激。

中日关系至今40年间，达成了许多重大的成果，当中也达成签署了一些文件。思考今后中日关系的发展，为了达成更多的成果，中日关系还是要重回过去寻求发展的原点。我相信如此一来，中日关系一定会更加发展。

松田：我有两点想要提出。首先，日本应该要反省为何和周边国家之间的关系会如此不佳？但我也希望中国方面能够反省，中国大陆如果不与韩国、日本、中国台湾、菲律宾、越南等国家与地区之间建构良好的关系，想成为海洋国家的目标就不可能实现。可是目前并非这样的状态，我想这点双方必须都进行反省。

第二，我想提出一个名词，这是西方各国在解决国与国之间的纷争时建立的一个外交上的用语，叫作“pro forma demarche”，意思是“形式上的抗议”。如果遭遇什么问题时就进行抗议，其实并不是真的想要马上解决问题，但透过持续进行抗议，可以维持自己的立场。这样的智慧是非常重要的，双方可以透过这样的智慧共同解决问题、理解历史，进一步打开目前的僵局。

张：我认为该解决的问题，必须要从更长远的角度，以各种各样的形式推动日中之间的对话。尖阁的问题也必须从长远的角度应对，当然在某些部分双方可能会存在意见上的分歧，但必须从更具建设性、更广泛的方式进行对话，然后推动合作关系。如果可以建构合作关系，双方就有可能重新回到具体问题的讨论，所以我建议双方推动高层次且广泛、深入的对话。另外就是积极地行动，因为中国领导班子在一年内就会换届，应该在机会之窗关闭前采取行动。

高桥：对想要向台上的讨论人们提问却因为时间短暂而无法提问的会场听众们来说，这个部分可能没有办法满足大家的愿望。可是各位讨论人也提出了许多对日中关系的现在与将来非常有意义的看法与具有建设性的提案。

最后再次感谢各位讨论人，今天为我们做了内容非常丰富的发表，谢谢。

专题讨论2：年轻世代所描绘的未来日中关系框架

主持人：濑口清之（佳能全球战略研究所研究主干）

讨论人：阿古智子（早稻田大学副教授）、任哲（日本贸易振兴机构亚细亚经济研究所研究员）、林宏熙（东京大学）、应婧超（杏林大学）、福井环（立命馆大学）、井上俊吾（住友商社株式会社）

濑口：在这个场次的前半部分，我们首先请阿古智子老师进行发言，她的题目是“新世代的日中关系”，然后以阿古老师的发表为基础进行前半部的讨论。后半部分则由肩负下一个世代的年轻朋友们以亲身体验为我们进行发言。

今天的会议到目前为止，来自日本、中国、美国、新加坡的许多优秀的人士，为我们进行了非常高水准的讨论。这个场次的目的，就是如何以刚刚的讨论为基础，将新时代的气氛传达给各位听众。为了达到这个目的，我认为重要的是必须先让大家理解新时代的日中关系存在哪些困难的问题，然后尽可能在避免情绪化的状况下促使民间交流活化，接着由肩负新时代的年轻朋友们为我们进行讨论。

天儿老师在会议开始时表示：“我们必须将下一个40年的重点放在深化相互理解”，我也完全赞同。在这次国际研讨会的企划过程中，所有的企划相关人士都希望将这场会议做为一个平台，让今后肩负日中关系的年轻世代能与我们分享、共同拥有我们的想法。大家对此进行了讨论，决定特别加强这个部分的企划。

所谓的外交，大部分的角色是由政府所负责的，但我认为政府能够做到的地方，就是损害控制的角色。而支撑着外交、能够使日中关系得以迈向正面的力量，则是源自于民间交流。日本政府竭尽所能想去说服中国人，但没有办法让中国人接受。反过来看，中国政府竭尽所能想说服日本人，但日本人也不会直接改变态度去认为："既然被中国政府这样讲，那就接受他们的说法吧"。民间人士之间进行的交流包含个人与民间的企业所进行的交流，都是可以让外交朝正面迈进的要素。我平常就持续强调"外交的主角是国民"，希望这个场次能够为我们探讨如何透过国民的外交能力肩负今后的时代。

接着就请阿古老师为我们进行"新世代的日中关系"的报告。

新世代的日中关系：如何追求价值观的共享

阿古智子*

我今天非常紧张，因为我强烈地认为，今后我们真的必须要承担重要的角色了。我已经41岁，所以我不认为自己代表年轻世代，但我的儿子才2岁，在这次这样急剧紧张且持续高涨的关系之中，我强烈地认为，当孩子越来越大时，我们更必须为孩子们的未来预先做好各种准备。

今天我想要发表的内容，是有关"如何追求价值观的共享"的。如果观察日本与中国，可能会有很多人认为，价值观的共享会因为许多状况与条件而难以达成，而我认为我们必须客观地进行分析，并且透过讨论来检讨如何跨越相关的差异。

* 早稻田大学副教授。

2012 年，日中关系的紧张与观察的温差

我看到了这次反日游行的状况，日本也有媒体进行相关报道，给人暴力行为在中国本土扩散的印象。但实际来看中国国内也好，日本国内也好，两国之间也好，对问题的看法有很大的差异。为什么会有这样的情形发生呢？一方面，就是媒体的报道方式有很大的影响。其中一个面向，就是中国国内的媒体会因为一些因素而遭到各种方式的利用。另外一个面向，就是来自中国在言论控制、宣传等方面与其他民主主义国家有所差异的状况。

另一方面，日本媒体则因为所谓的商业主义或民粹主义，尽可能地将能够获得的资讯全部报道，也采取各种各样的战略以争取读者。所以日本也好，中国也好，媒体与许多利益集团结合而制造言论。我们必须冷静地对此进行观察，不要轻易被媒体所诱导。

日本与中国之间对此有所温差的原因，我认为有三点。第一点是有关历史观、民族主义认同的问题。经历过和没有经历战争，会造成历史观出现很大的差异并影响国家建立的方式，而中国是以抗日为背景推动了国家建设。另外都市等比其他地方较为容易取得资讯，学生也因此可以进行自由讨论。

从教育环境的面向来看的话，我认为不仅爱国教育的内容有问题，而且教育的方式也存在着一些问题。日本与中国在教育方式的问题上也很类似，例如我取得博士学位后，以中国的学校教育为主题进行研究。老师在中国教育的第一线拥有非常强的权威，学生非常容易受老师教的内容影响，很难进行自由思考。

我的日本朋友之中，与中国人结婚的也非常多。这些朋友最烦恼的教育问题，就是中国的升学考试竞争、填鸭式教育不让孩子们拥有多样的价值观。从这些案例可以了解，个人在中国还很难基于各种各样的资讯进行独立思考的。

在日本其实也相同。我们在大学教书的时候，也必须要对此不断

地自我反省。例如有一点与刚刚提到的媒体问题有关，就是我这次也因为反日游行而接受了周刊杂志的采访，可是那期周刊的标题却是“打倒日本”之类的文字，虽然仔细阅读文章的内容，就可以理解文章其实进行了非常深入的分析，但读者有可能被这样的标题所诱导，而无法对内容进行深入的了解。所以我认为在教育的第一线，如何与媒体来往、老师与学生之间的关系要如何建构等，已经成为重要的课题。

另外一点是“经济、社会环境”面的温差。稍后会详细分析，因为日本与中国在此有很大的差异，所以我认为由此产生的温差非常重要。

中国社会的变化

日本的媒体从各种各样的角度报道了这次的反日游行，但比较容易直接报道的，还是中国人非常暴力、非常情绪化的面相。可是这次的反日游行的内涵，与过去有很大的差异。互联网上的讨论非常冷静，可以看到许多例如“日本国内对于领土问题的看法是这样，我们应该要怎么观察”等发言，仿佛是知识分子对问题提出质疑的提问，也有许多批判暴力行为的声音。

我是在反日游行达到高潮的前夕从中国返回日本。我最近与许多自由派的知识分子进行交流，问他们相关问题的时候，他们回答说：“中国如果能够变得更民主，对于言论的控制更为缓和，就有许多意见可以被提出来讨论，如此社会也会更健全，可以出现更多中立性的看法”。日本外务省的人则问了他们：“如果言论的管制越来越缓和，反日的动向不是会变得更强吗?”但他们几乎全部的人都回答：“不会有这种事情，并非因为言论受到控制而使得反日的动向被抑制，如果能够自由进行各种各样的讨论，会有更多中立性的看法出现，这样对中国或对日本才是好事吧”。

这种推动建立批判精神或健全言论空间的人越来越多，所以我们应该把这视为中国社会的一种变化。

贫富差距与认知的差距

接着是中国与日本在“经济、社会”环境上非常不一样的部分。我和自由派的知识分子建立了相当亲密的关系，但另一方面，我也长期进行有关农村的研究。我在进行农村研究时，并不是以参加日本学者的研究团体而是个人参加中国学者们所组成的研究团体的方式，因为我认为如果不这样做，就没有办法尽可能地看到中国农村最自然、最真实的现实状况。而这些研究中国农村问题的专家，采取实际前往当地进行田野调查的研究方式，他们甚至也会去一个月没办法洗澡的地区长期进行田野调查。

当中有一位我非常尊敬，关系也很好的湖北省出身的学者。其实他也非常尊敬毛泽东，在这次的反日游行之中也有许多人高举着毛泽东的肖像，日本的各位可能无法理解这样的状况，这些人士包括各种各样的人，有激进人士，也有并非如此的人。我和那位湖北省出身的学者进行讨论的时候，有时会演变成争吵的局面。那位学者并不了解欧美与世界的状况，经常单方面将一些中国国内的问题视为中国特有的问题，以此提出各种见解。

今年9月和他见面的时候也进行了讨论，我想他的看法可以代表中国大多数农民的意见。中国总人口的六七成左右的人都是农民，但农民并非局限于户籍登记为“农民”且以农业为生的人，也包括户籍登记为农民却在都市工作的农民工。这些农民工在受教育的权利方面受到许多限制，对于世界的了解还有许多不足之处。

中国这样大的国家，必须自己养活13亿的人口。无论是粮食还是管理土地问题，西方资本主义的解决方法都不一定能够在中国适用。在讨论怎么样协助这些人维护利益而进行辩护时，我也经常与中国国内属于自由派的人们进行讨论，过程中也常常会发展成类似对立的状况。但我们必须对被称为“左派”的人的看法有一定程度的了解。我想表达的就是，我们该怎么样来观察、思考中国所面对的特别状况。

如何使“国情”存在差异的国家的国民之间可以共享价值观?

“国情不同”，中国在经济上贫富差距很大，并非日本的均富社会。我认为推动相互理解的过程之中，日本人、中国人必须基于这个前提，去共享彼此的价值观。

第一点是推动多轨道的交流。稍后可能会有学生们进行相关发言，那么要如何从民间层次去跨越这个问题呢？民间层次的交流可以分为几种方式，例如各个企业该如何与中国来往。我和企业的人士有过交流，我一直把交流中听到的某件事情放在心上，就是某日本企业的人士对我说：“中国因为有共产党保护我们，所以非常容易做生意”。我非常震惊，因为这样可以从事如贪污等许多不依循法律的事情。当然日本企业也一定会在遭遇一些无奈的状况下进行商务，中国一定有不如日本这种法律完备、制度运作完善的国家之处。那日本可以就这样入境随俗吗？

我一直反复思考。我长期观察如走各种各样的后门而与腐败单位有所利益结合的状况，而对此抱持疑问。当中更深层的疑问就是在这种情况下，可以公平进行所谓的商业往来吗？日本过去在中国利用低廉的劳动力推动商务，但企业不应该将此视为理所当然，也不能再从短期的利益来思考，而是应该从长期的发展来思考，包括该怎么样更平等地建构中国与日本的关系等方面的问题。

另外一点，就是可以建构各种的人际网络。就像我刚刚提到的，民间层次有许多非常大声地主张“客观、冷静地看国际问题、日中关系”的自由派人士，所以我们必须与这些自由派的人士建立并强化关系。

但另一方面，我们可以说几乎没有与刚刚提到的左派知识分子、农民工们有直接的交流关系，我们的讯息完全没有直接传达给这些人。现状就是我们几乎只跟一部分的中国人进行交流。我们要怎么样与没有交流管道层次的人推动相互理解？我们有必要多层次地观察中国，例如可以透过推动学生之间的交流，来理解中国国内各种不同的现状之类的交流计划等。

前一个场次进行了友好关系转为互惠关系的相关讨论，其中刘杰老师提到，20 世纪 70 年代的“友好”是因为信任的“信”、敬意的“敬”而建立，但所谓的“信”与“敬”是属于非常亚洲式的、暧昧的概念。目前已经转变为战略关系，中国与日本应该要更为务实地去追求实际的利益。

在暧昧的状况下，所谓的深层的理解、认识是无法推动的。我认为，我们必须先考虑在经济、国际方面能够怎么进行合作，实际上我们可以替对方做些什么，我们可以一起合作推动什么事情？以此为基础去进行更具体的必要的对话，才能了解在什么样的状况下，我们可以共同拥有具体的、普遍的价值观以及身为人类的价值观。所以不是要追求蓬松的关系，而是要思考如何建构某种程度的平等关系，而且是互惠关系。

我目前正在计划推动某个专案。日本与中国当然必须努力建构两国间的关系，但也要注意第三国的角色，例如也有来自美国与新加坡的老师来参加今天的会议，我认为如此进行讨论，内容才会取得平衡。所以我计划邀请其他国家和地区包括美国、新加坡、日本、中国台湾、中国香港、英国等地的学者们一起推动有关市民社会的研究专案。

我们不能把问题锁在日本与中国之中，而是要去讨论可以透过什么样的方式共有身为人类的普遍价值。中国国内已经开始逐步建立起推动这类讨论的基础，刚才提到的自由派知识分子，与我们几乎没有任何差别，可以进行非常自由的思考，我觉得我们应该在此更加努力。

瀬口：接下来针对阿古老师的发言，请教各位的意见。首先，发言中提到由于历史观的不同、日中之间有关教育方式的不同等差异，中国国内还没有办法接受多样化的价值观，因此与中国人结婚的日本家长们，对在中国接受教育的孩子们的教育问题非常烦恼。

正好今天的讨论人之中，殷同学是在中国的大学接受教育，然后来日本的大学学习，对于日本的事物有直接的接触。殷同学有感受到与日本相比，在中国有受过不允许多样化价值观的教育吗？如果有感受到的话，是什么地方让您有这样的感受？

殷：中国的教育与其说资讯不公开，不如说不知道什么是真的，因为一直有许多相关谣言出现，连自己都不知道该相信哪些资讯，不知道该怎么办。可是我会日语，可以看日本的网站，可以说日语替我打开了一扇新的门。

瀬口：你提到想知道真实的资讯，具体来说特别想知道哪些领域的资讯？

殷：例如钓鱼岛的资讯。中国外交部发表了声明，但几乎没有介绍日本方面的立场，我认为不知道日本方面立场的人，是没有办法理解日本的态度的。

瀬口：接着想请教林同学。听了刚刚殷同学的回应，就林同学您的了解，日本对中国的想法有许多报道，您认为日本的学生与年轻世代对于中国人的想法非常理解吗？

林：我不认为有达到理解的程度。因为我参与日中的学生交流，身边的人都拥有对中国的相关知识，也有许多人可以直接和中国学生进行对话。可是如果和不是如此的学生接触时，只要一提到“中国”，他们的立即反应就是“很可疑、没办法信任”，或是“果然又是中国”之类的态度，对于中国人的想法完全没有兴趣。我认为他们因为媒体的报道，已经对有关中国人不守规矩、暴力有先入观，完全没有打算去了解真实情况。

濑口：听了殷同学的发言，可以了解殷同学在中国，确实有许多无法获得资讯的状况；另一方面，即使在日本，日本社会并没有存在一个共识，也就是真正地想要去了解中国的共识。这个问题的存在，导致许多日本人出现了一个错觉，就是他们会认为可以看到的资讯就代表、说明一切。

刚刚阿古老师提到了媒体报道的资讯存在一些问题。日本的媒体能够取得的资讯非常有限，也没有办法获得中国人真实的感觉到底是什么、为什么会做出这样的行为等资讯。阿古老师也提到，中国内部也有许多不同想法的自由派人士，这样的资讯也没有掌握。所以双方都有问题。

阿古老师的报告中还提到一点，就是日本的大学也必须建立一个可以让大家思考多样化价值观的空间。福井同学在立命馆接受大学教育时，有感受到有机会针对多样化的价值观进行讨论或者得到启发吗？

福井：大学里设置有一种课程，是针对共同的课题，招收拥有不同问题意识的学生。因为是小组的课程，因此大家有机会相互讨论，进行这种价值观的交流。但也因为是小组的课程，即使大家拥有想一起讨论的课题，可以共享整个讨论的内容、过程的人数非常有限，也让人感觉到有些不足。

濑口：任老师的立场与前面几位讨论人不同，任老师目前在研究所任职，在日本的知识社会中生活。您认为目前的日本，存在着能够让年轻人容易吸纳多样的价值观或是可以完整陈述自己价值观的环境、空间吗？这样的环境、空间是否足够？

任：我想这样的空间、环境非常足够。这是我自己的经验。我曾经在某大学担任兼任讲师，教授日中关系的课程。我曾经在授课内容中列入了领土问题，学生们对这个问题非常诚实，不会因为自己是日本人或中国人就坚持自己国家的立场，反而非常直接地陈述自己所感觉到的事物。我觉得这是非常好的事情。

但还是存在语言这块壁垒，如果平常都是以阅读日文资料为主，那么提出的看法自然会接近日本方面。我在上课时建议学生，如果可能的话，去学习第二或第三外语，了解不同立场的人的看法，帮助加强自己的看法，增加说服力。

濑口：确实在美国等国与中国问题专家讨论时，有许多人会中文，当然也会英文，也有会日文、韩文的人。消除语言造成的障碍的努力，是非常重要的。前半的场次也有许多完全没有受到语言造成的障碍的影响、可以自由讨论的老师们。这是一个非常好的论点。

这里想稍微改变一下话题。刚才阿古老师提到企业的民间层次交流，认为企业不应该只考虑短期利益。井上先生在住友商事工作，对自己的公司一定有所观察，也和周边的同事、就职的大学同学们有许多讨论的机会。井上先生有没有感受到，从日本社会整体来看，不仅是自己的公司，包括其他的日本企业的态度，特别是在考虑与中国的关系时，会不会有过度只从短期的利益来思考之处？

井上：从结论来看，确实有这样的状况。所谓企业，就是要获利才能长期经营，也有一项规则，就是假如某项计划在几年内没有获利，就会在一定的时间点结束。

濑口：我自己在佳能全球战略研究所工作，负责研究日本企业在中国的经营状况。有在中国获得成功的企业，也有失败的企业。获得成功的企业其实并非追求短期的利益，而是会思考要如何让中国的顾客们获得满足。一间公司如果没有获利，就会破产，所以获利是一个大前提，但是将获利极大化并非企业的最重要目的。在达到一定程度的获利后，应该要把重点放在如何让顾客获得满足，如此一来自然会持续获利。案例显示，这样的企业其实是在中国最能够生存的企业。

当然有许多企业是以追求短期的利润为主，但这样的企业在中国不会获得大的成功，反而在许多案例之中，都是能够满足顾客需求的企业获得成功。我认为如果可以透过介绍这些案例，使持续追求短期利润的企业逐渐减少，也是可行的方案。

接着请各位年轻人向阿古老师提问。如果有什么感想、疑问，可以尽量发言，有哪一位想先发言。

井上：刚刚阿古老师的发表中，有提到比方说在观察青年交流这样的管道时，不只是青年彼此之间，也可以与其他的管道进行合作，推动日中友好。有哪些地方可以进行这样的合作？

阿古：举例来说，刚刚也有提到中国国内有各种各样的声音。我认识一些律师，他们被中国政府严密地监视，因为他们从事让中国政府感到不高兴的活动。这些人对日本的制度非常关注，比方说他们非常认真地思考：为什么日本这个国家的首相这样频繁地更换但社会却可以维持安定？日本的制度有其特殊性，有没有可能在中国也推动这样的制度？

他们对中国的各种问题也非常了解，如果能够与他们有深入的接触，就可以非常明确地观察到中国社会之中所存在的各种矛盾，特别是亚洲国家在文化方面有非常类似之处，我认为在互相研究的过程中，一定可以找许多值得参考的地方。如果有适当的场合，让学生也可以和这么认真思考中国的未来、也希望能参考日本的状况的人进行讨论，一定可以进行内容丰富的意见交换。我今后也会积极地介绍各种领域的人士，希望能以这样的形式持续推动。

福井：阿古老师提到，日本与中国的关系到目前为止一直属于友好关系，但已经开始转变为互惠关系。如果变成互惠关系，我觉得由于学生不从事商业活动，因此和学生有关系的部分会渐渐薄弱，反而逐渐转变为老师刚刚提到的所谓短期利益的关系。所以想请老师说明什么是具体的互惠关系？我们应该怎么样来看？

阿古：我认为友好与互惠等定义的方式，本身就必须进行检讨。20 世纪 70 年代的友好到底是什么样的友好呢？刘老师认为是信赖、尊敬的关系。那么各位认为信赖与尊敬，具体来说到底是什么样的内容？

福井：我具体想到的是我的中国朋友们。脑中浮现的是我和她们之间的信赖关系。

阿古：你们彼此之间有互相了解对方吗？

福井：我认为个人的层次上是有的，但如果从社会的角度来看的话，我认为还没有达到相互理解。

阿古：我认为这有各种各样的形式。虽然每个人的想法有所不同，但是到底深入来往到什么样的程度才能称为理解？在考虑到国与国之间的关系时，某些与利益相关的问题要解决到什么样的程度才能称为相互理解？这些都是今后我们必须思考的问题。

不过并不是采取暧昧的态度来面对，而是必须要思考如果要让双方的关系可以走向互利、双赢，应该要怎么办？也有可能只要寻求短期利益就可以达成，但如果有必要建立长期的关系，就必须要综合性地深入探讨对方的思维。如果来到了更深入进行讨论的阶段，就不应该以暧昧态度来面对。

特别是70年代，就像之前讨论的，日本与中国在发展上有很大的差异。在经济方面，中国处于今后必须进行发展的状态；在国际地位方面，中国与日本也有非常大的差异。目前这些差异已经逐渐消失，双方已经可以处于平等的地位进行各种讨论。所以我认为双方已经进入可以将过去模糊看待的问题加以明确应对的阶段，也希望年轻人可以加入这些讨论。并不是我提出答案，而是大家一起思考该怎么做才能对双方都有好处、都有利益。

林：我是在日本出生的中国人，也在中国住过几年。我个人非常骄傲的地方就是我与两国的国民都维持着非常深入的交流。

在思考为什么两国人之间没有办法更友好的来往、为什么我会参与日中交流的专案等问题时，我发觉答案非常简单，就是我很单纯地喜欢日本人，也喜欢中国人，就是这么简单。

虽然有国与国之间的关系，也有两国的利益与人际关系，但我当时觉得没有必要太过去思考两方的利益，难道不能很单纯地只去思考“喜欢对方，所以善待对方”吗？可能还有什么地方有所不足吧。

濑口：这是我个人的看法，喜欢对方，所以为了对方全力以赴，这是最强的理由。只要有理由，这个理由就会被其他的理由给否定。没有理由，只单纯依据自己的心情行动，没有人有办法否定“喜欢就是喜欢，所以才会去做”的心情。所以我觉得不顾一切向前冲也是很好的事情，我认为这个非常属于年轻人的意见很好。

其实刚刚的讨论，已经谈到出席的年轻人们怎么样进行交流活动。正如刚刚阿古老师的介绍，今天出席的年轻人们，都是日中学生会议的领导人。接着想请他们为我们说明，他们是如何透过参与日中学生会议等活动进行交流，是用什么样的心情、想法去思考要怎么样肩负日中关系。最后请任老师为我们做总结。

我们要成为发声者：
这正是当前学生可以做到的事情

林宏熙*

很高兴在这里发言，我担任今年的日中学生会议的实行委员长。

想在今天的会议进行发表的原因，就是我认为正是因为当前的局面，所以学生也有必须要采取实际行动之处。我在今天的发表之中，先介绍我这一年来参与日中学生会议所达成的实际成果，并且向各位报告我在会议中感受到的事物、今后自己必须要做的事物。

日中学生会议在今年（2012）已经进入了第26年，这个团体的理念就是“迈向日中友好、学生的挑战”，也就是以大家努力思考学生能怎么样为日中友好做出贡献为宗旨所设置的团体。今年是第三十一届会议，到目前为止已经有750以上的人参加了这个交流活动。会议每年在日本或中国轮流召开，今年是在中国举行，明年会在日本举行。每年在日本全国招募学生参加。

而我们实行委员决定今年的日中学生会议的会议理念就是“感受到的‘异’与‘同’、大家一起描绘想象中的日中关系”。希望日本与中国的学生透过交流，大家直接感受彼此间有什么不同、有什么相同而进一步迈向相互理解。大家要去思考今后日中的未来是由我们自己来承担，而且也必须思考需要创造什么样的关系。

我们在北京、广州、上海、南京进行了活动。北京与广州是以会

* 东京大学学生。

议的形式进行讨论，上海与南京则是进行参访，例如在南京，我们有30个日本学生前往南京大屠杀纪念馆参观，我们在事前也前往靖国神社的游就馆参访。透过这类活动，比较双方在历史认识方面有何不同。

活动的时间是在8月10～29日，也就是在日中关系陷入紧张的气氛下进行，但六个部会都进行了非常有意义的讨论。日中合计60个学生参加，我认为每个人都成功建立了非常好的人际关系。

花费了一年的时间参与的学生会议结束后，我感受到的不只是成就感，也感受到了自己力量的渺小。我认为如果今后要日中持续往友好关系迈进，这个会议一定要持续举办。可是只有几十个人的小单位活动，影响力有限，所以今后也有必要进行能够持续其影响力的行动、活动。

我也从参与的经验认识到一件事情，就是活动的中心必须要有类似我所认同的人来推动，由少数却拥有对彼此都了解的当事者意识的人为主体，推动相关的活动。

目前日本与中国的关系变成这样，但我深信机会与危机其实相邻。正是因为如此，这是一个让我促使原本对日中关系不关心的学生与市民开始关心的一个机会。

基于这些想法，我们也决定召开日中紧急学生讨论会。之所以有这样的想法，是因为我们希望可以让更多的人思考日本与中国的问题。学生的特征就是“自由且灵活地思考、不想输给任何人的气魄”，我们希望能发挥这个特征，并且配合理论的建构，我们认为这样就有可能建立一个强大的势力。

今天有很多学生、年轻朋友来参加这场会议，如果有兴趣的话，请和我联系。先从自己身边开始，然后在成长的过程之中开始思考，希望自己能够成为一个有影响力的人，也因此我今后也将继续从事目前这样的活动。

濑口： 不仅提到危机就是机会，而且还加以实践，积极参与、推动相关活动，这样的态度实在非常令人肯定。

接着请殷同学发表，殷同学是去年的实行委员长。

从自己的经验所看到的相互理解是什么

殷静长*

我今年4月来日本留学，在座的听众可能以日本人居多，虽然我的日语还不算好，但我希望能够用日语表达我的心情。我今天想谈的内容是“从自己的经验所看到的相互理解是什么”。

其实我并不是一开始就喜欢日本。我在中国出生、长大，小时候就看过日中战争的电影与连续剧，祖父也告诉我当年日军是怎么样进入我们的村庄、对中国人做了什么样过分的事，所以我过去认为日本是残酷的国家、恐怖的国家，是抱着这样的心情看日本。长大以后，看到电视新闻有关靖国神社与历史教科书的报道，将其与过去的历史相结合，认为“日本以前对中国做了这么过分的事情，为什么不认错，还这样伤害中国人呢?”那时我对日本的印象还是“恐怖”、“军国主义、不承认历史”、“伤害邻国”。

转变是我进入大学学习日语之后的事情。在学习日语时，我获得了很多阅读各种资料的机会，从那些资料知道了许多日本的状况，开始觉得当时日本的状况其实也非常严峻。然后我决定用自己的眼睛去看、去体验之后再来做判断。

大学二年级的时候得知了中日学生会议这个团体，知道有机会可以直接与日本的年轻人们直接、坦率地谈话，所以毫不犹豫地决定参加。在中日学生会议与大家进行了许多热烈的讨论，才第一次发现“日本人原来是这样思考这些问题的”。然后也第一次发现，原来日

---

* 杏林大学学生。

本有这么多对中国非常了解的人，这些远超出我的想象。我也因此有了许多温暖的回忆。就是因为有这么多热心、愿意去认识、了解中国的人，我才能获得勇气与自信，也才会希望与大家一起为中日友好尽一份力。以上是我对日本印象的变化过程。

接着回到原来的话题，首先，所谓的相互理解是要去理解什么问题呢？

这是我面对交流时做的心理准备，也就是不要把问题单纯化，必须要了解问题的复杂性，以此为前提去面对问题的背景，然后站在对方的立场去思考对方的心情。这是非常重要的一点。我想这个部分，日本人只要发挥日本人的传统，也就是对人的关怀，就可以做到。

其次，是为了什么而去理解。我一开始想说的，就是理解而非赞成。我认为是透过理解去认识对方的心情，并且尊重不同的价值观，这样可以帮助我们在最后找到妥协的方法。如果可以了解对方的心情，我们也可以退一步；然后对方如果退一步，我们也可以认同这样的努力，这也是很重要的一点。

最后，就是我们年轻人将肩负着未来，所以必须要成为推动理解的桥梁。我学习日语，希望站在日本与中国之间，将我所看到的日本传达给中国。例如这次的钓鱼岛问题，国内的朋友与亲戚都很担心我的状况，问我“在日本不要紧吧”。我也利用这个机会，积极让他们了解，日本人是用什么样的角度来看这个问题，我身边的日本人对我非常友善等。

我来日本留学，真的受到身边许多日本人的照顾，也在许多地方获得他们的协助。我的父母对日本人的态度，也转变为感谢。我的父母因为我而与日本建立了羁绊，我觉得重要的就是从自己身边开始建立一个一个羁绊。

濑口：发表的是从自己成长过程的经验，到自己的认知出现变化的过程。今天有许多学生来参加这场会议，日本的学生们听了殷同学的发言后，应该也可以了解，日中透过直接对话，可以让彼此的价值观直接交流的过程是多么重要，也可以成为更加想去推动类似活动的刺激。

发表中也提到，冷静地进行妥协是很重要的部分。我觉得与刚刚社会科学院的步平老师的发表可以说是非常接近。从中国来日本，而将自己所感受到的事物加以实践的部分，也非常了不起。

接着请福井同学发言。

年轻世代的希望与责任

福井环*

我非常希望能够尽可能让更多的人听到我所发表的内容。今天可以获得在这个最好的场合进行发表的机会，我感到非常光荣。

我也参与了日中学生会议的活动。身为两年来参与日中交流的一员，对于围绕尖阁的日中情势，心里感到很沉痛，但也持续进行观察。另一方面，我自己反复思考后，发现还是存在着希望，所以今天希望能够发表我的看法。

为什么我会因为这次的尖阁列岛问题感到沉痛？因为这次是国家与国家之间的问题，不能牵扯到人与人之间的问题。我之所以会这样想，是因为我有中国朋友。我每次看到反日游行的电视新闻时，都会想到我的中国朋友们。如果从这样的角度来看，可以出现不同的观点。

我们很难让每一个日本人采取同样的看法，但即使是日本与中国对立的时期，如果能够想到自己的朋友的话，日本人与中国人就可以更加友善地来往，这就是我的想法。

可是就像我刚刚提到的，不可能所有人都有中国朋友，因为即使

* 立命馆大学学生。

没有“中国很讨厌”的想法，拥有“中国是非常无法理解的国家”的不信任感的日本人也非常多，而让他们觉得无法理解的最主要的理由就是不关心、冷漠。

刚刚也有发表人提过，危机就是机会，不管好坏。目前因为日中关系受到注目，所以我觉得这正是促使过去对此漠不关心的人产生兴趣的机会。要怎么样促使？最好的方法就是推动直接交流，与对方建立朋友关系。但因为这是不可能的事情，所以希望大家能够发挥想象力。例如日本高中的足球社的男生，假设当他们看到反日游行的电视新闻时，可能会认为“中国有这么多讨厌日本的人”，但也会去思考“可是北京应该也会有和我一样喜欢足球的高中生吧，如果有这样的人，应该可以和他成为朋友吧”。我认为一边发挥想象力一边看新闻的报道，一定可以发现不同的观点。

我想说的是，不要放弃思考。然后如果可能的话，也不要让身边的人放弃思考。

幸好现在是资讯社会，我们可以利用推特或脸书来影响许多人。每一个人都成为发声者是我们这个世代的希望。而且存在希望的话，我们每一个人就不能找借口，必须要去负起发声的责任。我今天想告诉大家的就是大家必须要负起这个责任并加以实践。

我现在可能会被认为是以很了不起的态度在进行发言，但是我自己也认为，身为一个发声者，一定要做一些贡献。看到日中关系的状况时，希望能够想起自己的朋友，把这种心情化为实践的就是这个标志。我目前计划透过推特与脸书，透过对这个标志有所同感的人们将此扩散出去。

濑口：刚刚提到反日游行发生时，会想起自己的中国朋友。其实我也是这样。我印象最深刻的就是2010年3月11日东日本大地震发生时，有好多我的中国朋友从中国传短信，问我有没有因为地震受伤，非常关心我。当时让我非常深切地感受到中国朋友们的温暖。

这次反日游行发生之后，我接受了中国记者的访问。这次访问内容遭到中国的报纸相当强烈的批判，可是有中国朋友告诉我，中国国内其实有很多知识分子等对我的发言非常肯定，而且他说："竟然有日本人做出这么好的看法，我非常高兴，所以用微博把你的看法传达给我的朋友们"。托这些这么棒的中国朋友们的福，我受到了非常大的鼓励。

如果有一个存在，能让我们立刻认知，并非全部的人都参加反日游行，我觉得这样的存在是非常重要的。福井同学建议，希望大家成为发声者。目前微博在中国国内非常普遍，非常简单就可以建立点与点之间的联结管道。日中之间应该要建立更多这种超越国境的联结管道，才能经常感受到对方的存在的关系，透过目前的通信方式，应该是非常有效的方法。

青年交流的可能性

井上俊吾*

我是在林同学的前一年担任日中学生会议的副委员长。目前已经毕业在外工作，算是社会人的一年级学生。

我今天发表的题目是"青年交流的可能性"。

先简单谈一下我与中国的关系。我毕业于早稻田大学理工学部。初中、高中毕业后进入大学时，第一次接触、来往的外国人就是中国人。我们常常在上课的时候坐在彼此的隔壁。稍微跟他聊了一下后，发现他对日本的文化，例如音乐与漫画等非常了解，所以我和他的关系越来越好。另一方面，我自己也试着学习中国的事物，看到2005年的反日游行、过去的历史问题等，再看到这位知日派的友人，心里感觉到很大的矛盾。因想亲自去中国一次和当地的学生直接交换意见

* 住友商事株式会社职员。

而参加了日中学生会议。

参加日中学生会议之后，我亲身体会到，日本的文化在中国当地真的是非常的深入。中国的学生也并非都是单一思考模式，存在着拥有各种各样想法的人。

学生时代虽然参加了非常基础的交流活动，但成为社会人、开始负责与中国相关的商务之后，相较于日中友好，反而变得更常去思考“利益”。我现在依然是心情很复杂，但会有这样的转变，也是因为与中国接触。

我透过这些活动而对中国的问题有所关心，也试着问身边的学生与友人的看法。

而他们很明显地受到媒体的影响。就像刚刚阿古老师的发表，比方说杂志与报纸使用非常夸大的标题，他们往往不去探讨相关的背景因素，而是直接接受了那些充满反中偏见的资讯。某种程度来说，他们就是完全相信媒体，直接受媒体影响。而且这类的影响力非常强烈，导致许多人只拥有“可怕”、“暂时不可能去中国吧”的单一想法，所以我强烈地感受到，与对方的国民有直接对话的机会是多么重要。

我试着思考今后应该建构什么样的青年交流。第一点是跳脱“学生”的交流。以日中学生会议为例，我想今后应该是以学生为主体继续举行。但正如刚刚阿古老师的回应，只有学生的话，设定讨论的议题与收集资讯的方式一定会出现不够严谨之处。所以我希望能获得有识之士与财界、商界的协助。我本身也已经成为社会人，今后希望能够支援学生的活动。这点是我今天来此参加会议最想传达给各位的想法。

第二点是大学的校内交流。我不是指学生社团的活动。我对拥有许多留学生的大学能否在校内进行异文化交流感到疑问。刚刚濑口老师提到有关大学的校内能不能进行价值观的交流问题，我的答案是否定的。以早稻田大学为例，虽然有很多来自亚洲与欧美的学生，但基本上他们与日本学生之间的交流关系并没有建立。在校内可以看到，其实中国人多是和中国人、欧美人多是和欧美人一起活动。

例如可以采取设定一个主题，让学生们自己去调查资料，然后在上课时进行讨论的授课方式。大学应该采取这种授课方式，以促进学生之间交换意见。当然也会碰到有关语言方面的障碍，但透过强制性的执行，可以提高日本学生主动去学习不拿手的外语的意识。重要的是大学应该要更主动地采取相关活动。

最后是“在青年交流中应该采取的态度”。我自己在进行交流时感觉到的关键有两点。第一点刚刚也有提到的，就是认同双方的不同，了解对方的思考方式与其背景。刚刚殷同学也有提到，为什么日本人会有这样的思考，而中国人为什么会有那样的思考？去理解这些背景，真的非常重要。如果可以做得到，即使不能同意对方的看法，也可以去理解对方为什么有这样的看法，我认为用这样的态度去接受对方的看法，是非常重要的。

另外一点，就是不要只进行一次交流，而是要推动持续交流。我想可能有很多人都有类似经验，就是与交情变好的留学生进行的交流，往往只有一次，之后就没有下文了。如果能够继续相关的交流，就可以建立比方说在成为社会人后还可以继续聊真心话的交流关系。我自己就有彼此互相称为“兄弟”的友人。去中国旅行时，他也会特地向公司请假来陪我。我认为在真正的交流关系之中，能够像这样持续进行的交流是非常重要的。

而推动这种持续交流的一种方法，就是互联网。刚刚福井同学的发表有提到使用社交网络服务的内容，我也同意这点。目前应该大约有九成以上的年轻人使用智能手机，也有可以即时且免费与中国友人通电话的应用软件，而过去是不可能免费打电话去中国的。我认为应该更多利用这些便利的工具，希望大家试着使用各种各样的工具持续进行各种交流。

濑口： 井上同学已经毕业了，还是非常积极参加这样的会议。即使成为社会人，也还是继续推动日中学生会议的活动，而且非常积极。我觉得这真的非常好。

跳脱“学生”交流的建议，我觉得今天的会议正好就是达成了跳脱“学生”交流的交流。有许多学生来参加，亲身听了许多非常优秀的老师们在前半部的发言、讨论，亲身感受到许多事物。我想今天其实应该有许多在场的参加者，是因为日中学生会议的各位透过智能手机等方式进行“今天有这样的会议，大家可以来参加”的宣传才会来参加吧。这应该有很大的部分就是所谓的跳脱“学生”交流吧。

有关大学应该要在校内更积极推动国际交流的部分，刚刚的讨论人都是在大学里有相当影响力的教授，我想他们已经听到这个意见，今后大家应该可以期待这方面的进展。

任： 我来日本已经十几年了，但我本人一直避免去讨论有关日中关系的话题，因为每当谈到日中关系时，心里都会感到沉痛。

其中一个理由是与我个人的认同感有关。我是在中国出生的朝鲜族，祖父母为了逃避日本的殖民地统治而逃到中国东北。因为有这样的历史背景，所以才会有今天的我。而谈到日中关系时，一定会先从历史开始谈起，但与日本人谈起相关话题时，一定会被问：“中国人为什么总是要谈历史?”而这些是发生过的历史，历史所留下的遗产也经常存在于我们身边。我会因为日本人的反应，而浮现“不谈历史，那要先从什么开始谈起”的感受。所以我来日本以后，基本上不去碰触日中关系的话题。

另外一个理由是我个人的体验。我在中国学习日语后来到日本，一开始对日本有非常大的期待，心里非常想将在日本学习到的事物传达给中国。可是到了日本以后，却开始出现了疑问，觉得是这样吗?之所以会有这样的转变，是因为日本人问我的第一个问题，都是

“任先生，为什么来日本？来日本想学什么”。一个特地来日本学习的人被问到这样的问题，心里一定会觉得很失望。

还有更让人生气的事情。有一次和来自乌克兰的朋友一起出门散步。路上突然被一个完全不认识的日本男人用英文打招呼：“Hello”，而他不是对我，是对我的乌克兰朋友。可是当他问“Where are you from?”，而我的朋友回答“I'm from Ukraine”的时候，他却说“啊，不对（是）”，之后就这样离开了。他和我们讲话的目的，好像是只想练习英语的会话，可是被用英文的人问话而用英文回答时，却被说“啊，不对（是）”，到底是什么地方“不对（是）”，实在不明白。这位乌克兰人有好几次类似的经验，他说这样“真的是很令人生气”。

留学生之间有一个话题，就是来日本留学以前对日本有很高的期待，但来日本以后却无法理解日本的现实状况。日本人既然对自己这么没自信，那我们为了什么来日本？

越思考日中关系，就会越让自己痛苦。因为会怀疑决定来日本的人生抉择是一项错误，所以基本上不去碰触日中关系的话题。可是既然一直在日本生活，就会非常强烈地感受到，一直回避日中关系是行不通的。特别是这次在中国发生的反日游行，让我有这样的感受。

我想再提一个我个人的经验。我在接受目前服务单位的面试时，一开始是有关专业的问题，但最后被问道：“换个话题，你对尖阁问题有什么看法？”一般会问这样的问题吗？我来接受面试是为了求职，担任面试的考官当然处于比我优越的立场，我当然有很多想说的话，但在那样的场合还是稍微忍耐下来。

我想说的是，日中关系是一件越思考越让人感到苦恼的问题。听了在日本谈中国问题的人，或在中国谈日本问题的人的发言时，会认为他们都只针对对方的痛处进行攻击，然后去享受获得优越的快乐，特别是看日本的电视与媒体报道时，可以发现很多这样的内容。

刚才其他的发表人也有提到媒体的部分。我也想举一个例子。中国在 2005 年发生反日运动时，我还是博士生，当时朝日电视台找了包括我在内的六个留学生，进行了大约两人个小时的访问。这六个人里面，有目前在中国的大学与研究单位工作的学者，也有像我这样在日本进行研究工作的人。我们当时是抱着身为未来学者的觉悟，冷静地分析日中关系，谈了很多有关“历史问题并没有那么重要，最重要的可能是领土问题”的论点。可是实际上电视播出的内容，却将结论导向：“接受访问的学生们表示，自己在中国的学生时代，并没有接受过反日教育”。我们非常努力地提出看法，可是却被媒体刻意将结论引导成“有没有接受过反日教育”的方向，让人非常失望。我之外的其他人可能也有类似的感受，可能也因此对媒体感到不信任吧。虽然我可以理解，所谓的媒体，就是要在短时间内传达资讯，可是不能传达错误的资讯。为什么报道我们没有说过的事情？我从那之后，基本上就尽量不看朝日电视台。

我被邀请参加这场会议，可能并不是要我进行学术的分析，而是希望我谈有关日中关系的经验，所以我想提两个案例。

第一个是和我一样来日本留学，并且和日本人结婚的中国女生的经验。她在两个月以前去马尔代夫蜜月旅行，选择马尔代夫的理由是可以在抵达当地时申请落地签证。中国人前往海外旅游时，第一个考虑的就是需不需要申请签证，马尔代夫就是把握这一点，在这方面礼遇中国人，让中国人可以很轻松地前往。可是当她抵达当地以后，惊讶地发现到处都是中国人，而且非常令人难过的地方就是中国人很不守规矩。而她当时觉得使用中文非常丢脸，所以在马尔代夫旅行期间只使用日语，可能连旅馆的工作人员也会认为她是日本人吧。同样身为中国人，但是对于不守规矩的中国人也会觉得很失望，而且这种不遵守规矩的态度，也会破坏自己国家在外国人面前的印象。

另一个是我的日本朋友的案例。几天前，我在凌晨 3 点收到了日本朋友传来的手机短信。他因为工作前往地方出差，住在当地的商务旅馆，但来自中国的团体客人在深夜还是很嘈杂，向旅馆的工作人员反映，对方却回答："我们也没有办法处理"。这位朋友对中国的事物其实并没有很大的兴趣，但因为这个在旅馆被吵到没有办法休息的经验，对中国的印象不可能会很好。我代表中国人回信跟他说"对不起"的话，好像也有点奇怪，所以就不管他了。

我想说的就是很多地方都可以经常亲身感受到对中国与日本的印象，而且有很多是跟历史认识没有关系的事情。

刚才也有发表提到应该要深化相互理解，而所谓日中的人们互相深化对彼此的理解，并不是指两国的专家之间，而是互相不懂对方语言的一般民众之间。如果有什么可以增加大家的兴趣的话，应该就是文化方面的话题了。刚刚天儿老师也有提到，日中两国之间的文化交流是非常重要的，我回中国和朋友聊天时，气氛最热烈的就是有关漫画的话题，例如目前上映中的"ONE PIECE（海贼王）"。被问到"你有看过最新的一集吗"时，我回答"没有看"，却被笑说"你根本不懂日本"。谈话就是这样开始热络起来。我对朋友说"我不太看日本的连续剧"的时候，常常被说教："你应该看最新的连续剧，才可以加深对日本的认识"。有许多知识分子因为可以使用对方的语言，常常为了深化对对方的理解，马上就提出历史问题，但在一般平民之间，马上提出历史问题实在是太过沉重的做法，重要的是先建立可以让彼此产生兴趣的契机，而文化就可以做到这点。

日中的民意调查之中，我最重视的就是双方对彼此的知名人士的认识。中国人知道的日本方面的知名人士，虽然很多是政治人物或军人，但另外一个特征就是文化人也非常多，例如很多人一开始想到的知名文化人就是山口百惠，或写真女星的苍井空等。可是令人遗憾的地方就是反观日本方面的调查结果，发现文化人只有成龙。从这个调查结果也可以发现双方在相互理解上有所偏差。日本所理解的中国，与其说是现代中国，不如说是政治色彩较强烈的中国，或者是孔子、三国志等历史之中的中国，对中国的印象可以说是有偏颇之处。为了了解一般的中国人是如何生活，看中国的连续剧应该是一个很好的方式。电视也播出许多有趣的连续剧，看这些连续剧去了解中国，我觉得是非常好的。透过这样的方式深化双方的交流，如果建立了某种程度的交流基础，那么即使谈到历史问题，双方应该也不会感到非常尴尬。在思考日韩关系时，裴勇俊就是一个非常好的代表人物，可以说是一种文化的象征。可是日中之间不存在这种文化交流的象征、图腾，今后在思考日中关系时，应该要更加促进文化交流，寻找可以成为文化象征的人事物。我认为这也是一种深化相互理解的关键。

另外一点是我对日中学生会议的期许，也是今天到场的各位社会人也可以做到的事情。刚刚在会议中有提到德国与法国的双边关系，有许多年轻人无任何德国与法国的经验，那么日中学生会议的成员们是不是可以试着去德国与法国住一星期左右的时间，去体验、学习当地的人的经验？说不定可以成为重新认识日中关系的契机。

阿古：今天有来自许多同学们的提问，也有许多想法分别传达给了大家。像林同学提到“就是喜欢，不行吗”。我也同意刚刚任哲老师提到的，从喜欢这种感情面进行联结是很重要的一环，还有从文化领域进行交流是很重要的的建议。

殷同学和其他的同学也提到，如果能够增加可以使用的外语，那么就可以增加许多管道，可以获得更多的资讯，视野也可以更加扩大。从这个角度来看，学习新的语言可以扩大视野，所以也是很重要的方法。目前日本各家报社都有发行中文的新闻报道，日本的媒体也透过微博等进行资讯的发布，这种透过中文将来自日本的声音传达给不懂日文的人的方式，也越来越重要。

我想说的另外一点就是交流有各种各样的层次。我认为日本的学生非常亲切，也非常热心，这个部分是非常重要的，但另一方面，与其说是纯真，不如说与中国的学生在针对具体的问题进行讨论时，无法提出更深入的论点进行彻底的辩论。例如美国等国家的小学、中学，会针对中国是一个什么样的国家之类的问题进行彻底的讨论，但是日本的小学、中学就没有这样做，可是中国这个国家对世界来说，已经成为非常重要的存在，从战略的角度上，不仅是日本，国际社会也必须好好观察中国。

我进入中国的领域进行了各种研究，但也非常担心中国的状况。有一部分的心情，是因为我希望我的许多中国朋友们可以过得幸福，另外一个心情，就是不仅是日本，国际社会也与中国联结在一起，所以我希望中国这个国家可以变成一个更好的国家，希望能够和中国一起来思考当前遭遇的问题。虽然还有许多方面不够充分，但我准备抱着关心家人的心情来观察中国。有关这个部分，我所谓的战略角度，指的是以更严厉的角度来观察中国的现实状况。然后自己以身为与中国的将来有密切关系的一员，以各种角度进行发言。

所以我希望中国能够对学生更加开放，比方说像 NGO 如果可以进入到更多地方进行活动的话，那么学生就可以从更多不同的角度来观察中国。目前中国还属于非常非常封闭的国家，例如想带学生前往农村进行研究，却因为受到限制而有许多地方无法去。中国国内也有很多有不同意见的人，但是想跟他们交换意见时，却常常因为当局的指示，使得预定与他们举行的演讲遭到取消。所以希望中国可以变得更自由，也希望中国可以勇敢地进行开放。

濑口：最后我只想说一句话，就是整体来说，听了大家全部的发言后，我觉得大家都非常非常实际地在做相关的努力，而且大家的努力也非常明确地传达给了会场的各位听众。每一个人有每一个人可以做到的事情，踏出第一步可以让自己的世界向各个方面扩展，这是我在这场部会得到的感想。

阿古老师虽然使用了战略这个名词，但重要的是跨越彼此的国界线，深化相互理解。我认为这一点，应该可以做为这个场次的结论。

总　结

天儿慧

我们为了进行今天的会议，设定了三个目标。首先，在专题演讲之中，请演讲者为我们以日本、中国、亚洲等三个角度，从全局提出目前我们面对的问题。其次，在第一个专题讨论会上进行了目前最热门的话题，也就是从正面针对日中之间面对的课题、最困难的问题进行讨论。最后，在第二个专题讨论会上请年轻世代以自己的观点来思考新的可能。说实在话，今天的会议讨论，比我预想的要更为充实、更为深入，我在此向各位发表人表达谢意。各位发表人一方面了解日本、中国所处的状况与立场，一方面也针对今天这个非常敏感且严肃的问题，明白地提出了自己的看法、主张。虽然双方各有各的看法，但我们通过今天的会议重新确认了双方在当中也存在着共同的主张，也让我们可以重新思考，双方看法在什么地方有所歧异。透过这样的讨论，我第一次感受到双方的相互理解得到了深化。

我们也可以发现，或许是偶然，从专题演讲到最后一个专题讨论会，“危机也是机会”这句话成了贯穿整场会议的关键词。我观察了这段时间日中之间的激烈对立，但我一直觉得应该会出现不同的动向、会发生不同的潮流。听了刚刚专题讨论会中年轻人们的发言，让我感受到确实有这样的动向、潮流开始启动。

昨天某位已经成为社会人的年轻人突然告诉我：“老师，我们正在企划这样的东西”，给我看了一份叫作“日中市民联合倡议”的企划。这份企划在今天发表，也获得许多报社的刊登，容我省略详细的内容，但当中的署名为“日本国民间人士、中华人民共和国民间人士”。我认为这个力量可以促成历史或是时代潮流的改变。时代的变革虽然需要像坂本龙马这样的人物，但不只如此，一般市民的力量也很重要，过去也有靠一般市民的力量改变时代的案例。我觉得目前这样的时代已经来临。

我也想在这里告诉各位，今天的国际研讨会，幕后获得了中国留学生非常强大的协助。当然也有日本学生的参与和协助，可是如果没有中国留学生非常勤奋、诚实、热心的贡献，这场大会是无法顺利进行的。

而事务方面的负责人告诉我：“我们现在就是在历史变化的最中间，我们要感受这样的变化，并且绝对要促使这场大会获得成功”。会议的准备需要很长的时间，有一段时间他们也有说：“老师，这场大会真的能够实现吗？”，但也就是他们希望能够让会议获得成功的心情与努力，是这场大会得以实现且获得成功的最大力量。我在此也向他们表达谢意。

我是在 1992 年从冲绳的大学移到东京的大学工作，也一直担任日中学生会议的顾问。只是我最近出席的频率非常低，有些学生还是在今天的会议才第一次见面。回顾这段历史，其实今年是我第 20 年担任日中学生会议的顾问，日中学生会议的运作有高潮，也有低潮，有许多时期是非常严峻的，可是确实培养出许多 OB、OG，① 有些人现在是大学的老师，有些人是商社的职员，有些人成为记者，这些同学目前在最前线活跃，我认为他们今后一定可以成为一股力量。

① 日式英语、OB 是“old boy”的缩写，OG 是“old girl”的缩写，这里指曾经参加过日中学生会议而现在毕业了的男士和女士。

从各种方面来说，力量是非常重要的，其中最重要的就是追求和平的力量、相互合作的团结力量，以及创造新时代的力量。我还不知道今天能不能成为所谓的第一步，但一定可以成为将危机转变为机会的非常重要的一步，今天真的非常感谢各位热心的参加。

希望大家可以带着某些心情回家，然后各自迈向未来的旅途。这个说法可能有点太夸张，但我从心里希望这场会议可以成为让大家在今后观察中国、日本的方向的重要一步，而且成为创造新的日中关系的第一步。

第三部

透过地区交流与民间交流创造新的关系

日中韩地区交流的新地平线

小川雄平*

日中关系正常化虽然迈入了40周年，但是日中之间却因为钓鱼岛问题而正陷入紧张，领土问题成为争议的焦点，这也是日中两国之间关系脆弱且不安定的证据。中国与俄国过去也为了争夺位于边境的小岛而发生战争，但后续双方努力改善关系，在小岛划界而解决了领土争议，之后也一直维持着友好、安定的关系。从这个案例可以明显看出，两国之间如果关系不稳定，会因为领土争议问题的爆发而立刻恶化，甚至可能会发展成军事冲突。反之，如果双方的关系改善有所进展，就有机会可以很容易地解决领土纷争。那么有什么办法可以促使不稳定的日中关系迈向良好且稳定的关系呢？

我个人认为有两点非常重要：第一点是加强经济的相互依赖关系、建立人与人之间的共同认识、集体意识；第二点是为了维持双方创造出的良好且稳定的关系，不能懈怠在外交上的相关努力。而且不只政府，民间与各个地方政府也必须在外交上做出这样的努力，因为我们有责任这么做，也拥有这样的潜力。接着我想做更进一步的具体说明。

从“环黄海经济圈”到“东亚地中海经济圈”

韩国与中国改善双边关系的案例可以说明，紧密的经济相互依

* 西南学院大学教授。

赖关系确实可以缓和、解决政治上的对立。中韩从朝鲜战争以来一直处于敌对状态，但是两国的地理位置接近，经济上也存在着非常大的潜在相互依赖关系，虽然是透过香港进行间接贸易，可是贸易额的急速增加促使双方不得不走上直接贸易的道路。当时双方采取了政府归政府、民间归民间的所谓“官民分离”的方式，由民间与地方政府来主导直接贸易的进行。这种双方的地方与民间层级直接进行的经济交流越来越密切，最后促使中韩在 1992 年建立了正式的外交关系。

当中韩之间的地方层级经济交流在 1988 年左右开始发展时，我就提出了推动“环黄海经济圈”的构想，建议无论是地理还是历史都与中韩关系密切的九州北部也参与这项交流，因为活化黄海周边区域的经济交流，可以促使日中韩因为经济相互依赖关系更加紧密而改善相互关系，而三国之间相互关系得到改善的话，可以让地区的稳定如磐石般坚固。

之后“环黄海”地区的区域内经济交流虽然越来越发达，但同时也面临必须处理环境污染的问题。加上黄海又同时与渤海、日本海、东海相连，如果不同时进行这几个海域的污染整治，纵使努力处理黄海的污染，也不可能有效果。于是我认为必须将这几个海域视为一个整体，而将之命名为“东亚地中海”。除了因为这些海域所处的纬度与合计面积与地中海相近，我本人也盼望这些海域的周边各国可以向 1976 年缔结了污染防治条约的地中海沿岸各国好好学习，才取了“东亚地中海”这个名称。

如果交流真的可以从“环黄海”扩展到“东亚地中海”的话，我认为将可以促使整个区域内形成“能源共同体”与“物流共同体”两种经济共同体。这两种共同体将可以使区域内的人与人之间形成共同认识、集体意识，结果将会促进区域内的政治安定，让东亚地区达到真正的和平并形成多民族共生的社会。

两种经济共同体：能源共同体与物流共同体

（1）能源共同体

所谓的能源共同体，指的是各国共同利用“东亚地中海”北部的俄罗斯远东地区所蕴藏的丰富天然气。如果可以铺设俄罗斯的远东地区、中国东北、朝鲜半岛、九州的管线来共同利用天然气资源，俄、中、朝、韩、日就形成透过管线所联结的能源共同体，而成为一个确切的相互依赖关系。将朝鲜也纳入共同体的话，可以更加巩固区域的稳定，人与人的往来就会越来越频繁，交流的人口也会大幅增加。

发生在 2011 年 3 月 11 日的东日本大地震导致了福岛县的核电站事故，也让过去被认为核能发电是安全且低成本的神话破灭。因此许多人对干净的天然气发电寄予期望，如果可以将俄罗斯远东地区所生产的天然气在当地发电，透过不会流失电力的超导电缆往中国东北地区、朝鲜半岛、九州地区方面送电的话，电缆将取代管线，使这个区域成为所谓的“电力共同体”。美国因为“页岩气革命”而增加了天然气供给量，但却因此导致了天然气价格下滑。俄罗斯就是看到了美国的情况，所以已经向日本提案，希望能以提供电力的方式和日本合作。根据媒体报道，可以大幅送电且可以避免电力流失的超导电缆的开发也已经开始加速进行，看来电力共同体的形成也已经不是很遥远的事情了。

（2）物流共同体

所谓的物流共同体，就是共同利用西伯利亚铁路。正如大家所知，朝鲜半岛的京义线与东海线两条铁路跨越了整个半岛，其中前者通过中国境内的铁路，后者则直接与西伯利亚铁路联结。由于朝鲜、韩国的领导人在会谈中达成了共识，双方展开了将京义线与东海线联结与重新开通的工程，并于 2007 年 5 月完成试车。如果朝鲜、韩国关系持续改善，而京义线又重新恢复通车，我们就可以利用铁路从釜山港将货物经由朝鲜半岛与中国东北地区，再利用西伯利亚铁路送往欧洲，这将使日、朝、韩、中、俄透过铁路的联结成为物流共同体。物流共同体将会促进各国之间相互依赖关系更加紧密，而使得区域安定，人与人之间形成共同意识与集体意识。

不过形成物流共同体的必要条件，就是朝鲜、韩国改善双边关系。俄罗斯为了发展经济，希望能活化西伯利亚铁路的营运。为了避免西伯利亚铁路的营运受到朝鲜、韩国关系的影响，俄罗斯采取的策略是利用可以直通西伯利亚铁路的朝鲜的罗津港。具体来讲，目前俄罗斯取得了罗津港 3 号码头 50 年的使用权，虽然位于俄罗斯边境的哈桑直通罗津港的铁路已经老朽化，但改修工程已经于 2011 年 10 月竣工。俄罗斯也计划在罗津港建设可以容纳 40 万个 20 英尺标准货柜的货柜终点站。俄罗斯计划将相当于从釜山港运往东方港再透过西伯利亚铁路转运往欧洲的货物量，从釜山港运往罗津港再透过西伯利亚铁路转运。如果这个计划实现的话，日本与中国可以利用这条线路，将销往欧洲的货物集中在釜山港转运至欧洲。结果将会形成联结日、中、朝、韩、俄的物流共同体。

国界与外交努力

接着要讨论的就是为了维持创造出的良好且稳定的关系，不能懈怠在外交上的相关努力。这里请大家回想一下中俄的案例。中俄改善与维持良好关系的原因在于两国之间拥有长达约 5000 公里的国界，而中国与朝鲜之间也有着约 1400 公里的国界，如果双方关系恶化而导致冲突，是不可能完全守住这么长的国界的，因此彼此之间不得不建立、维持良好的关系，中俄、中朝只能为此在外交方面持续进行努力。而外交方面的努力不限于中央政府，实际上两国接近国界的地区，包括地方政府与民间的代表团很频繁地交流，努力维持双方的良好关系也很重要。

日本与中国、韩国虽然是邻国，但与中韩之间隔着海，并没有直接交界的国境线。这样的地理条件，使得日中韩彼此间并不把维持良好关系视为生死攸关的问题，而忽略了外交上的努力，结果就导致了领土问题的爆发。

推动在中国东北地区的民间、地方政府间的交流

为了改善与邻国的关系，需要形成经济共同体，并以此为基础建构人与人之间的共同认识、集体意识。这需要时间来完成，而且我们也无法对政府间的外交有太多的期待。这样的话，只有我们自己透过民间、地方政府层级来努力改善与邻国的关系，尽最大可能来累积相关的成果。

就算是从与中国民间、地方政府层级改善关系，如果不限定在特定区域，实践上会有所困难。如此的话，不妨将区域先特定在中国的东北地区。刚刚我提起的两种经济共同体之中，与中国直接相关联的就是东北地区。东北地区目前正在推动“振兴东北”计划，也向九州汲取相关的经验。东北地区因为存在煤炭与石油的枯竭、国有企业的庞大人事与效率低落、当地农产品与低价输入的大豆、玉米之间的竞争等多种多样的问题，已经无法扮演其被赋予的能源据点、化学重工业据点、粮食供应据点等角色，而这些正是九州过去所面对的且现在已经克服的问题。

如同各位所知道的，九州北部过去是生产煤炭的能源据点，也是以钢铁业为中心的化学重工业据点。但随着煤炭被石油取代，容易导致环境污染的大型重工业也因为发展受限而逐渐衰退，使得九州北部的地位逐渐下滑。九州南部过去是主要的粮食生产地，但因为牛肉、柑橘的对外开放，导致从事酪农业与柑橘业的农家受到冲击。可是后来九州北部发展IC产品与汽车的加工业，并推动污染防治产业的招

商与创业；九州南部推广食用肉品的品牌化与柑橘的品种改良，成功推动了地区经济的重建。我认为九州的经验可以给予面对同样问题的中国东北地区很好的参考。

以釜山为中心的韩国东南部也正在推动与九州的合作关系。这个区域的产业结构也与九州地区相同，也有类似的经验。如果九州与韩国东南部共同在中国东北地区合作的话，透过发挥“经验”这个潜力，我们可以与中国改善关系，达成双赢的局面。

从日中韩地区外交的经验来看今后的课题与相互发展的可能性

末吉兴一*

我从大学毕业后大约有28年的时间在现在被称为国土交通省，过去被称为建设省的政府单位从事与国土开发计划相关的工作。工作范围涵盖了中央政府和都道府县等地方各级政府。当时正好是日本经济高度成长期，我因为从事国土开发的相关工作而累积了许多经验。离开中央政府以后，我约有20年的时间担任北九州市市长，进行各种各样的改革。听到今天的题目是“地区交流”的时候，我马上想到的是“地方公共团体应该扮演什么角色”这一政策主题，所以我今天将以我过去的工作经验为中心进行发言。

在不景气的时候就任北九州市市长

我就任北九州市市长的时候，正是经济最不景气的时期，不仅有“钢铁业寒冬”、“向重工业说再见”的说法，而且北九州市还因为这些当地的主要产业萧条导致的经济衰退而被劳动大臣指定为“特定不景气地区”。我就是在这种悲惨的状况下就职的。我国的经济虽然这几年一直不景气，但当年被指定为所谓“特定不景气地区”的城

* 国际东亚研究中心董事长、前北九州市市长。

市或乡镇其实极为有限，当中北九州正是被称为前途黑暗的时代。当时实际的就职率甚至低于0.3，现在虽然不景气，但就职率还有0.6、0.7，而北九州当时却是0.3，也就是10个人里面只有3个人能找到工作。

那么要怎样让当地的经济复苏？我当时因大胆地提出了被称为“北九州市文艺复兴构想”的选举公约当选为市长，这已经是距今25年前的事情了。当时背景是考量今后的世界将会走向国际化、资讯化、少子高龄化的潮流。其中少子高龄化的现象经过了20多年，至今已经越来越严重。资讯化方面，当年没有移动电话，是电话卡非常普遍的时代；当年街上到处都是公用电话，但现在街上几乎已经看不到公用电话。高度资讯化的状况比当年预估的还要发达。至于国际化方面，地方公共团体应该采取什么样的政策以跟上国际化这点，实际上是有困难的。也就是说，虽然可以想象到国际化的时代即将来临，但是问题在于推动什么样的具体政策。

而我提倡的文艺复兴构想这个长期的计划就是思考如何从上述三种潮流之中活化北九州的政策方针，甚至有很多主张被质疑“做得到吗”。不过在规划这个庞大构想时，最让我烦恼的就是如何推动国际化。

地方自治体的国际化：透过推动姐妹市关系与邻近国家来往为出发点

当时地方自治体所推动的国际化事业，主要内容是和姐妹市之间进行交流，例如市长前往姐妹市访问等例行活动。如果从现在的角度来看，这些不能算是国际交流事业，只能算是国际交流事务。

就是在这样的时代背景下，我主张将北九州建设成为一个技术、资讯及学术交流的都会，重视北九州的自然环境，好好利用北九州的资源，向亚洲进军。为了规划具体的方案，当时我注意到的就是小川老师提出的“环黄海经济圈”。因此我决定采取的政策方针，就是规划一个综合的蓝图，建设因应未来的基础设施，推动利用地区资源的工业。整个政策的视野将亚洲置为重心，将北九州市作为地区交流的起点，将友好城市与姐妹市之中的姐妹市关系作为中心，以此为基础扩展地区交流。

我有个习惯，就是“从实例来思考问题”。我的灵感来自于与邻居的来往，只是将其扩大到与邻近国家城市的关系。首先就是从与邻国的都市来往开始。北九州市与大连市的姐妹市关系是从 1954 年开始的，但实际上从第二次世界大战以前，北九州与大连就已经有包括定期海运航班等很广泛的交流，北九州市目前还保留着当年被称为“大连航路”的定期海运航班所使用的休息室。

建立姐妹市关系后，北九州在大连建设了北大桥，在门司港怀旧地区也建设了大连风格的建筑物（现在是北九州市的图书馆），这些成为两个城市友好关系的象征。目前双方的市民彼此互相往来，也拥有彼此特色的建筑物，两个城市的交流目前就是这样持续进行。

在这样持续交流的过程之中，我发现北九州身为大连的邻居，应该有可以协助大连的地方，比如说当时大连正受到环境污染的困扰，北九州过去曾经克服了公害污染，应该可以利用这个成功的经验协助大连。

克服公害的历史与国际交流事业的结合

北九州市虽然现在被称为“环保之乡”，但是我们花了大约 50 年的时间才解决了环境污染问题。过去的市歌或有些学校的校歌歌词中，有类似“喷焰绵绵，将海浪烤焦，烟往天上冲”的内容。对我们北九州市的市民而言，我们不怕被误解，因为我们以前真的认为污染是企业繁荣的象征。而这却成了负面的印象，某种程度来说也给了北九州的市民相当大的震撼，北九州的市民也因此才会努力采取各种措施而克服了公害。

北九州市的工业发展所留下的负面遗产就是公害，而北九州市克服公害的各种措施却也成为日后与外国来往的重要武器或者说合作的基础。但这些措施经过了很长一段时间才逐渐成为对外合作的一环。克服公害是产官学界，最后加上市民的合作才达成的成果，这个过程之中留下的有形与无形的资产，也成为目前苦于环境污染的发展中国家的资产，而这些资产目前正是北九州市国际化政策的核心。其实我们一开始完全没有发觉，是其他国家肯定我们的成果，要求“能不能够在这方面支援我们”，我们才发现可以借此推动国际化。

北九州的公害对策是由市民踏出第一步。妇女会前往八幡炼钢厂，希望他们不要排放废气。同时妇女会一边举办学习会，邀请大学的老师来讲课，学习相关的知识；一边也在工厂附近铺设布帘来计算每天到底会落下多少灰，然后进一步进行研究与讨论。

企业也开始采取公害防治措施，例如推动节约能源型的生产工程方式、设置公害防治的机器设备。过去企业认为这些投资会提高成本，当时八幡炼钢厂的负责人曾经说过，面对公害问题时有三个大敌，第一个敌人是公害本身，虽然目前已经有明确的判断基准，但当时处于长期以来没有明确判断基准的年代；第二个敌人是中央政府与市政府过度的严格规定，因为市政府站在第一线处理公害问题而采取了严格的管制，所以市政府也成为敌人；第三个则是八幡炼钢厂总公司，因为总公司认为公害防治的相关投资会造成负担而不愿意支出相关经费。

接着各自治体也为了分析、测试空气、水污染等公害的状况而新设置了专门部门，并为此录取新的职员。我们是从“虽然我们知道空气污染与水污染，但污染的程度到底有多少”等内容的考试题目踏出第一步的。目前亚洲各国的行政机关已经都设置有负责环境保护的部门，而北九州市可以说是最早开始的，而且北九州市当时采取的制度，与目前已经有一定程度发展的环保行政几乎没有差别。当时负责应对环境保护问题的职员，有的现在已经成为市政府的核心人物，负责推动跟世界有关的环保对策；有的则成为目前推动智能电网的核心人物。市民、自治体、企业等产官学民可能在立场上处于对立，但却为了共同的目的而达成了这些有形与无形的遗产，成为北九州市推动环境保护合作的真髓。

为了提供技术支援给同样苦于环境污染的发展中国家，以大企业的退休员工为主的相关人士提出了“不要重蹈北九州的覆辙”的主张，开始义务推动相关的活动，而这些活动也已经以“北九州国际技术合作协会（KITA）”的形式组织化。首先就是在大连推动相关的合作措施。因为大连的空气污染非常严重，所以开始了与大连的技术合作，当时的市政府行政部门则将此视为国际环境合作的一环。

现在由行政部门推动国际环境合作是很理所当然的，但当时多认为，“市政府属于地方公共团体，责务是尽力完成地方自治法所规定的相关事务，哪一条内容有写到国际合作”，整体态度十分消极。可是这里就可以看出中央政府与地方政府在制度上的不同。地方的行政有点类似总统制，只要首长开口说“我们要推动这个措施”，行政就可以展开相关工作。而且加上北九州过去50年来克服环境污染所累积的知识与经验非常丰富，因此一马当先推动了现在可以说是理所当然的地方政府主导的国际环境保护合作。

与友好城市大连的合作关系

我们就是这样开始了与大连的环境保护合作关系。正式进行合作是从平成5年（1993）的大规模技术交流讲座开始，这是大约20年前的故事了。参与北九州环境保护合作的义工（主要是技术人员）首先是制作讲座用的教材，其次是派遣大约50名产学官人士前往当地调查，了解当地目前使用什么种类的机器、工程。因为双方的财政能力都有一定的限度，并不是设置新的机器就可以简单解决问题的。

我们是以改善现有的机器以改善环境为核心考量。如果会排出相当高浓度的烟的话，可以透过调整既有机器的燃烧管理、燃烧方式来改善，整个想法就是改善现存的机制。当然一定会有人认为，只要安装脱硫塔就可以简单解决环境问题，但我们并不是如此，而是进行彻底的机器维护、改良的技术指导。这样的话，技术人员的研修就是一个必须要进行的重要环节。

因此我们也开始进行人才养成等交流。为了将人才养成的措施更加系统化，我们成立了北九州国际技术合作协会，而且这段时间有不少国外的城市希望北九州提供环境保护的相关合作，例如印度尼西亚希望我们提供下水道工程的合作，柬埔寨希望我们提供水管工程的合作。总而言之，姐妹市以外的很多国际城市都来向我们要求合作。我当时认为，可能不单只是合作关系，甚至有可能将其发展成区域性的产业、商业。

我的基本想法就是先与友好城市、邻近国家的城市合作，透过这样的合作关系达成技术转移，这是地方公共团体应有的功能。但当有更多的地区来要求协助时，总不能回答说“我们没办法和你们来往”。我也因此有预感，既然如此，“那应该有可能成为一个做生意的机会，应该要好好发展”。

而北九州当时仍然非常不景气，如果姐妹市以外的地区也来要求我们协助，虽然我们是地方公共团体，但如果将环境保护作为武器好好运用，应该是一个可以促使国内企业发展的机会。目前就是以此为定位推动相关的政策。特别是水资源的商机，大家都知道，目前各个公共团体都非常重视且积极竞争相关的开发，可是北九州在十几年前开始就与印度尼西亚、柬埔寨进行相关合作，派遣职员前往当地调查时，完全是很单纯地想协助对方，因此才会有非常多的地区来“拜托北九州帮忙”。我们实际上完全不是以商业，而是单纯以协助对方为考量，却在这样的过程之中达到了目前的成果。

所以说民间层次的交流，一开始是从姐妹市进行合作，由于技术移转有所成效，才会将其发展成商业，而成功振兴了地方经济，接着又振兴了国家的经济。我想现在已经是一个透过环保政策推动环保事业，而环保事业又使经济振兴的时代。

迈向环境保护合作都市网络与如何使其进化

姐妹市以外的许多城市来向我们请求协助时，“你的提案虽然不错，但我们这边不适合（做不到）”等状况也是一个问题，所以我决定采取与有港口的城市进行合作的方针，双方可以相互缔结如货物运送等相关的港口协议。可能的话也希望能将货物运来我们这里，也就是以港口的来往作为区域都市交流网络的核心，将环境保护合作作为目标，以促进双方达到双赢为考虑来推动相互合作。

但我们在推动合作的过程之中又发现了新的问题，那就是虽然我们是以城市为主体来往，但每个城市的领导阶层大约每四、五年可能会进行更替，可能会因为市长换人而改变政策，这样的话就不保证合作关系可以永续进行。例如我们跟之前的执政者合作愉快，却因为领导阶层更替，合作关系突然遭到中断，因此确保永续合作始终是一个重要问题。

我们此时就推动成立了“东亚经济交流推进机构”，最后有 10 个城市参加，但一开始是北九州向不同县的下关市以及下关的姐妹市釜山与青岛、北九州的姐妹市仁川与大连提案，由我们 6 个城市一起推动广域合作。虽然有共同的目的，但问题是要以什么样的顺序推动什么样的方针？我提出先从学者之间进行交流为起步的建议，因此第一步就是从学术交流开始。

其次就是进行工商会议、经济团体的交流，当时正好中韩实现了关系正常化，可以正式推动政治人物之间的交流，因此在 1992 年起举行了各个城市市长出席的市长会议。当时大家都认识到可以推动地区限定版的东亚 FTA，虽然至今各都市之间的 FTA 还没有成立，但我们都认为未来一定会走上这条道路。当时是预想 10 年后可以达成，但现在各国还在为了要不要加入 FTA 的问题持续争论。

在推动的过程中，大家也觉得可以不限于这 6 个城市，应该扩大参与的范围而促成了日本的福冈市、中国的天津市与烟台市、韩国的蔚山市的加入，使成员扩大到 10 个城市。这当中也遇到了许多问题，例如中国的酸雨问题、海漂垃圾等，而这些都是跨越国界的环境污染问题，必须要具体归纳出如何应对、应该怎么处理、从什么方向进行努力等方针。

我们成立了五个分会来讨论这些问题。第一个是“制造业分会”，在制造业方面进行技术等各方面的交流。第二个是“环境分会”，我想这个大家应该都了解是什么样的内容。第三个是“物流分会”，当中也进行有关合作使用机场、港口的讨论。第四个是“观光分会”，这应该很容易理解，就是加强成员在观光领域的相互交流。第五个是“人才培养”，这是为了推动各种合作的基础，或者应该说是为了建立一个核心支柱而设置的分会，虽然到了最后仍然有一些争议，但还是达成了以上述五个分会为基础，将各种合作项目具体化的结论。

接着是东亚经济交流推进机构每年进行什么活动，我们也决定成立第三者评价委员会来监督。我目前担任理事长的财团法人国际东亚研究中心就是负责第三者评审委员会的运作，而我们是整整花了 15 年才达成目前的成果，相较于其他城市的市长在此过程之中不断换人，我的任期很长，才有幸全程参与。总而言之，目前已经建立了每两年举行一次市长会议的制度，各分会也积极地对自己负责的项目进行相关的活动。

地方自治体推动“外交”的潜力

这里想提出一个值得大家思考的问题，那就是“外交”是中央政府的专属权责政策吗？地方自治体完全没有任何可以参与的角色吗？中央政府常常说防卫与外交政策是中央政府的专属权责领域，但我认为并非只有中央政府才能推动外交政策。

从地方自治体在外交方面参与的角色来看，我们推动国际交流、姐妹市交流到目前的环境保护交流，应该属于环境保护外交。对日本来说，外交上最重要的一环应该就是环境保护外交与资源外交，而推动这方面的政策时，正应该纳入地方公共团体。特别是环境保护领域，就像刚刚提到的，纵使国与国之间达成了共识，实际上各国政府还是要将这些共识交付地方政府实施，而具体实施这些合作的时候，需要实际在第一线流汗面对各种困难的地方自治体提供宝贵的经验，才能够决定具体的合作项目与内容。各国的公共团体其实应该也是如此期待的。如果说有必要建立这样的机制，那么就不需要将外交政策限定为中央政府的专属权责事项，也就是应该要有地区外交这样的领域。正因为如此，现在就是地方公共团体尽可能互相进行国际合作的时刻，因为随时可能会轮到自己扮演推动地区外交的角色，所以重要的是要随时做好相关准备，建立一个机制。地方自治体不能再认为外交跟他们无关，是中央政府的专属权责事项。

我认为今后像东亚经济交流推进机构这类由地方自治体所推动的国际合作机制会越来越普遍。日中韩虽然各有各的国政问题，但截至目前，我们一点一滴累积成果的历程，是以邻近地区开始逐步发展为基础的，虽然确实存在一些问题，可是基本的主轴并没有改变。实际上反而对未来的发展可以更乐观地看待。总而言之，每个国家都有自己必须面对的问题，但我认为我们努力至今的经验，应该可以对目前的时代有所贡献。

纵使国家之间相互不信任的结构越来越深刻，地方自治体之间依然有机会可以继续维持交流。我甚至认为，从各种角度来看，相互交流、相互影响的过程如果能持续发挥效果，今天我们所推动的地区交流、地方公共团体的“外交”，就可以弥补中央政府“外交”的不足。

当然实际上推动自治体之间的国际交流时会遭遇各种困难，例如除了一定会存在的国际性的风险以外，还包括许多人与人之间在观念上的不同、各种各样的摩擦等，但是发生摩擦时，大家好好地解释、说明，如果能够了解整个背景，那么就可以促使大家的友好关系更进一步发展，这也是一个很重要的事实。

所以既然已经建立了这样的合作机制，那么就可以期待将其更进一步扩大与发展，我们目前虽然已经开始扮演协助者的角色，但合作的过程之中，我们一定也会有需要向外国请求协助、向他们学习之处。

考虑对方的状况再推动合作，避免技术一边倒

我觉得既然要进行双边经济交流，就不能以一边获利、一边没有获利的方式进行，这样的合作关系是没有办法长久的，必须要双赢，也就是英文所说的“win-win”，或者用日中的语汇就是所谓的互惠。而且不限于经济交流，各种领域的交流如果都没有办法达到互惠，是无法长久持续推动的。

中国、韩国的各位常常使用“一衣带水”这个词语，或者是无法搬家的相互关系来形容与日本的邻国关系，如果是这样的话，大家就一起来推动。我想双方追求“win-win”、互惠的精神，是任何人都无法否定的。

刚刚提到有关北九州的国际交流是从邻近国家的城市开始的。我们和邻居来往时，往往是从小孩是不是同年级、家长是不是一起参加家长会，或者是爸爸们在居酒屋一起喝酒时的话题也是“啊，我家隔壁住的是什么人”等话题开始的。虽然有时也会吵架，有时可能会发生小朋友把邻居家的玻璃打破等状况，如果发生这种事情，就一定要跟对方道歉。把与邻居来往的概念扩大到与邻近城市来往的话，

就是发生状况时，我本身就是抱着这样的观念处理问题。以北九州来说，跟其他地方相比，长期在此生根的人并不多，如果吵架之后可以道歉和解，那么事情可能就会这样告一段落。我自己不想把事情想得太复杂，比较乐观地看待、处理问题。

有关北九州的国际交流，我想再补充一点，就是创立于平成2年(1990)、已经有20年以上历史的“亚洲妇女交流与研究论坛”。这个机构主要研究亚洲地区的女性问题，几乎每年都会举办“亚洲妇女会议”。今年如果也举办的话就是第23届了，已经有相当的进展。虽然这是一个为了提升亚洲地区女性地位而推动的活动，但原本是基于“开发与女性”这个“可持续发展”当中的一个基础概念而开始的。这个机构也负责推动有关性别平等的工作。就我所知，不仅中国参加了相关活动，该机构也与韩国持续进行相当热络的交流。同时该机构也接受了JICA的国际研修机关委托，主持发表女性问题研究成果的公开讲座。目前由我担任董事长的“国际东亚研究中心”也正在进行有关亚洲的环境问题与物流问题等研究。

刚刚的内容，就是我对有关研究、处理整体环境问题的机制所做的补充。我想说的是，我认为从女性或义工等民间的观点来推动有关环境问题的研究或相关活动是一件非常重要、有意义的事情。

刚刚谈到了水资源的商机，日本目前在这个领域拥有“很先进的技术”，以压倒性的优势推动相关的工作。可是从我们的感觉来说，还是应该从整体的效果来考量，必须考虑每个国家、每个区域所需要的技术可能有所不同，同时花费的成本与获得的利润也会因此而不同。因为水的供给是很重要的课题，所以首先必要的可能就是挖水井，目前也有许多义工会主动前往各国协助挖掘水井，让人非常尊敬，但是我对这种类似技术一边倒的状况始终感到疑惑。

不仅限于水的供给，从别的角度来看，因为去河边汲水的多是小朋友，想办法将他们从这项工作中解放出来也是一个很重要的观点。如果纯粹是以技术一边倒的方式进行经济交流，是不会出现这种想法的。这种不限于经济发展或商业发展的思维，我认为对于区域的发展是很重要的。

最近有一种称为包裹式（One-Package-Project）的国际合作方式，例如日本政府主动协助企业整合推动向国外出售新干线。过去大家都认为企业与政治是分开的，但目前必须采取这种全日本（All Japan）的方式，由几个企业集体合作。我自己认为这样的做法虽然是必要的，但地方公共团体必须要意识到一个问题，就是在这种包裹式的国际合作中，自己应该扮演什么角色。

推动由中央与地方政府共同合作的综合外交

最后这点虽然不能算是达到政策建言的程度，但我想再次强调，就是自治体在环境外交之中可以扮演什么角色。

首先，将有关环境保护、节约资源、节约能源的技术政策视为一种将战略物资发挥最大效果的想法是很理所当然的，但是环境保护、光化学烟雾、海飘垃圾、黄沙导致的空气污染等都是属于跨越国境的问题。我认为中央政府必须要思考一点，既然国家整体的外交政策与地方的内政问题之间存在着关联性，那么两者之间应该如何调整？外交并非一项单独的政策，我们必须认真检讨如何建立一个架构，以帮助我们从整体的对外事务与内政规划外交政策。

其次，如何在对外事务中运用地方自治体。虽然也是为了做结论而重复之前的内容，但还是要重复一次。特别是在国外，即使是提供设备或进行环境保护援助，也必须与对方的公共团体有良好的磨合，否则也会失败。即使是经济援助，也有很多因为磨合不成而失败的案例。今后有必要好好检讨建立一个机制，以协助第一线的地方公共团体之间进行有效的合作。

所以我认为必须尽快推动发展中国家的人才培育。例如今天的《产经新闻》报道了减少垃圾量的高仓方式，这是由 J-POWER 集团旗下的 Jpec 公司的高仓弘二先生开发的新技术。透过一种堆肥法，而且不是使用特定的酵素，而是透过当地就可以取得的酵素，与有机垃圾混合进行有氧发酵。这种方式可以在短时间内将多数的有机垃圾分解，对于垃圾减量有很大的贡献。也就是说，发展可以配合当地的状况与需求，以惊异的速度达成垃圾减量的技术，不需要透过高科技，而是透过当地的技术，即使是低水平的技术就可以达到效果。从案例来看，低水平的技术往往需要相当的人力，所以必须培育可以使用这些技术的人。因此重要的是必须建立与对方公共团体的相关人士可以直接进行沟通的各种管道。如果可以互相透过学习与错误来合作思考，加上发展中国家的人非常有上进心，这样做一定可以帮助他们提高技术能力，也可以让每个地区可以因地制宜而逐步发展。

不过也还是有一些理由会让人对于前往国外发展有所犹豫。就我所知，相较于成功的案例，比较多的案例是前往外国发展商业而失败的。所以日本国内也必须建立包括相关的资讯、人才培养、资金援助，总而言之就是可以分享资讯与经验的机制。目前国内属于非常分散的状况，市町村、县各自推动各自的政策，因此是各地方公共团体各自累积各自的经验。我们有必要建立一个机制以统合、协调、推动相关的措施，而北九州目前出现了这样的机运，我认为应该加快脚步推动这样的政策。

民间工业界对日中相互依赖关系的观察与对策

加藤雅大[*]

今年正好是日中关系正常化40周年，对于过去曾在中国居住、工作的人而言，今年应该会有许多相关的活动，日中之间的交流会因此更加深化，各种各样的企业活动也会越来越活络，非常值得期待。可是实际状况却与期待完全相反，这样的发展实在令人非常难过、遗憾。

在这样的状况下，我今天想谈的主题是相互依赖，这也正是今天这场研讨会的主题。也就是说，无论是对日本还是对中国来说，日中如果没有相互依赖关系，都不可能成长、发展。从这点来思考的话，我个人希望日中两国回归原点，早日解决目前的问题。今天我也将把这样的想法融入发言，来谈这次的主题。

进入正题以前，我想先做一下简单的自我介绍。我进入丰田汽车公司后，首先是在工厂负责事务工作。经历了总务、企划等间接部门后，被派往台湾从事销售代理业务，与许多经销商一起工作。之后又负责推动新事业的相关工作，很少有事务人员会同时拥有在生产部门与销售部门工作的经历，我是非常幸运才有这样的机会的。

我在2000年被派往中国工作，这时丰田汽车正式计划透过小客

---

* 丰田汽车株式会社常务监事。

车、乘用车开展在中国的事业。在天津成立新公司的时间点，我正好是在与对方进行技术合作契约谈判时转入中国，负责了许多专案计划。在中国的最后四年则是担任当地的总经理，我就是这样，大约12 年的时间在中国负责当地事业的基础规划。

目前虽然担任常务监事，但是今天并非以常任监事的身份，而是以商务人士的身份来进行发言。

丰田在中国事业的介绍——事业的推动过程与目前的体制

我想先以丰田在中国事业的推动过程作为今天发言的序幕，之后再进入主题。

我个人将丰田汽车在中国的发展过程分成四个阶段。

首先是第一阶段。其实丰田汽车早在 20 世纪 70 年代就开始推动与中国的人际交流，是世界上第一个与中国交流的汽车厂商。而且在20 世纪 70 年代的交流之前，就已经在 1964 年将 CROWN（皇冠）轿车输出中国，在中国非常受欢迎。当时有一句广告词，叫作“车到山前必有路，有路必有丰田车”，这代表丰田车受欢迎、获得高评价的程度。

也因为有这样的状况，中国政府在 1971 年向丰田汽车提出要求，希望能协助指导中国的汽车产业。丰田也在集团挑选成员组成代表团于 1971 年前往中国，在当地进行指导。也因为这样的功劳与成绩获得肯定，中国于 1972 年派代表团前往丰田进行两个月的研修，代表团成员除了汽车产业人士外，也包括政府相关人士。我们公司有一张照片，内容是参观团在会议时看电视实况转播，看到周恩来总理与田中角荣首相为了庆祝日中关系正常化而干杯的影像时，日中双方的人员高兴得拍手鼓掌。

也因此中国第一汽车集团在 1978 年访问了丰田，参加了许多研修活动。一汽也向丰田请求协助，因此丰田在 1978 年派调查团前往一汽。当时一汽生产名为“解放号”的卡车，这是接受苏联的技术支援所生产的产品，丰田汽车协助一汽采取丰田的生产方式，改善了“解放号”的生产线。

大野耐一建立了丰田的“及时制度”，全名是 Toyota Production System（丰田生产方式）。1981 年时，建立“丰田生产方式”的负责人甚至前往一汽协助指导、改善生产线，我认为就是因为这样的情况，才确立了目前一汽与丰田的策略联盟基础。

第二阶段是 1980 年以后，因为进行了上述的交流，丰田很自然地希望能够在中国参入事业而开始进行相关的计划，例如在 1978 年，北京汽车也访问了丰田，并参加了许多研修活动，当时北京希望与丰田一起合作“科罗娜（Corona）”，上海方面也邀请丰田合作“皇冠（Crown）”，但最后因为没有获得许可而无法继续合作。

1995 年的时候，上海方面再度提出以“凯美瑞（Camry）”进行合资的计划，这对我们来说是一件求之不得的事情，因此开始推动了相关计划，不过因为通用公司和福特公司也参与了这个专案的竞标，形成了丰田必须与美国厂商一起竞争的局面。

而丰田当时正计划与通用公司在美国推动与名为 NUMMI 的合资事业，不希望与通用公司正面对决，因此放弃了上海方面的提案。

之后中国政府经常表示“丰田拒绝进入中国市场”，但对丰田来说，这是逼不得已的痛苦抉择。虽然参与投资事业是如此困难，但另一方面，丰田在 1984 年推动了名为“Toyoace”的双排驾驶货车的相关技术支援，陆续开始对既有的厂商进行技术支援。这个支援虽然因故中止，不过在 80 年代后半期丰田和大发汽车向天津汽车生产的华利、夏利，向沈阳的金杯汽车所生产的金杯进行技术支援，这两项技术支援至今仍然在持续进行。

接着是第三阶段。进入 90 年代后，丰田开始计划参与许多事业。不过丰田考虑在正式进军汽车市场之前，先进军汽车的周边零件事业，正好中国政府也有类似的政策，所以就从零件领域开始。

丰田非常重视人才养成，将其视为重点，除了在日本的教育训练外，也派遣长期入驻中国的技术人员指导有关丰田在制造方面的相关知识与经验。丰田在规划出适合中国人的养成计划后，在充分的准备下于21世纪初终于正式进入中国的汽车市场。这是第四阶段，一直延续到现在。

由于有这样的发展过程，所以如果要将其做一个总结的话，我们对于丰田所走过的轨迹与所做出的贡献是持肯定态度的。当然这只是丰田本身所做出的评价，我们没有被中国政府如此夸奖过，中国政府也没有做过类似的发言，但从中立的角度来看，丰田汽车扮演了非常重大的角色。例如刚刚所提及的，早在日中关系正常化与邓小平推动改革开放之前，丰田在70年代就已经开始推动与一汽、东风汽车、南京汽车的人际交流。

虽然在80年代时无法参与投资，但对中国的民族企业进行了技术支援，刚刚提到由丰田提供技术支援的一汽的“解放号”、天津汽车的“夏利”、金杯汽车的商用车“金杯”，目前依然有不错的成绩，而当时都是最畅销的车种。由此可知，对中国的民族品牌最有贡献的应该就是丰田，虽然没有人这样讲，但丰田内部的自我评估就是如此。

90年代起，中国政府开始鼓励零件产业的培养，丰田不只是零件产业，也在沈阳设立了技术学校，提供教材等方面的支援，培养了许多技术人员。虽然绝大多数的人都被其他的厂商挖走，很少人在丰田就职，但我们非常自傲。今天丰田这个知名品牌，正是当时做出这些社会贡献时所打下的基础。

今天丰田在整个中国有15个基地，另外有6间事务所，贩卖体制与生产体制已经全部完备。今年（2012年）达成了过去梦想的100万辆的销售量，虽然因为目前的状况，可能今年的销售成绩会比去年差，但丰田建构的体制不只是为了达到100万辆，也是为了更高的目标。

企业活动的关键——事业面与人才面

以上是丰田在中国展开事业的过程。接着想以我们曾经历过的一些案例为例，说明我们的经验以及身为日系企业必须要考虑的状况。因为今天的正题就是从这个地方开始的，首先是事业层面与人才层面。

事业层面的部分，首先一定要提及的就是中国方面得以分享到利益、参与产业发展是不可缺少的。这个问题详细写出来的话，可能会被认为是理所当然的事情，实际上丰田的各种计划之中也遇到这些问题，因为忽略了这个原点而导致了许多问题的发生。有些日本企业认为“日本市场充满了停滞感，去中国的话应该可以有一些发展”，但实际上中国方面一定也是有许多目的，才会接受日本企业。如果没有办法彻底回应中国方面的政策需求，那么进入中国市场也不可能持续成长，即使因为是独资企业，利益理所当然要全部回流日本，也必须要确保让中国方面能够获得一定程度的利益。

例如可能会发生什么状况呢？这里举一个有些状况的例子。有某家独资企业认为“如果公司是由日方100%出资，就可以自由运作”，确实公司的资本状况是如此，但实际运作时，却始终无法取得消防法的安全认定。如果是合资企业的话就可以通过，但独资的日系企业却怎么申请都无法通过，为什么会这样？这是因为中央政府判断，日系企业如果将在当地获得的利益全部流回日本，对中国就没有任何意义。那么应该怎么办？对方会告诉你：“只有日本人的日系企业很难取得许可，可以雇用当地的经营顾问公司，他们会教你们怎么处理。”也就是至少要有百分之几的获利要让对方分享，这样对他们才有好处。

如果仔细思考的话，这种想法是理所当然的。日系企业如果拥有到当地投资，然后获利全部流回日本的想法，反而是有点搞不清楚状况。让中国方面也能分享到利润，才能让双方都能够因此获得发展。中国方面虽然在法律上有限制，但日本方面应该也要了解中国方面的意图何在。

我派驻在中国时想到过几个关键，就是规模感、速度感、多样性。日本与中国的状况虽然不同，但日本方面派驻在当地的人员理解这几点的能力是非常重要的。充分理解这几点的人非常少，但这却是影响事业能否顺利推动的关键。

比方说，不管合作对象是政府还是事业伙伴都需要绩效，而且绩效是必须达成的。目前中国正在推动十二五规划，2015 年以前一定要依据政府的规划达成各种各样的成果。纵使告诉他们要像日本一样“这要以长远来考量”，他们在 2015 年以前也必须要拿出成果。如果没办法理解他们的状况，往往很难达成妥协，就是要彻底理解这样的状况，因为战场是在中国，日本方面也必须要充分尊重、理解中国方面的状况。

另外一个重要的关键就是一枝独秀不可能被允许。不管是哪个领域，即使是有其特殊性，日系企业想要单独在中国社会里一飞冲天，成为某个领域的主导企业，可以说是非常困难，甚至可以说是不可能的。当中要举一个最主要的理由的话，就是技术与开发。可能因为我是从事汽车产业，所以才会这样想，不过中国在 2004 年以后在主要领域的技术与开发方面实施了许多规范与政策，透过出资比例、合资企业掌握关键技术。最近要求必须生产电动车（EV）、插电式混合动力汽车（PHV）或者是要求推出自主品牌等限制。

本来从企业的角度来看，选择将什么产品中国化，或者是导入什么模式，是属于企业内部的独占事项，但是那里是中国，中国并非是低头说“请帮忙我们”，而是说“企业想在中国发展的话，请在理解我们的状况、需求下进行”，所以必须要理解中国方面的状况、需求，也就是必须要有把技术转移给中国的觉悟。换句话说，竞争之处就是如何透过技术转移，促使中国方面成长。我们必须遵循这个玩牌的规矩来推动公司在中国的营运。

但纵使如此，我们并非一定要完全依照对方的要求行事，而是依状况进行合理的应对。也就是如果企业不依照本身拥有的实力采取应对的态度，对企业本身也会造成致命伤，所以虽然没有办法拒绝，但可以采取合适的应对。甚至可以说，把公司命运赌在进入中国市场的想法是存在风险的，所以企业有必要维持在日本的发展与成长的能量，然后在中国坚实、稳健地推动事业。

第三个关键是规划能够融入当地社会的经营战略。丰田实际上是在 2000 年以后才在中国成立公司参入市场，社会意识特别是劳工的权利意识已经有很大的变化，所以有必要先进行正确的理解。其中也包括了工作的动力与价值，这些在日本是属于理所当然的事情，但是在中国如果不加以重视或更为重视，公司的经营或运作会无法进行。

直接将日本的观念与人事体系在当地实施的话，会发生非常多的问题，必须配合当地、第一线规划相关的体系。我感受到最特别的地方就是公司的发展愿景能否让员工个人有所成长。也就是说，公司对于在这间公司工作的员工能给予什么样的愿景。这点在中国远比在日本的公司要更被员工所重视。

这是为什么？其中拥有大学学历的人更加重视这个问题，因为他们经历了比日本社会的竞争更为激烈的升学考试，对从这样的竞争中生存下来的他们来说，即使进入公司，也经常保持着在竞争中求胜以获得生存的态度，所以常常在获胜并达成绩效、成果时，争取与其相符的升格与奖励。从日本人的心理来看，可能对这个部分会感觉有些奇怪，但如果不彻底理解，给予适切的回报，公司很难在中国经营下去，所以这是一个非常重要的问题。

接着想谈人才方面的问题，如何运用、培养中国人，在人才方面是经常被提到的事情。虽然我是在第三点才提出这点，但在我的经验上，这点是最重要的部分。日本人如果将日本式的运作方式直接套用在中国公司的话，没有办法适用，或者说根本行不通。

比方说，我把可能会发生的状况列举出来，这些都是我实际上在当地经历过的问题。从要求加薪到社员之间有关民族与籍贯的不同所导致的纷争，再到应对中央与地方的政府单位，当中还必须考量政府关键人物的面子进行应对。另外像有关纪律的问题，面对如贪腐与窃盗时，只能靠有能力的中国人主管应对。就我的经验来看，日本人主管不管怎么说，都很难处理这些问题。

那么何谓有能力的人，这不是指日本式的精英，也不是指大学成绩优异、就职后非常受上司赏识的人，而是指有能力可以面对、处理问题的人，这样的人才是必要的。如果没有这样的人才的话，就想办法从别的公司挖或者培养，如果不重视这点，企业没有办法在中国持续成长、发展。

这也是我在消防方面经历的事情。当时公司发生了火灾，相关消防安全措施方面的课长是由日本人担任，那位课长被政府追究责任而入狱，在中国，如果发生问题的话，只要负责人被处分、负刑责，事件就告一段落。但在日本则是大家都要负责。这可以说是非常大的差异，但必须要理解、处理这样的状况。

其次是日本人该怎么办的问题。特别是在当地工作的日本人，必须要全球本地化。所谓全球本地化，是把全球化与本地化两个词语合并所创造的词语。日本人必须要全球本地化，当中最重要的就是不要“让人觉得你瞧不起人”“嚣张”，而是要采取交朋友的态度。丰田汽车有许多被认为是精英的人员被派到中国当地工作，也与中国方面进行各种交涉。但在我来看这不是全球本地化，这些日本式的精英在中国当地仍然采取原有的工作方式，有许多人在此过程中受到挫折而回国。这可以说是在中国工作时的一个重要因素。

那么什么是“让人觉得你瞧不起人”“嚣张”？举例来说，日本方面的态度包括有“日本指导中国与韩国相关技术、提供经济支援”“纵使 GDP 被中国超过，日本也还是属于发达国家”“过去的成功经验”“中国的道德水准是……”等。日本方面对于这些地方拥有优越感，心里存有这样的想法，也就是因为这样，只要一讲话，自然而然会出现这样的态度。

另一方面，中国的态度如何？中国也有中国本身的看法，例如“中华思想——中国是世界的中心”、“日本是战败国——侵略亚洲的历史”、“日本文化的基础来自中国”、“日本是美国的附庸国——美国才是与我们对等的来往国家”等。如果两边要为了这些问题争吵，对任何一方来说，不管怎么做都无法解决问题。无法解决的话应该怎么办，就是好好回归原点，进行必要的了解。

我在开始时就表示过，无论是中国还是日本，如果没有对方的存在与对方的发展，自己也无法发展，就是要回到这个原点。回到这个原点就是我说的必要的了解。比方说，中国的人口规模是日本的13倍，不能想要在经济规模等方面企图胜过中国。所以纵使是存在着感情与价值观的差异，也必须要思考如何让双方在最后都能获得实际利益，而地点又是在中国。目前日中因为政治问题而陷入对立，但我经常觉得，必须要重新回到原点，也就是任何一个国家无法发展，那么双方都无法发展。

我要列举三个事业获得成功的日本生意人的精神。首先是不要“让人觉得你瞧不起人”、“嚣张”；其次是不要抱着精英意识；最后一个就是多交朋友、建立人脉。我常常在各种场合被问到“在中国该怎么办”，其实这在日本也是一样，要推动各种事业，就需要拥有各种人脉关系。

在日本，有许多人可以协助沟通喜怒哀乐等情绪，而这些人之中，有多少人可以在中国工作时协助沟通中国人的情绪问题是一个重要的基础。这样讲可能会被认为说得太过分，但那边是人治优于法治的地方，只有多交朋友，如果能够有帮忙沟通的人，就不会被这些问题所拘泥，可以重返原点，想办法朝解决问题的方向一步一步迈进。

但是我也要说，身为日本人有不能忘记的事情，就是精通日本的文化，随时保持着重视日本文化的心情，而同时我们也要去理解中国文化，并且保持理解中国文化的心情，我认为这才是全球本地化、真正的国际人，这才是日本人需要追求的形象。

丰田的反省——全球化之中的中国

丰田在扩大事业的过程中推动与达成了许多工作，标题虽然是“丰田的反省”，但丰田到底出了什么状况？我想从与刚才的观点稍微不同、属于整体的方向来谈这个话题。

丰田汽车公司在1937年设立，到现在有70多年历史，而关键是1961年以来的50年，整个业绩都是成长的趋势，1997年起业绩更是大幅提升，这是最近丰田需要反省的转折点。

丰田从2000年起的成长是非常惊人的。全球市场方面，创业31年时终于在国内外的总销售量达到了100万辆。以百万为单位来看，100万辆花了31年才达成，200万辆达成后，200万辆到300万辆花了7年，300万辆到400万辆花了9年，400万辆到500万辆则花了12年，不过进入2000年后，只用了6年的时间从500万辆一口气增加了300万辆达到800万辆，可以说是一年增加了50万辆，这真的是非常惊人的成长。

那么在中国市场是什么状况？就像我在开始时提到的，丰田是在2000年起正式推动在中国的事业，丰田以过去在欧美等国推动事业的3~4倍的速度，推动在中国的各种事业专案，2000~2009年的整整9年之中设立了4座汽车工厂、6条生产线，设立一座汽车工厂需要200亿~300亿日元，设立一座引擎工厂需要400亿~500亿日元。在世界各国一年能够设立两座工厂已经是非常艰难、辛苦的了，但是丰田不仅在2000年起在中国以惊人的速度设立工厂，还同时建构了销售体系。我是在2000年起开始参与中国方面事业的，曾经有过可以说好像牙齿不见似的，常常感到有什么地方做得不够，每天连睡觉的时间都没有。

可是实际上就算像丰田这样大的公司，能够分配的资源也是有限的，不只是在中国，在其他的地区也是一样。如果市场逐渐扩大，那么会把资源渐渐往赚钱的地方集中，结果这导致了丰田汽车 70 年来始终重视与坚持的原则开始出现混乱。

丰田从创业以来非常重视与坚持一个原则，就是“重视每一个顾客，首先就是要考虑顾客的需求。其次是销售的世界，要好好考虑贩卖店的状况。再次是要考虑到与制造车辆的相关业者的状况。最后才考虑丰田这间公司”。丰田的经营一直是以此原则来规划，虽然也有一些别的因素，但这个原则的顺序在 2000 年起开始混乱。例如展开了大规模的车辆召回后，至今也仍然因为相同问题而持续进行车辆召回，这些召回的车辆，全部是 2000 年以后出厂的，这些车辆的质量相较于过去丰田所坚持的要差很多，这也导致了顾客的信赖感降低。

在中国也出现了相同的状况。一开始在中国采取的全球经营模式非常成功，2008 年超越了通用汽车公司成为乘用车占有率（销售量）的第二名，但我们在迈向第一名的时候，却发生了这样的状况。丰田在向前迈进时，中国的社会也逐渐出现变化，而丰田却跟不上中国社会所出现的变化，结果就是对消费者的吸引力降低。

因为有这样深刻的反省，丰田汽车才会采取了目前的姿态，重点就是身为一家全球性的企业，丰田应该要做什么、想要做什么。透过自问自答“不是卖了几辆、一辆多少钱的问题，而是丰田在哪个地区想要做什么、该怎么做”，重新回到“顾客第一、现地现物、制作高质量的产品”的原点，公司内部重新思考、修正了丰田应有的姿态。换言之，过去丰田相信自己是最好的，可是从别的方向来看，这只不过是一种“自我症候群”。

在进行这些讨论的过程中，丰田认为必须要思考不同国家的人觉得什么是最好的商品，因而提出了“好车、理想城市、理想社会”的全球愿景。丰田章男社长在社内表示“要制造更好的车”，丰田开始思考，必须要基于这样的愿景规划事业。

所谓的愿景并不单指在中国的事业，例如像丰田决定在日本国内确保300万辆的生产体制的方针，就是一个愿景。虽然从汇率等基本的问题来考量，在海外生产的获利一定会比较高，但如果日本国内的制造业完全消失的话，日本国内就不可能继续累积与推动各种各样的技术，而这又会影响到在海外的事业。也就是说，企业会失去本身的竞争能力。所以必须在日本国内维持坚实的生产、制造能力，以此为基础向海外扩大事业。目前日本的东北地区因为震灾出现了许多问题，丰田目前就是在带头努力，希望透过推动制造业的发展以振兴日本的东北地区。

那么在中国是什么样的状况呢？丰田集团的创业者丰田佐吉是从织布机起步，而丰田喜一郎是在以织布机为主体的父亲佐吉时期新成立了汽车部门，而丰田喜一郎的时代是以“追上、超越发达国家”为号召激励社员。回想这段故事时，发现中国与其他的发展中国家正是抱着丰田喜一郎当时的想法。如果是这样的话，丰田如果不协助这些国家，就没有办法向下一个阶段发展。如果封锁资讯、拒绝分享技术，将会导致对立，将无法持续发展。从共同成长的观点来看，丰田可以透过协助中国或者是其他发展中国家“追上、超越发达国家”而一同成长。

所以我派驻在当地时，中国部本身还在日本，但现在已经转移到北京。同时技术支援的形态原本是由日本的丰田技术部进行，现在技术部有一部分已经转移到中国，透过研究、开发设施的当地化，以中国本地的体制主导进行。

向前迈进的准备——身为企业人如何思考今后的方向

以上是对丰田的事业所做的介绍，最后我想基于这些介绍，以一个企业人士的角度，透过“向前迈进的准备”的形式，探讨如何掌握今后的发展方向。

这也可以说是现在该如何来分析中国（市场）。目前丰田内部有一个想法，那就是“狂热过去后，真正的成功机会才会来临，状况改变时可以临机应变的企业，才会成为下一个阶段的霸主”。截至目前，中国仅仅汽车市场就在三年内增加了一千万辆，这可以说是亚洲之中两三个国家的数字加起来才会有的规模。另外公寓、酒类、电脑、手机、家电等的生产数字都是世界第一。高速铁路事业是在2007年开始的，4年之间铁路总长度已经超过5000公里；日本的新干线是从1964年开始营运，至今已经47年，虽然也与国土大小有关系，但总长度还没有到3000公里。加上举办了北京奥运与上海世博等可以宣扬国威的活动，整个市场非常的活络。

可是当这个狂热期过了以后，中国市场从去年开始出现了一些变化。最具代表性的就是中国的竞争力出现了稍微下滑，或者说中国的生产年龄的人口已经达到极限而开始出现减少的趋势。那么企业应该如何面对这样的状况？也就是稳健地转换至安定成长的方向？因为从可能的发展性来看，中国拥有人口、资源、广大的国土等巨大能量的潜在能力，纵使是转向安定成长的路线，只看成长率的数字，也会是非常可观的。

日本企业要考量的就是必须跳脱从未知的成长进行规划经营战略的思维。确实过去许多企业都因为在中国投资而获得成长，但今后必须要详细规划各种战略应对市场的变化。另外就是虽然至今一直在讲“互惠”，但是必须要更深入思考“互惠”的内涵，也就是相较于刚进入中国市场时，日本企业必须要更加深入推动互惠关系的构筑，包括建立适合中国人特性的人才培养制度，以促使双方都能成长。

最后想说明一下“团队伙伴与团队合作意识”。团队并非每个成员都拥有相同的性格、相同的能力，而是由不同性格、不同能力的人所组成，透过团队的合作才会发挥强大的力量。日本与中国也各自拥有各自的特性、能力，如果将其视为一个团队，以企业为单位来考量，就我们的角度来看，在东亚之中也可以成为非常强大的力量。我认为，日本政府与中国政府、日本与中国在亚洲要想于政治领域成为团队，必须要好好地进行对话、讨论。

其次是属于观念的问题，也就是身为一个企业人应该要有什么样的准备。我负责中国事业 12 年，其间开始持续对丰田的员工与相关企业人士提及的想法，想在我今天发表的最后跟各位分享。

有一个词语叫作“TOYOTA WAY”（丰田模式），坊间有不少书籍在讨论“TOYOTA WAY”，我也常被问到“该如何学会 TOYOTA WAY”，有很多人是“知而不行”。而稍微有些进展的人，他们虽然有心想要实践，但并没有坚定的决心，因此没有办法达到目标；没有办法达到目标时，就会开始找各种各样的借口，比方说“都是其他成员不好”、“都是上司的问题”、“工作场所的环境太差”，甚至还有人会说“这不适合中国社会”。

但并非如此，如果真的想认真解决问题，就应该努力思考如何解决问题；站在各方面的立场思考如何让各方面都能获利、都能取得实际的利益。目前丰田内部拥有为数不多，但努力寻找方法而达成目标的人才。正如当前日中之间面临着问题，大家才应该努力思考解决的方案。有了方案就可以达到目标，这样的话周围的人的观感就会改变，就可以看出这个人成长的可能性。

所谓的“TOYOTA WAY”，其实有很多内容，但最基本的就是“丰田是人们跨越血脉与世代所建立的道路”。我在参与各项事业的过程中一直提醒相关人士，要努力理解这段话而加以实践。

我想以有关领导人、经理人被要求的目标这个比较细节的话题来进行讨论。比方说有没有因为太忙，状况发生时把确认的工作交给别人？有没有因为不是当事人，对于问题就只采取看看而已的态度？有没有不在现场和工作同仁一起解决问题而只在办公室打电话下指示？有没有明明直接和当事人对话就可以解决的问题却往往把问题交给部下处理或慢慢地通过电子邮件联络？甚至有没有只要求第一线提出相关资料、数据，而完全没有想要亲自去了解实际的状况？我不只是对来自日本的经理人，也对中国的经理人一直灌输这些观念。采取这种态度的话会让有能力的下属感到困扰，让他们没有这种上司反而对第一线比较好。我就是告诉他们，经理人要不断地去反省自己。

另外就是有些公司内部常常说，要培养专业人才，就一定要在努力推动外语学习与技术培养，但我认为这并不一定是真正的专业人才。我认为的专业人才，以电影为例的话，就是对剧本、导演、主演等方面的工作都有所了解且都能胜任的人。

所谓的剧本，指的是会抱着问题意识，思考“自己在整个事业之中应该扮演的角色”而去规划、计划工作的流程等。所谓的导演，指的是自己站在最前头指挥工作的进行，并且能够对自己的指示负起责任的人。所谓的主演，不一定是指主角，而是指能够掌握事业的整体状况，可以肩负任何任务的人。这才叫作专业。我一直对大家说，所谓专业人才的培养，必须是要让其经历各种状况，让他们自己去思考自己应该扮演的角色，然后去实践。

最后一点，我经常提醒大家要经常把“あ、い、う、え、お（a、i、u、e、o）”放在心里。“あ”指的是了解对方（日文原文为“相手”，发音为“あいて”［aite］），在中国工作，就一定要了解对方。我不是说一定要对中国13亿人口的每一个人都有所了解，只要真的了解五个人或十个人左右也就足够了。我刚刚在报告之中也有提及有关协助沟通喜怒哀乐等情绪问题的人的部分，这个人遇到这样的状况会非常愉快，但遇到那样的状况时会发火、生气，类似这样的问题，只要能够好好沟通，大概都可以了解。这就是所谓的了解对方。目前的日中两国政府之间就是不进行直接的沟通而只依靠对方国内的媒体报道。

“い”指的是与对方心灵相通（日文原文为“以心伝心”，发音为“いしんでんしん”［isindensin］），虽然希望能够跟对方建立心灵相通的关系，但纵使达成这样的关系，或者是做到这样的地步，也不

能过度依赖。例如在开会时进行报告，对方直视着你，可能会出现错觉，认为“他一定了解我的意思，一定已经了解我的意思”。但实际上并非如此，对方直视着你只代表着他看起来好像了解你说话的意思，实际上必须在事后进行确认，才会知道对方到底是不是真的了解。我想说的就是，必须亲自做出明确的解释，让对方了解你想表达的意见、事实。

“う”指的是不要囫囵吞枣（日文为“鹈呑み”，发音为“うのみ”［unomi］）。也就是不要随便接受“了解中国的第一线、当地的中国人这样讲，所以状况就是这样”的说法。或许第一线的状况确实真的存在这样的状况，但我想说的是，必须亲自去确认当地的状况到底如何。

接着的这点真的非常重要，也就是“え”，指的是必须珍惜缘分（日文为“縁”，发音为“えん”［en］）。和中国人谈这个话题其实不太容易，这不是指日元（日元的单位円的发音也是 en），而是指因为有各种各样的缘分，人与人才会相识、相会，这是一种命运。能够相识、相会的人都是人生的宝物。这个宝物可能在某个时候会成为你的助力，即使没有这种可能，我们在平常也必须珍惜这样的缘分。

最后的“お”指的是彼此彼此（日文为“お互いさま”，发音为“おたがいさま”［otagaisama］）。出身、成长的国家、环境都不同，因此理所当然会出现抱怨与批评，但这个时候千万不要觉得“这家伙完全不行”，对方可能也是这样看你，这就是彼此彼此。但并非不解决问题，而是必须抱着彼此彼此的心理，努力寻求解决的方法。

今天报告的内容并非只限定在中国的事业，全部的事业都存在一样的状况，但我一直想表达的就是中国与欧美国家在形态上有不同之处，应对上可以说是非常困难，或者说对日本人来说非常困难。

以上是我今天的报告，我不知道我的经验对各位在中国进行的日常活动能否有所参考，但如果各位能够经常想起丰田的加藤先生曾经提过这个状况，那我就非常高兴了。

专题讨论1：日中韩地区交流的可能性

——以九州—中国东北部环黄海为案例进行的观察

主持人： 堀井伸浩（九州大学副教授）

讨论人： 饭冢诚（亚洲低碳化中心技术转让经理人）

讨论人： 安田雅信（烟台龙荣食品有限公司副总经理）

讨论人： 沈海涛（吉林大学东北亚研究院教授）

朴明钦（釜山韩日文化交流协会会长）

堀井： 首先讨论环境保护合作，这个项目对北九州的地区合作来说是一个非常重要的支柱。关于这一点，我们将请饭冢诚老师报告，他目前担任亚洲低碳化中心的技术转让经理人。

饭冢： 我是饭冢，目前在北九州市的亚洲低碳化中心工作。在日本应该找不到第二个像北九州这样如此在国际积极推动日中韩等亚洲各国都市之间环境合作的地方自治体。去年北九州也获得了“国际战略综合特区”、“环境未来都市”两项来自日本政府的奖励。其中亚洲低碳化中心的活动是北九州市的政策核心事业。如果从城市外交的角度来看，目前已经进入了如何透过在“环境保护”方面的合作这个糖果，以取得商业上的实际利益的时代。中国与韩国对如何从中获得商机已经有相当的成果，我们北九州市反而有很多地方需要向他们学习。

如果从一些简单的数据来看，截至2012年4月，过去30年左右亚洲各国行政官僚的人才研修数字为140个国家6638人次。这个数字在日本的地方自治体有关环境保护领域之中，可能是最多的，这表示过去三四十年之间，在环境、能源领域所建构的网络已经成为构成商机的重要因素。

亚洲低碳化中心的组织与功能

这里先简单介绍一下亚洲低碳化中心。中心负责人是前东京大学的校长（第28届）小宫山宏教授，北九州市提供产业化的相关支援，公益财团法人北九州国际技术合作协会提供人才培育，环境省的智库公益财团法人地球环境战略研究机关负责田野调查与规划政策草案，亚洲低碳化中心则是为了战略性地推动三个组织所推动的工作而设置成立的非法人团体，今年已经迈入第三年了。

（1）亚洲低碳化中心的产业战略

北九州最具优势的地方就是克服公害的经验以及透过推动30多年来的国际都市网络所建立的人与人之间的信赖关系。这种眼睛看不到的资产就是北九州的力量，因此不仅是合作，应该也可以将其发挥在商业支援上。

可是亚洲低碳化中心成立以前的活动就仅限于合作而已，认为“这个项目就这样进行吧”，“这个项目这样做就可以了”。北九州本身已经对此抱着危机感，福冈市的人口虽然在逐渐增加，但北九州市的人口却已经少于100万，即使是属于北九州当地重要产业的材料工业，人员雇用也开始逐渐减少。在这样的状况下，大家非常强烈地感受到危机，“如果不透过环境保护与亚洲将地区经济活化，以后会没有饭吃”。

大家在此时也纷纷提出质疑，例如“地方自治体实务上如何将合作当作糖果以取得商业活化区域经济”或者是“地方自治体可以这样做吗”等问题。可能我现在的说明让各位感觉有点跳跃式，但当时认为，北九州市可以透过城市外交的方式扮演一个角色，也就是亚洲各地区地方政府之间的综合服务台；而合作这个糖果的内容，就是利用北九州市的经验，加上建立与地方企业的合作关系，一起创造商机，透过地方政府与企业的合作关系来凸显北九州的优势，这应该是一个好方法。

关于这点，其实我们向都市国家新加坡学习了很多。也就是新加坡有哪些做法是北九州可以学习的，在北九州会达到什么样的效果。具体来说，就是软硬件方面，运用北九州在整体都市基础建设的经验，配合民间资金与市场力量的模式。而这种透过地方政府层次进行试验，从失败中学习而进一步让整个模式更加完善的做法，对整个日本来说不是一件很重要的事情吗？而北九州不是可以成为先驱而对日本有所贡献吗？就是这样的思维。

亚洲低碳化中心拥有的技术领域有四个方面：第一是水资源，包括下水道、上水道；第二是废弃物、资源回收；第三是再生能源与节能；第四是克服公害污染的清洁生产技术。

北九州最具优势的地方就是从总体的规划到细部的基础建设可以同时因应这四种领域的需求。特别是低碳化的生态城市、可持续利用的循环型基础设施的经营管理、人才培养等方面，发展中国家的地方政府对此有很大兴趣，而北九州本身就是展示区，可以给他们提供参考。这是日本大企业无法拥有的经验，北九州是与企业分工合作，以团队的方式达成了这样的成就。这种方式在美国、欧美已经是很理所当然的战略，反观日本，虽然已经在成长战略中规划了在推动包裹式输出基础工程时提供可行性研究与资金方面的支援，但是在提供经验的效率上却远不如其他国家。在全球化时代的竞争下，对手是不会等你的。北九州就是在经验与人才提供方面扮演着领跑者的角色，主张在资金面支援的架构方面能够采取战略性的规划。其中一个成果就是刚刚提到的获得日本政府肯定的特区与环境未来都市的项目。

日本所拥有的最先进技术在任何地方都会获得肯定，以前也许这样就可以了，但是在价格方面缺乏竞争力，Galapagos 化①的商品是卖不出去的。

最近我因为有关智慧城市的市场开发而有机会经常前往印度尼西亚。不过向他们介绍某日本大企业产品的时候，当地政府部门只和我们见了两次面，原因是："我们非常清楚日本产品的品质很好，但是欧美企业会针对我们的需求进行提案"。对于发展中国家而言，推动智慧城市时的最重要需求就是相关的运作与人才养成等课题。他们说："即使引进了优良的产品与设备，我们也不知道应该如何组装与长期使用，因此我们也需要可以配合我们当地状况的当地化营运模式，而欧美的企业就是将设备与营运模式等以包裹的方式，提供给我们整体的服务"。我们参考了这些建议，开始尝试推动配合当地的销售方式，不仅价格降低约三成，而且因将经营与人才养成的服务以包裹出售的方式也开始普及而促成了一种革新。有一个词语叫作"反向创新"，最近也开始有书籍讨论这个问题。"反向创新"目前在我们这个领域非常普遍，我们就是在进行"反向创新"的课题。

当然因为我们是地方政府行政的一环，没有办法承担金融与法律问题的风险，但是在环境能源领域方面，只要当地政府有所管制，当中就有商机。如果我们日本团队能够配合当地的规范与政策，规划一个有利于当地的整体支援方针，就有很重要的意义。如果是在中国，企业几乎没有办法与中央政府的官僚直接见面，例如国家发展改革委员会主管节能、新能源等相关政策，但是纵使企业发了一百张名片到处请托，也很难与主管的官员直接会谈。不过如果各企业可以跟北九州市一起去访问，就会增加见到相关官员的机会。正是因为有这样的

① Galapagos 化是指在相对隔离的环境下进行了特殊进化，一旦与外界接触之后，其竞争力、生存力将大幅减弱的现象。

差异，目前已经促成了北九州市这个品牌的诞生与发展。

那么这代表我们愿意与所有的企业合作吗？并不是这样的。我们当然会优先与北九州市当地的企业合作，但主要还是和与我们有共同的愿景，愿意和我们组成一个共同分享利益团队的企业合作。

（2）亚洲低碳化中心的目标

北九州市所拥有的资产之中，特别重要的就是眼睛看不到的无形资产。正如同刚刚提到的关键，只卖产品是没有办法获得青睐的，也必须指导对方如何运用产品，同时将这些以包裹的方式出售，从都市的角度来看，这是非常重要的。

推动的各种专案

其实我们中心创立至今大约 3 年的时间已经进行了 20 项可行性调查，其中有 2～3 件获得了北九州市的补助款，其他则获得中央政府的补助。这也是我们中心划时代的特征，因为北九州市能提供的补助款有一定的限度，因此亚洲低碳化中心采取的战略，就是与企业、大学联盟，进行可以有效确认风险的可行性调查。

（1）在中国推动节能事业

这里想以一个案例来说明我们在中国推动的事业。这个案例是北九州市的安川电机的事业，地点是北京。由于日本将于 2013 年以后退出京都议定书，日中两国为了应对这个状况，建立了一个称为碳信用抵消机制的新制度，经济产业省与环境省也对此提供了支援。安川电机则获得了亚洲低碳化中心的协助，对如果中国各地的工厂引进高效率电动机与变频器可以节省多少能源与削减多少二氧化碳的问题进行检证。

整个关键在于依下列步骤推动计划的过程。民间企业与中心在①～③的部分必须进行紧密的合作。

①获得中央政府核准进行可行性调查⇒②透过官民合作推动专

案，完成模范案例⇒③建构中央与地方政府之间的合作架构⇒④透过政府管道获得商业案件的介绍⇒⑤完成对计划实施专案区域的评估⇒⑥扩展与中国企业的商业关系

（2）在大连市推动住宅节水型设备的普及

其次是北九州的企业 TOTO 的案例。这是一个很有趣的模范案例，就是透过节水型坐便器抑制温室效应气体。关键在于减少便器冲水用的水量，也就是便器冲水的水量减少的话，排到下水道的污水就会减少，如此一来净水设施与下水道处理设施就可以减少，而马达等设施的动力源所使用的能源就可以节约下来。我们在这里扮演的角色就是透过与中国地方政府（这个案例是指我们的姐妹市大连市）的合作关系，提供企业一些方便与研究调查的协助。基本上中国的净水处理厂与下水道处理厂等设施的资讯不对外公开，企业没有办法取得相关资讯，但像北九州市这类地方政府可以透过书面的方式请求对方协助，除了派遣市政府的职员陪同前往，还可以透过之前的信赖关系与对方进行合作而获得资讯。另外两个都市、两国之间的碳信用削减机制的新制度，也是由日本与中国的地方政府之间进行协商。在全球化时代的竞争之中，地方政府必须要能够采取这种快速又具有弹性的做法，以推动官民之间的合作。

（3）支援中国大连市建设生态城

与大连的另一个合作关系就是生态城的建设。我们之前已经跟天津、青岛分别进行过相关的合作。中国政府内部的相关部门甚至还有一个非常有名的说法，叫作“北九州的生态城”。最具代表性的莫过于当时的中国国家副主席习近平于 2009 年 12 月访问日本时参访了福冈县。福冈县也是当时习近平唯一参访的地方县市，而且习近平特别到北九州市参观生态城的相关建设，并给予我们高度的评价。此后，中国的中央政府与地方政府的高官来北九州参观的频率也增加了不少。我们过去与中国地方的城市进行建设生态城的合作经验，以大连为集大成，提出了下列三项政策提案进行合作：①制定“大连市循

环经济促进条例”以推动集约利用；②设置以副市长为组长的“大连生态工业示范园区”指导小组，以强化推动相关政策的体制；③为了建立整体的回收体系，规划设置再生资源回收体系（重新检讨规划大连市内的800个回收场）。

（4）建构城市间的伙伴关系

我们不仅进行前面提及的合作关系，而且推动了国际的伙伴关系，对象除了中国，还有印度尼西亚、印度、越南，目前也和巴西、非洲的国家进行合作。我们在2008年和天津市签署了开展中日循环型城市合作备忘录；2011年8月签署了建设低碳社会合作备忘录；与北京环境交易所签订交流协议，双方将建立平台协助中国企业的技术需求与日本企业的技术转移进行交流，活用2015年将开始运作的全国统一碳交易平台，签订促进日中企业之间的环境保护商务的备忘录。

（5）进入中国的战略

以上是北九州市以亚洲低碳化中心为主轴，进行了可以称为是“城市外交”的战略性合作的一种尝试。那我们可以为日本的国家利益做出什么样的贡献？具体来说，我们就是以地方自治体的身份提供相关经验与合作，协助中国、韩国、东南亚各国建立不发生公害污染却仍可以持续发展的地区经济社会，而有所贡献的日本企业也可以因此获利。

这应该可以成为化解日中之间因为领土等问题发生对立的关键，我们为了了解彼此的需求，双方坦诚地对话，努力维持、建立了良好的关系，特别是环境与能源是一个双方一定可以好好合作的领域，今后我们也希望能够继续在这方面努力。

堀井：以地方自治体之间的友好合作关系为基础，推动环境保护合作关系或是与此相关的商业关系所形成的发展蓝图，看起来已经有一个非常完整的态势。让我印象深刻的地方就是最后的结论，换个角度来思考，当国与国之间的关系出现问题时，这类地方自治体针对实际问题所推动的合作关系如果可以持续，将可以将影响力扩大到国家层次，这点我非常同意。

接着要讨论的主题是“农业合作”。我们请烟台龙荣食品有限公司的副总经理安田雅信先生为我们说明日中之间在食品方面的商务如何进行合作。

安田：我是安田信雅，目前派驻在中国山东省莱阳市的烟台龙荣食品有限公司。我在该公司工作已经超过5年，这里想介绍一下我个人的观察，希望能给正在考虑进军中国市场的各位一些参考。

首先简单介绍一下我目前服务的龙荣食品。龙荣食品由山东省重要的食品制造商“龙大食品”与“伊藤忠商事”共同出资，出资比例为65:35，工厂的面积为3万平方米，厂房面积为1.7万平方米，拥有1100名作业员，在中国也属于规模较大的食品制造商，主要的产品包括香肠、肉包类、肉类的冷冻调理食品、真空调理食品。去年的输出实绩为7200吨，每个月约600吨，大家所熟知的许多产品也都是由龙荣食品所生产的。

这里想以回避产品名称的方式介绍一下我们的产品。首先是杯面里的四角形与整片的真空烹制叉烧肉。接着是大型便利店贩卖的手工肉包，光是去年就制作了1500万个，而且真的是手工制作。可能很多人不是很清楚，日本的便利店贩售的手工肉包几乎都是中国生产的，日本生产的绝大多数是机器制造的，因为从成本来看，日本生产手工制肉包有一定的困难，而且售价可能要比现在贵一倍。去年日本经济新闻曾经报道，且在互联网上造成话题的史莱姆肉包以及今年的初音未来肉包，都是敝公司的产品。我们也生产关东煮用的香肠、串烧、热狗用的香肠，针对居酒屋、外食、速食业的制品等。我们也生产超级市场贩售的白菜卷、猪肉蔬菜卷等。而且不仅是成品，我们也生产牛肉盖饭店使用的半成品。店家稍后将这些半成品重新烹制后卖给各位食用。中国的龙荣食品也输出章鱼烧与冷冻食品、粉条，特别是粉条，我们一年的输出量约有3000吨，市场占有率达20%。

今天想跟各位谈的第一点，就是日本人的饮食完全依赖海外的状况。这些进口食品已经大量出现在我们日本家庭的餐桌上。周刊杂志也曾经报道，如果没有这些进口食品，日本的外食业的菜单大约会有70%的选项消失，而与中国进出口贸易之中，食品类约占5%，当中龙荣所供应的肉制品约有27.5万吨。大量的进口食品已经对日本的饮食产生很大的影响，中国在当中扮演的角色又非常重要，这个状况我想大家应该已经可以了解。根据农林水产省的资料，2011年日本人平均每人一天所消耗的热量之中，来自日本生产的食品的热量只有38.62%，大家应该可以从这个数字意识到问题。

这里暂时换一个别的话题。我想世界上应该没有比日本的国民更信赖“国产品”，本来是因为考虑到品质与价格的问题才会使用进口产品，但是还是有许多人说讨厌、不喜欢“中国制产品”。对于在中国工作的我来说，完全无法理解为什么不要、不想使用中国生产的产品。龙荣不仅取得了日本农林水产省的进口认证，我们也非常有信心比日本的工厂更重视，也更努力提供消费者安心、安全食用的食品。有时候甚至会有客户在检查等方面提出严格的要求，让我们会有“连这个部分都要做到这个程度吗”的感觉。有时候忍不住问他们“贵公司在日本的工厂也做到这么严格的检查吗”，但对方的反应却是“这样会提高生产成本，我们不会这样做，但‘因为是中国’”。我已经不是一次两次听到这种让人笑不出来的笑话了。我们的产品在日本入关的时候也接受检查。请安心食用中国生产的食品，我自己已经吃中国生产的食品五年以上，身体现在还是很健康。

第二点是想提供给有意在中国进行商业活动的各位的参考，包括会遭遇到的困难、必须考量到的各种层面、结果等情况。有两项重点是前往中国进行商业活动时必须要列入考虑的，一点是在中国活动时应该采取的组织形态，另外一点是牵涉人际的部分。首先谈组织，各位必须要了解一点，就是单独出资的话，会在经营方面遭遇困难。单独出资但最后撤资的公司为数不少，想要在中国成功的话，不管你觉得是好还是坏，与在政治上有影响力的公司共同出资是通往成功的近路。比较小人的说法就是独立经营而被找麻烦的案例非常多，例如说制度突然更改，而且是下个月就改。另外如果没有办法事先获得相关资讯的话，会因没有办法及时应对而慢半拍，这样可能会造成更大的损失。所以不管你觉得是好还是坏，现代中国的实际情况就是与拥有足够实力的中国公司共同出资，经营方面会比较有利。

第二点是牵涉人际的部分，当中包括语言的壁垒与常识的不同两个部分。和很多中国人一起工作时，首先就会面对语言的壁垒。纵使是中文讲得很好的日本人，和中国人相比还是会有所差异，常有因此出现不必要的误解，或者因为理解不足而导致业务出现问题等类似案例。最好的办法就是聘用曾经在日本生活过，对于日本与日本人心理有一定程度了解的口译人员。其次是常识的不同。日本人的常识与中国人的常识完全不同，接受的教育也不同，成长的环境也不同，这没有什么好或不好的问题，因此必须先建构人际关系，比方说一起吃饭、喝酒以增进彼此的认识与理解。在任何地方，没有人会因为被请客而不高兴，我也是这样。没有好与坏，或者正确与不正确的问题，因为双方对常识的认知不同，所以思考与行动也会有所不同。在抱怨之前必须要有一个思维，就是将双方所认知的常识有所不同这点作为大前提来思考、处理、应对。

如果要身为日本人的我，用简单的词语来形容对中国人的印象的话，可能用到的都是比较负面的，或许坐在旁边的沈教授听到了会不高兴，但这里还是要提一下，那就是爱国至上主义；自我中心；重视阶级制度，但媚上欺下；重权利轻义务，就是会强烈主张自己所应有的权利，但忽略自己应负的义务；不轻易道歉；重视家庭；非常重视面子。当然也有很多中国人不会这样，而有些日本人会有这样的态度。可能换个说法比较好，就是中国人容易有这样的倾向。

那么我们龙荣是怎样应对、处理这样的状况呢？一种方法就是采取比例分配的薪资制度。如果努力工作的人与没有那样做的人都是领同样金额的薪水，那么业绩会越来越差。有些人的态度则是不多做没被要求的事，没办法期待他们像日本人一样，即使没有要求也会多做。他们即使有好的想法也不会主动提议，因为如果提案被接受，可能会使自己的工作量增加而造成自己的麻烦。有时提案反而会被骂“我知道，不需要你多说”，这种态度其实在中国人的常识来说，是一种本能反应、自我防卫，对我们来说是非常不像话的，但在现代的中国却是正常的想法。

中国也没有实施过像日本曾经盛行过一段时间的全面质量管理（TQC），那么该怎么做才能够让他们正确理解作业的目的、你的工作范围到哪里、指示要指示到多细节的程度等呢？我经常告诉他们，“把担任下一个步骤的同仁当作顾客看待”，也就是说整个分工作业时，为了让负责下一个步骤的同仁可以顺利接着作业，首先就是要把自己负责的工作做好。为了要让他们知道这点的重要性，我不厌其烦地对他们重复这句话。看到不好的地方骂他们也不对他们道歉，否则反过来就会被他们回嘴，因为如果道歉的话就是认输（日本应该也是一样，特别是老婆婆一定不会开口道歉）。如果对方回嘴的话，就得比他们更大声、以更凶悍几倍的态度骂他们。这样一定会被他们认为很啰唆而被讨厌，但是如果骂他们可以生产出好的商品、达到一定的成效，从结果论来看，也是为了员工们好而扮演被讨厌的角色。

另外一点必须要留意的就是培养中层管理人员。我认为一家公司如果拥有优秀的中层管理人员，一定会有所发展。我们不需要只会对上层谄媚的中层管理人员，如果一家公司的中层管理人员会为公司整体的营运着想，那么这家公司一定会有所发展。看起来似乎多数的中国人都认为，其实还在工作的过程之中，只要最后的结果是好的就可以了。而日本人则认为重要的地方在于，如果在工作完成之前发现到任何会影响结果的因素，都要把它除去，避免影响到工作的结果。这一点也是中国人与日本人的常识有所不同之处。

我想再说一些在中国的工厂的实际情况。其中有一点是员工的留职比例很差。敝公司的工作性质属于被称为3K的业种，也就是辛苦（きつい，发音：kitsui）、肮脏（汚い，发音：kitanai）、危险（危険，发音：kiken）。大概农历春节过后，会有1/3左右的员工不会回到岗位。导致这个状况的原因有很多，但这并非只有敝公司，目前整个中国的雇用状况都是这个情形，这也可能会造成部分经验或资讯外流。其实包括我在内，每个人都希望可以做勤务内容少又可以轻松赚到高薪的工作。不过中国人对于公司的忠诚度很低，员工们常常透过手机交换有关找工作的资讯。所以我认为不仅是薪资方面的工作条件，如何让员工觉得这家公司值得他们尽心尽力，也是我们必须要努力的重要之处。当中也包含了人事费用的增长，中国政府目前正在推动所得倍增计划，计划在2015年为止的5年内将薪资提升到目前的两倍。也就是复利计算的话，每年要提高员工15%的薪资。敝公司在我上任之前的月薪是800元人民币，现在已经是2500元，是当时的3倍多。目前中国的工会组织还不多，但是未来应该会陆续成立。我还是要在此重复，我并不是在说中国与中国人的坏话，我说的许多事情在中国被认为是常识。中国人会有这些动作，是因为他们认为他们遭遇的事情与他们的常识有所不同。我如果是在中国出生、成长，我可能也会与他们有同样的做法。我认为重要的地方就是希望大家能够先理解这样的前提，再决定如何应对、处理，这是我想要说的重点，希望大家不要误解。

今天的主题是“农业合作”，接下来的内容与主题比较契合。ITC集团为了促进中国养猪业的现代化，正推动引进日本的技术。我上任之初，中国的养猪户大约有2/3是属于将养猪作为副业的养猪农民，也就是农家在耕种的闲暇时间利用剩饭等养猪，然后将长大的猪销往市场，这种养猪方式与昭和30年代（20世纪50年代）左右的日本类似。如果这些猪生病的话，就给他们吃药或打针，因为猪死掉的话就没办法卖钱了，所以他们不关心药物会不会残留。从食品安全的角度来看，这样是完全无法保证安全的肉的。大约到5年前为止，中国国内的市场取向是肉品价格重于安心食用，只要看起来是猪肉的肉品就可以拿出来贩卖。但最近这5年，养猪农民的比例在减少，而企业化的大型养猪户开始增加。目前的比例已经逆转为约是6∶4，但看起来，多数的养猪户所谓的企业化只是增加饲养的头数而已，这反而可能会提高食用肉品安全的风险。ITC集团目前正尽力推广日本在昭和30年代以后的经验与技术，促进中国的养猪户往大型现代化企业的方向发展，以生产安心食用的猪肉。今年春天为止约一年半的时间，我们派了来自日本的技术人员长驻在当地。目前更扮演媒人的角色，持续协助中国从养猪技术属于先进国家的北美引进新的技术。

其次想跟各位谈的是进军中国国内市场、中国国内食品市场成长的可能性以及日本在此的商机。中国在开放市场后经济急速发展，而且速度至今仍然持续增长。中国拥有13.5亿的消费人口。请各位想一下，这个人口数量是日本的10倍以上，也就是说只要哪家公司能够掌握其中1/10的需求，就等于是席卷了相当于全日本的市场人口。之前还有人在乡下维持自给自足的生活模式，但现在这种情形几乎已经消失了，等于是中国有13.5亿的消费者。虽然中国每天不断发生变化，物价也持续上升，但国民的所得也年年增加。当中的一般民众多属于中产阶级，这些中产阶级就是消费的主力，他们的消费能力与消费人口随着中国的经济成长而持续增加。反观日本的市场因为人口减少而萎缩，我们应该可以很容易想象到，争夺逐渐萎缩的市场的结果，就是只有少数人会成功，多数企业则会经营恶化。拥有高消费潜力的中国市场已经逐渐转型，迈向以安心、安全为前提的高品质产品也有机会畅销的世界。

我们与同样位于亚洲的中国人一起工作、共同作业是非常有可能出现的事情。我因为在食品业界工作，只知道自己业界的状况，与其他业界相比可能也会有一些出入，但是我认为，如果想要进军中国的消费市场，就必须考量我今天所提到的几个关键，包括中国内部的实际状况、管理时必须考量中国人的性格与品格、必须把中国国内的消费市场也纳入规划等。而我认为：①人事费用虽然不断高涨，但与日本相比还是属于低水准；②虽然出现了中国的经济成长停滞的说法，但今年第三季的GDP仍然增长了7.4%，日本经济的增长则完全无法与这个数字相比；③随着生活形态的改变，许多市场领域仍有可能持续扩大，至少目前仍然可能持续成长。

最后我想谈谈关于这次反日暴动反映出的所谓的中国风险问题。我不是相关问题的专家，只是谈下简单的个人看法。我认为：①无论从哪个方面来看，这个时间点都非常糟糕；②我重新认识到中国人在“爱国精神”、“反日”方面的团结程度是日本人所无法想象的。我也了解，在这个10年一次的最高领导换届的时间点，在钓鱼岛问题上的外交态度会成为一个敏感问题。现实也出现了传言，据说很多业界正在检讨“是否应该将事业过度集中于中国，可以考虑转移至东南亚”。

状况如果持续下去的话，真的会越来越糟糕。9月份我国对中国的出口已经减少了14.1%，10月份的数字应该会更糟糕。日中的贸易额如果减少了30%，日本的GDP会减少0.6个百分点，敝公司目前虽然没有受到太大的影响（受比较大影响的反而是日本的低消费部分），但是也感觉到过去所没有的恶劣气氛。大家甚至有一个孤寂的感受，就是过去所建立的双赢的基础面临可能崩溃的危机。我只是一个门外汉，没有办法提出如何解决这个状况的办法，但我祈祷日中能够尽快摆脱这样的局面，越快越好。

堀井：日本的进口烹制食品有57.5%来自中国，也就是说，这是许多像安田先生一样，为了追求低成本而前往中国，但也遭遇了文化上的摩擦的人所努力的成果，今天的发言让我有了新的认识。我们是托了他们的福，才可以享受到目前如此丰富的饮食。

接下来的主题是日中韩合作，首先请来自中国吉林大学东北亚研究院的沈海涛教授发言。

推动日中韩地区交流的可能性——从中国的角度所看到的问题点与可能性

沈：我想要站在中国的立场，还有我个人的立场，针对这个问题提出自己的看法。我个人感觉，东北亚地区，特别是日中韩三国之间，在这个地区所推动的地区交流与地区合作其实是有相当的进展，取得了相当多的具体成果。所以今天我想从截至目前的发展历程与现状进行分析，然后针对今后可能的发展，提出自己的看法。

另外也想简单介绍一下我目前所属的中国吉林大学东北亚研究院。这个单位设立于大约 20 年前，是一个以推动国际性的区域合作为目的的国家级智库，但之后逐渐发展成为大学的附属研究机关。研究领域是以经济为主，但也包括政治、历史、文化等领域。我在研究院负责国际政治领域部分，10 年前也曾来日本留学，也曾经在日本的公司工作过，长期以来一直接触、处理地区性交流与地区合作的事务。

我在分析当前这个区域时经常告诉自己，不只是从当前所发生的事情，而必须从更长远的历史、区域整体的角度进行观察。

重新认识作为出发点的区域合作

这里先提及今天报告的结论，就是应该如何理解当前地区合作的现状，而这又会对未来扩大的地区合作有很大的影响。

首先讨论日中韩三国的地区合作现状。在场的各位都是相关领域的专家，或者是在第一线活跃而拥有丰富经验的人士，因此今天不说明细节的资料。整体而言，整个地区合作是从 20 世纪 90 年代开始的，两国间的经济交流与经济合作开始扩大到目前的程度，今后应该也会逐渐涵盖整个区域内的相关国家，这种方式可以说是一种历史的潮流。特别是进入21世纪以来，日中韩三国之间开始推动多方面、复合式的国与国之间的地区合作。这样的发展过程发生了许多相关的事件，也让人看到了许多可能的发展方向。

我自己最近观察的就是中国的图们江地区国际开发这个大型计划。这个计划由联合国开发计划署（UNDP）所推动，参与的国家包括中国、朝鲜、俄罗斯、韩国、日本等东北亚的各国，可以说是一个非常具有前景的大型计划，可是现状却是这个计划最近10年左右几乎没有太大的进展，这也可以说是这个区域的经济合作关系的一个现实。

基于这个角度，从实际的统计数字来看目前这个区域的经济交流与经济合作的现状，可以发现日中韩三国之间确实在区域开发方面达成了国际贸易的进展、工商投资计划等实绩，但这个区域的经济合作却几乎没有太大的进展。当然只看东北亚地区的话，部分领域的区域合作确实有所进展，但是整体来说，仍然面对相当多的困难。

那么我们要如何来分析这个现状？主要的问题应该有三点：一个是政治要因，其次是经济风险，最后是社会文化的差异。从这三个要因来进行整理的话，应该可以很容易了解。

（1）政治要因

在这个区域，如果国际关系出现重大的变化，经济合作就会受到相当大的影响。以刚刚提到的图们江国际开发的新进展来说，因为参与这个计划的国家之间关系不佳，导致当地的经济合作也没有办法顺利推动。特别是今年以来，日中韩关系因为领土问题而陷入紧张，大家也很积极地讨论，要怎样在这种状况下推动地区交流。而一个重要的关键就是政治与经济之间的关联性能够切割到什么程度。

（2）经济风险

其次是有关经济的部分，最近常常听到所谓“中国风险”的说法，我认为这代表着随着地区经济合作或经济交流的发展状况的变化，地区的经济合作也必须要有新的调整或新的思维。

(3) 社会文化的差异

另外一点是从这个地区的社会文化的差异来观察。正如刚才安田先生的报告所提到的，双方推动相互间的经济交流时，越有进展就会越容易看到对方的好与坏，而双方的差异将会对彼此的经济交流造成很大的困扰。那么应该如何解决这个问题？这原本就牵涉各国的民族性等问题，如果能顺利解决当然很好，但大家各有各的想法，从现状来看似乎不容易解决，我认为从实务的问题来处理会比较好。

新的地区交流的可能性——接受地区共生意识

光是提出问题是没有任何建设性作用的，为了推动这个地区的经济合作或经济交流，还是要透过人与人之间的朋友关系，建立这个地区的共同利益，让大家一起去追求、一起努力进行这样的合作。而各国政府之间在这个地区的国与国的经济交流与经济合作关系中已经有了一定的交流实绩，可以作为一个强有力的基础。

推动这个地区的经济交流或经济合作时，相较于局部的经济合作，我认为三国之间应该以各种可以合作的领域进行广泛的共同作业为出发点，以推动“地区圈”的形成为目标。

人与人的交流也是重点，目前日中韩因为政治的变化，使得人与人的交流受到很大的影响，但我个人并不为此感到悲观。民间交流是可以与政治问题相切割的，从截至目前的发展来看，政治、外交关系虽然陷入紧张，但事实上，民间层次的交流仍然持续进行。同时彼此也强烈希望持续推动交流，因此纵使国与国之间一时间陷入对立，只要大家有意愿，今后民间层级的交流应该可以顺利发展。

堀井：真的非常感谢沈老师在目前这么严峻的状况下，能够直率地发表自己的观点，特别是等一下我们也会讨论到的，就是持续推动民间层次的交流是改善国与国之间关系恶化的一个方法。这也符合我们这个场次的主题，有必要在接下来的时间更加深入讨论。我们接着请朴明钦（釜山韩日文化交流协会会长、釜山广域市议会政策室室长）先生报告。

朴：首先我想从探讨韩日中地区间交流的可能性这个主题开始我的报告。今天这场会议的名称是纪念日中关系正常化40周年的国际研讨会，所以我想大家可能会觉得很不可思议，为什么会有韩国人在这里做报告。

其实我是受了今天这场研讨会的执行委员长小川老师的邀请。因为他觉得如果能够从日中韩三国之间的地区交流来进行讨论的话，内容会更加丰富。釜山市与福冈市是姐妹市，不过因为来自主办单位的希望，所以我首先想从釜山与福冈有没有可能一起在中国东北推动经济交流这个主题谈起。

我的专长并不是经济，长期以来一直从事推动地方自治体与各地区在各种领域的交流活动。谈到自治体交流，日本应该是在20世纪70年代后半期到20世纪80年代左右对于所谓“地方的时代”有很多探讨。韩国到20世纪80年代为止还完全没有类似的讨论，直到进入20世纪90年代，才开始讨论有关地方自治体的议题。目前日本也还在讨论地方分权的议题，但纵使实施地方自治，日本与韩国实质上也还是由中央政府掌握全部的权限与裁量权，这种状况很难称为是地方自治体的时代。也就是对于这种现实有所反弹，才会推动某种程度的地方分权而出现了所谓“地方的时代”的话题，但韩国在地方分权的发展跟日本比起来，算是晚了一点。

为什么会是釜山跟福冈？因为这两个城市在历史上有很深厚的关系，距离也非常近，仅仅隔着海峡。目前两个城市的交流，是过去完全无法预测到的大盛况，这点是无法否定的。另外一个疑问，是为什么有必要推动地方自治体之间的交流？刚刚有提到民间层次的交流与企业之间的交流，其实一开始推动时并不是非常顺利，因为韩国在1990年以前，规定地方自治体必须要得到中央政府的许可，才能与外国进行交流。日本也有一段时期是跟韩国一样的状况，但是比韩国要更早迈向“地方的时代”。

前面的报告也有提到外交权限的部分，其实地方与地方的关系与其说是外交权限，不如说是交流权限，然后整个潮流的方向应该是所谓的“从交流迈向外交”，更适合的说法应该是“从交流迈向合作”。韩国从20世纪90年代起就在朝着这样的方向发展，与许多地方自治体缔结姐妹市，相当努力地推动地区间的交流。

（1）釜山与福冈的交流

虽然日韩在1965年关系正常化，但就像刚刚报告的，釜山与福冈从古代开始就拥有很深厚的关系，交流相当频繁；日本殖民时代虽然还是有交流，但似乎没有过去那么深厚。但由于过去双方在许多领域都有所交流，因此两国关系正常化后，许多领域的团体与机构开始缔结姐妹关系。

行政交流都市关系建立后，1989年起双方缔结了行政交流都市关系，交流也越来越频繁。2007年2月，双方缔结了姐妹市关系，更进一步推动交流。日本与韩国都曾经规定只有一个城市可以跟某国的一个城市缔结姐妹市关系，但是在2000年以后韩国解除了这个规定，韩国原本是釜山和日本的下关市缔结姐妹市关系，2007年和原本属于行政交流都市关系的福冈市提升至姐妹市关系，之后不断推动交流。

（2）建构跨越国界的广域经济圈

刚才沈老师也提到我今天要谈到的广域经济圈。东北亚地区分别有以东京、北京、首尔为中心的经济圈，中国还有以广州、上海为中心的经济圈。相较于这些个别的经济圈，我们可以将跨越海峡、超越国界的经济圈称为超广域经济圈。

特别是目前（2012）韩国的李明博政权将广域经济圈的建构作为国家政策，将在全国建构5+1个广域经济圈。其中的延长线就是釜山与福冈。因为釜山与九州特别近，所以才会出现与福冈建立广域经济圈的提案，这就是超越国界的广域经济圈。

那么我们要如何想象釜山市与福冈市形成的超广域经济圈？釜山进行了研究并提出方案。稍微把釜山市与福冈市的范围向外扩大的话，分别是韩国的东南圈与日本的福冈县，而北九州市也包含在内，九州整体非常广泛，不过目前已经开始实施并持续进行相关政策的推动。

韩国东南圈与日本九州圈的经济交流

九州圈是指以福冈县为中心的九州北部。那么釜山与福冈的超广域经济圈能够顺利形成吗？釜山的产业结构是农林渔业1.1%，矿业、制造业18.6%，服务业78.3%。根据2007年的资料，九州地区的产业结构与福冈县非常类似，福冈县为农林渔业0.8%，矿业、制造业20.2%，服务业79.0%。也就是以服务业为中心，没有可以互补的地方。如果根据小川老师的理论来看，这完全属于竞争关系的结构，无法融合成一个经济圈。那么实际情况如何呢？

相同的产业之中，比较细小的领域应该可以进行国际性的分工，但这样的想法实际上不太容易实现。根据小川老师的理论，首先是经济属于互补关系，其次是距离接近。当然纵使距离近，但经济上没有互补关系的话，就很难推动成为经济圈，所以目前福冈与釜山虽然以姐妹市的关系一起推动，如果两个地区能够共同合作把整个范围扩大，例如一起在中国东北部推动国际交流与经济合作，应该是一个好的方向。

韩国东南圈与日本九州圈企业共同进军中国东北部

（1）东北亚经济秩序的重组

长吉图发展计划是以东北三省为中心，在全中国排名第四的大型开发计划。目前韩国，特别是釜山市对此非常有兴趣。而吉林省的部分项目目前已经获得中国中央政府的承认，开始推动。

日本与韩国之间拥有可以说不合作就无法推动的互补关系，特别是如果日本与韩国进入当地后在资本与人才等领域出现竞争的话，绝不是一件好事，如果能先组成团队一起进军的话，会是一个好的方向。

根据韩国金学昭的论文，以物流关系为例，如果可以利用东海，以前从东北地区到这个区域所花费的时间是 13 天，但长吉图计划完成的话，可以使用朝鲜的罗津港，而使时间可以缩短到一天。结果是未来将会成为东海的时代。不过并不是忽视黄海圈，如果货物可以从俄罗斯经由东北三省、朝鲜，然后透过东海对外运输，就必须规划、建设可以对应这个计划的基础设施。

（2）日韩共同参画长吉图开发开放先导区

让大家一起为了建立巨大物流市场而进行相关准备吧。2011 年 11 月 11 日，日本在全国指定了五个港口作为日本海一侧的综合枢纽港口，其中的博多港、北九州港、下关港，再加上韩日海峡圈的釜山港与蔚山港，如果日韩这五个港可以导入小川雄平老师所提出的“特惠港待遇”制度，将可以将日韩在东海的物流关系活化，对两个地区都会有正面的影响。这是我个人想提出的一个建议。

堀井：如果要我选一个令我印象最深刻的部分，应该就是最后有关形成巨大物流市场的话题。从结果论来说，虽然与朝鲜今后的动向有很大的关系，但是相较于日本，韩国反而在这方面采取更为积极的政策。如果形成这样的巨大市场，韩国为了降低成本而以制造业为中心进军中国的话，中国的基础设施又为此整备完毕，那么拥有同样产业结构的日本应该会感到非常焦虑吧。

今天第一位发表的是饭冢先生，他的报告之中让我印象最深刻的就是与商业结合的部分。从事环境保护的合作时，虽然出发点很单纯，或者说原本只是为了加强双方的友好关系，但已经能够与商业结合，可以说日本与中国的环境保护合作关系已经发展到一定的程度。

但是当中也存在着必须配合当地需求进行相关的技术调整的问题。换言之，在巨大的中国市场从事商业活动时，必须与中国企业之间进行非常激烈的竞争。中国企业所拥有的技术无论是改善环境方面的功能还是效果可能确实没有日本企业的技术来得好，可是他们拥有压倒性的低成本与普及力，而且这不限于环境保护产业，从结构上来看，日本企业必须负担非常高的成本，必须花费相当多的精神面对预算与采购方面的问题，这个该如何解决，我想请教一下饭冢先生。

饭冢：我使用“技术调整”这样的说法。不过在中国，正如堀井老师所言，因为成本的问题，日本的产品很难销售出去。另外就是大家常常提到的知识产权问题，基本上是在当地寻找合作伙伴，日本生产拥有技术核心的关键的零件后送往中国组装。环境产业领域的话，虽然日本在脱硫装置等方面拥有高度的技术能力，但是合作伙伴对市场变化的反应、策略决定的缓慢等，可能会导致市场遭到吞食。这类与反应、经营模式相关问题的解决之道很简单，就是必须要把经营模式等提升至欧美企业的水平。

我们亚洲低碳化中心这样的组织如果不是在国与国之间的层次，而是在地方与地方之间的层面进行合作的话，一定会被质疑我们能够做什么。我们一开始是进行低碳化与资源循环等领域的总体规划，当然随着计划的进展，也一定会出现能否协助我们防治公害、造林等规划整体层面的要求，如此一来成本就会提高约15%。但纵使如此，与北九州合作的优势，就是人才培养与政策支援，将这些以包裹的方式做成提案，可能可以建立参与的优势。纵使事业规模不大，但首先要有成果，之后再向中国政府提案建议，然后慢慢降低成本。虽然很复杂，不过就是要采取这样官民一体的小规模方式，个别申请专案进行作业，而采取这种方式的话，就需要先设定战略、整体的规划。

反过来看，中国的污水处理厂等方面的技术调整等属于必须尽快进行的部分，也就是包括彻底的当地化、营运面方面的技术调整、人才政策等必须一体化，这样的一体化使得日本有形无形中在这个领域的战略能够有效发挥。例如与新加坡政府讨论时，对方告知："北九州拥有相关的技术，如果资金不足的话，我们可以提供，并提供相关的网络协助。"我认为重要的就是彼此将优势与劣势提出来坦诚讨论，才能够长期推动计划的进行。

堀井：接着想要请教安田先生有关中国猪肉供应链变化的问题。5 年前有 2/3 的猪肉是由养猪农民提供，也就是各个小型农家各自养猪贩卖，而目前已经渐渐转型成企业。听了这段话以后，让我想到我们九州，特别是南九州，过去是畜产的一大生产据点，日本的畜产业在中国本身的巨大变化之中，有什么商机与风险？

安田：中国的人口目前是 13.5 亿人，大约占全世界人口的 20%，而中国饲养了全世界 50% 左右的猪，所消费的猪肉量也达到全世界的 50%，平均每一个中国人一年所消费的猪肉约 38 ~ 39 公斤。而日本人只有 18 公斤，中国人均一年所消费的猪肉是日本人的 1 倍以上。

不过说真的，中国目前的养猪业是属于所谓的自我完结型，也就是自己吃自己养的猪。刚刚的报告之中有许多说明不足的地方，例如养猪农民，其实是农家利用闲暇之余养猪，如果猪生病的话，就自己给猪喂食药品或打针，而这样的话，就很难确保最后生产出来的肉是安全的。

到5年前为止，相较于品质，一般在中国普遍是先重视价格，这导致了许多问题的发生，例如大家所知道的毒水饺问题、奶粉遭到三聚氰胺污染的中国奶制品污染事件、瘦肉精导致中毒的事件等，还有报道说有三个人吃了有问题的猪肉而死亡，但现在中国方面对食品的安心、安全问题非常重视。

如果沈老师听到我接下来的发言，可能会不高兴，那就是中国非常擅长表面的模仿，例如从海外引进技术时，总是会想办法将其转换成自己的方式。换句话说，以养猪业来看，我觉得其实中国方面的从业者并没有学习到真正的技术，当然这会根据业界的情况而有所不同。

养猪不仅需要花钱，而且最少要等待两年左右才能看到成果，对个体户来说会比较困难。但如果九州的养猪农家拥有高度的技术，而中国又需要稳定的猪肉供应，则九州的农家可以和中国进行合作，一起建立健全的养猪业在中国贩卖，或者也可以将其加工销往日本。我想不久的将来应该会朝这个方向发展。

堀井：谢谢安田先生的回应。那么接着想要请教沈老师与朴老师，目前日中、日韩关系被认为是处于最恶劣的状态，我的问题就与此相关，相信大家也都很关心这方面的发展。虽然整个关系遭遇到很多状况，但我在思考这个研讨会的主题时，决定以地方自治体交流、民间交流为主题，来思考今后的方向。我不得不坦白地讲，从现状来看，目前是中国方面完全中止了有关日中关系的交流与发展等活动，这样的状况让人感到非常的遗憾，结果就是日本方面也必须中止为数不少的活动与交流事业。

但反过来看到日韩关系，又有许多可以让我们深思的部分。日韩的问题方面，因为日本国民也对部分问题非常愤怒，所以从国与国之间的外交关系来看，其实日韩关系的恶劣状况可以说与日中关系是不分上下的。但是民间交流、地方自治体之间的交流并没有受到任何影响，仍然在依照预定计划进行。

我个人认为，我们这个研讨会的主题，也就是地方自治体之间的交流或民间交流，反而可以阻止国家间外交关系的恶化，或是给予其好转的契机，更应该要想办法促使其永续发展。

因此首先想要请教沈老师，从目前的日中关系来看，沈老师能够出席这场会议可以说是一个例外，但国家间的关系恶化，常会导致地方自治体之间的交流、民间交流中止，就像沈老师所说的，第一个就是要掌握问题的核心。从中国的角度来看，地方自治体之间的交流、民间交流遭到中止的原因是什么？有什么可能的办法可以克服这样的问题？请沈老师在可能回答的范围内，告诉我们您对这个问题的看法。

沈：确实如各位所了解的，虽然能够参加这次大会，但中间也遭遇了相当的困难。刚刚主持人提到日中韩关系目前正处于相当恶劣的状态，确实从外部来看，不仅是政治、经济层面，甚至连文化与人际关系层面的许多交流也遭到中止，但是如果从内涵来看，其实让人感到悲观的部分并没有那么多。日中关系拥有很深的基础，也有很长的历史。同时刚刚老师们的发言也提到了很多的案例，这些案例代表日中在许多领域推动合作的事业，其实仍然持续顺畅地进行。

例如我来日本，在大学教授某门课程，或参加这类国际会议，都属于一种民间交流。但为什么我可以而其他人或团体却不行？就我个人的观察，是有些无法理解的部分。也就是说，我们看不到中国政府有意或有组织性地采取相关措施管制这些交流，反而很大部分是由于个人层级或地方政府层级负责人的个人判断。

关于这个部分，根据我个人的推测，可能是因为日中韩关系存在着很敏感的问题，而这些问题原本是源起于历史。领土问题其实应该当成是一个延伸，可以说是一种中国国民感情的表现。但是原本应该由政府处理的问题，现在却和民间层级推动的活动混同在一起，政府与民间合而为一，更何况现在是互联网已经很普遍的时代，一般民众可以获得许多信息，但其实无法确定这些信息的可信度，目前的状况就是这样。

媒体也该为这种状况负起部分的责任，例如中国国内的媒体很明显刻意在日本相关的报道中制造紧张与对立的气氛，反而日本的媒体比较平静。可是一般民众应该不需要对日中关系如此关心，如果媒体正确地传达相关的资讯，民众可以从媒体获得客观、公正的资讯的话，就不可能做出那些非理性的行为，或是减少他们做出非理性行为的可能性。

如果从发生在最近这10年的日中关系的大事来看，小泉政权期间也有反日游行，日中韩关系也因为历史认识问题而出现紧张，这样的状况已经不是第一次发生了，但为何这次会对许多领域造成如此深刻的影响？当中可以感受到时代的变化。我个人认为，日中关系可以说即将迈入构造转换的过渡时期。

也就是说，从政治领域来看，中国由于国力增长，已经与日本站在相同的立场，中国原本就对日本怀有身为大国的优越感。从经济结构来看，中国的GDP已经超越日本。从国民感情来看，中国已经拥有相当程度的实力。过去邓小平曾经提出“韬光养晦”的外交政策，但一部分国民已经开始反思需不需要继续忍耐下去。因此我认为目前最重要的，反而是应该引导一般民众正确理解问题与现实，特别是学者必须肩负起这样的责任。

堀井：日中关系显然已经迈入了过渡期，正如同这场国际会议的主题。如果两国之间的结构发生变动，我们就需要意识到这个问题，思考如何建立新的系统、体制来应对。例如显然有必要建立类似系统、体制，将国与国之间的外交关系与地方自治体、民间交流之间予以区隔。包括学者、实务界以及所有参与相关交流的各位，应该传达出正确的资讯，我个人认为这点非常重要，也非常赞同。

这里也想请教朴老师同样的问题。虽然以前与现在的状况有所不同，但相较之下，日韩之间就很明确在国家间的关系、地方自治体与民间交流之间有所区隔。从这样的观点来看日中关系，请问朴老师有什么看法、想法，如果有什么建言，也请和我们分享。

朴：目前韩国的中央政府因为考虑到国家的立场，在政治上可能会受到一些影响。地方政府与民间层次或许也会受到影响，但几乎感受不到，这点可以作为我的结论。我刚刚也提过，进入 21 世纪以后，可以说是迈向东北亚的时代。迈向全球化时代后，东北亚今后必须扮演着“推动世界经济成长的中心”的角色，除了日本、中国、韩国，其他如蒙古、朝鲜、俄罗斯也涵盖在内。从这点来看，特别是日本、中国、韩国必须和平相处，政治问题由政治人物负责处理，就算因政治问题而出现争执，也不要太去计较。地方政府与日本的自治体目前几乎都没有受到这方面的影响；韩国可能也受到这类政治问题的波及，但几乎没有受到太大的影响。

截至目前，日韩之间因为领土问题发生过不少次对立，但是福冈市与釜山市双方不可能发生“讨厌”、“切断姐妹市关系”之类的言行，因为地方、民间的力量已经逐渐强大。如果社会越来越成熟，地方与民间的力量就会越来越强大，交流被中断的状况应该会越来越少。日中之间的自治体、民间交流应该也会逐渐迈向这样的阶段，不需要太过急切。前面也有老师提到，像广州或延吉等地区已经出现了不可以用政治问题来干扰经济交流的声音。另一方面，我认为也可以强调经济交流与政治问题无关，慢慢将这样的想法传达出去。

结论就是必须将政治问题与经济、文化交流予以切割，所以可以采取比方说要求各国政府的高层必须遵守政经分离、政文分离的原则等。如果经济因此受到影响，那么各国截至目前所建立的成果可能会受到打击，而这样将会导致两国都会受创，也会对迟早会成为领导世界经济的东北亚造成损失。

我这里再次重申，政治交给政治人物去处理，经济发展与政治对立是完全没有关系的，文化交流、人与人的交流、民间交流也不应该受到政治对立的影响，而应该要持续推动。

堀井：非常感谢朴老师。朴老师虽然一开始表示不知道为什么会被邀请参加日中关系正常化的研讨会，但我觉得邀请朴老师来参加，果然是非常好的决定。从第三者的角度来看日中关系，可以说是一种解毒剂，也让我们听到了许多相关的逸事。

专题讨论2：日中民间交流的新尝试

主持人：益尾知佐子（九州大学比较社会文化研究院准教授）

讨论人：乌谷真由美（立命馆大学专案讲师）、唐寅（公益财团法人福冈亚洲都市研究所主任研究员）、刘明非（医疗旅游日本株式会社中国办事处负责人）

益尾：为了让有关日中韩民间交流的讨论能够更加热络，这个部会请到了三位活跃于第一线的发表人。目前日中关系因为领土问题而出现了很多非常棘手的状况，也让我们重新认识到，截至目前所累积的民间交流确实是有其存在意义的。中国虽然有100个左右的城市发生反日游行，但也有几乎没有发生游行的城市，其中最具代表性的案例就是与福冈有很深入交流的大连。

首先请乌谷真由美老师发言，她目前担任立命馆大学的特任讲师，曾经和大连的广播电台一起制播过现场联播的节目。

乌谷：我今天发言的题目是“透过电波进行国际交流的可能性：从广播节目‘大连新发现’、‘Global Partners’的实践所做的观察”。正如刚刚主持人所介绍的，我2008~2010年，在于2011年被天神广播吸收、合并的九州国际广播担任播音员。今天的报告就是以我这两年来的工作经验为基础，探讨我从民间这个角度所发现的想法以及透过广播进行国际交流的可能性。

当时我主持了两个节目，一个是“大连新发现”，同时向日本与中国进行现场播音，时间是一个小时。另外一个节目叫作“Global Partners”，这是福冈县留学生支援中心为了协助许多在福冈县的留学生所制播的有关生活与学业需求的节目。这个节目不是现场播音，而是录音播出，每年播出一季，每季播出三个月的节目，一星期一次，我连续两年都负责这个节目的主持工作。

(1) 关于大连人民广播电台

这些节目是由大连人民广播电台与九州国际广播共同制作的。正如大家所了解的，大连与北九州之间建立了友好城市关系，同时大连与福冈之间只需要搭乘一小时的飞机就可以抵达，地理位置非常接近。大连的人民广播电台与福冈民间的 LOVE FM（九州国际广播的外语放送部门的昵称）开始共同制作节目。

(2) 福冈县

另一方面，福冈是一个留学生人数非常多的城市，据说其中来自韩国与中国的留学生特别多。“Global Partners”这个节目不只是留学生的学生活动、念书、生活等方面，也介绍许多有关求职活动的相关资讯，但不仅是提供资讯，这个节目另外一个目的就是希望能够揭开留学生生活的实际情况这块面纱，因此我也亲自对此进行采访，比方说采访的过程也曾听到留学生对福冈的不满，或者是对福冈人、对九州人的不满等。

(3) 日中同时现场播出的“大连新发现”、“九州新发现”

接着想介绍“大连新发现”这个节目。大家或许会觉得很奇怪，为什么会选择大连？原因是既然要同步进行现场播音，大连方面也需要一个节目名称，而大连希望不仅在福冈，而且在九州、山口县地区等可以收听 LOVE FM 播出的地区有新的发现，所以定下了“九州新发现”这个名称。平成 19 年（2007）7 月，在北九州与福冈的经济界人士的多方协助下，大连人民广播电台与 LOVE FM 缔结了姐妹电台的协定，而同年10月“大连新发现”开始现场直播，大连方面则以“九州新发现”的名称播出。

(4) 位于大连经济技术开发区的日系企业

这里也想介绍大连方面的状况。大连目前设置了经济技术开发区，也有许多日系企业进驻，因此大连有许多企业派驻在当地的日本人员工与他们的家人。大连的听众除了大连与大连周边的中国人以外，也包括这些在大连的日本人。

另外大连也是学习日语非常热络的地区，有许多收听广播节目的听众正在学习日语，这也是大连的特色之一。

(5) 节目中所探讨的主题

我们在节目中选择了将近20个主题播放，令人印象最深刻的是四川省汶川大地震的追悼单元。那个时候才刚刚成为广播播音员的我，就必须立刻面对这样的重大新闻事件。不止如此，除了这样的时事问题或世界性的新闻事件外，还有例如体育文化、妖怪文化、鬼故事、大连的养老院等文化，目前流行的事物，商业信息等方面的资讯。其中被最频繁讨论的，就是日中文化比较的主题，大约占了一半。我们也会以包括像北京奥运、大地震等世界性的重大新闻事件以及全国人民代表大会等新闻事件为主题，来观察当时的大连对这些新闻事件的反应。

“日中比较文化”这个题目很大、很泛。基本上我们选择播出的理由大概可以细分成四点：第一点是选择在双方的地区属于比较特殊的主题；第二点是选择双方有共通点的主题，但我们也一定会同时说明当中的不同之处；第三点是选择与生活息息相关的主题，例如我们不仅是选择重大的新闻事件，也会刻意选择一些比较小的主题，例如大连当地的人在做什么、在想什么、平常怎么生活等；第四点是大连与福冈的年轻人对什么事物有兴趣的主题，这方面的主题相当受年轻人的欢迎，这些年轻人最有兴趣的可以说绝对是服装与时尚方面的话题。

目前什么样的车最受欢迎？哪一个歌手的歌曲最受年轻人喜欢？哪一种饰品目前最流行？我和年轻人之间可能在文化与价值观方面有些距离或代沟，不过说实话，我对这方面其实不是很了解，所以为了节目，处理这些题材时也让我学到了不少东西。

（6）一个大连听众现场提问的案例

另外大连的听众常常会在节目播出时给我们提一些要求或者是说鼓励我们的话，而这些信息并不是直接传送到LOVE FM，而是听众用手机将短信发送到大连人民广播电台，大连方面再传送到LOVE FM。虽然是这种间接的方式，但时间只相差几秒钟、几分钟而已，听众的手机号码、疑问、信息几乎是立即传送到播音室。

有人可能会问，这些短信中有批评我们节目的吗？我可以很诚实地告诉大家，没有任何一条短信批评我们，都是鼓励我们的或是非常支持福冈的。有很多是听众表达非常喜欢九州，或者是一方面关心九州，一方面请教我们日本的年轻人是如何生活等话题。由于许多听众的疑问与现场实况播出的内容没有直接关系，因此我常常为了回答这些问题而无法进入主题。

除了我以外，LOVE FM的工作人员没有人会中文，所以工作人员只好把所有来自听众的信息全部交给我处理，但这个是现场直播的节目，我明明正在谈全国人民代表大会的事情，可来自听众的提问却是“福冈的生活步调会很快吗”。我们经常得面对这种没有办法回答听众提问的状况。

（7）透过电波进行国际交流的可能性——课题与可能性

接下来的发言可能是我今天报告中最重要的部分，那就是“透过电波进行国际交流的可能性”。我提出了四项关于这个题目的相关课题，同时又增加了两三点加以整理。首先是第一点，不限于广播，如果要与视听人直接进行接触、沟通，事前必须有足够的相互理解，也就是了解对方的状况。而且在表达自己想法的过程中，最困难的就是确认禁忌话题，例如战争、政治，即使是一般市民、民间层级的会话，也常会讨论这些议题，这些议题是不可能从我们的日常生活完全切割的。

那么我是以什么样的方式在节目中讨论这些议题的呢？不可能完全不去接触，重点是要怎样切入这些话题，而这个问题不只是我个人，也必须和大连方面的播音员一起思考，但是双方在这方面的合作往往非常困难。

因为节目的播出时间只有一个小时，工作人员必须在有限的时间里事先以电话或电子邮件进行非常密切的联络、讨论与协调，只是大连人民广播电台与 LOVE FM 采取轮流制决定节目主题，例如这星期是 LOVE FM 的话，下星期就是大连方面，负责的电台决定全部的主题与内容，没有任何制约，赋予对方非常大的自由。不过这可能和大连属于地方城市有很大的关系，也可能是和 LOVE FM 合作的这间公司内部并没有所谓的国营电台的思维，而是与相对拥有属于民间的自由有很大的关系。

第二点是“地区层次的交流、促进”。这里所指的地区，并非指中国与日本的国与国之间的关系，而是指必须从比国家层次要更小的视野、角度来观察、了解对方的地区性，例如以我们日本人所谓的地区来讲的话，大单位就是如福冈县、佐贺县，或者是四国、本州、冲绳。但中国所谓的地区，概念又与日本稍有不同。

例如大连虽然是地方的都市，但在中国的东北属于大都市，居民之中也有许多是来自乡下的农民工，不能完全说是大连的人。我们必须注意这点，并且以此为前提来进行更进一步的讨论。而我则认为，必须要推动地区层次的交流、促进，因为如果一开始就存有中国人就是怎么样、日本人就是怎么样等单一印象的话，那么就没有办法持续推动任何交流。不仅是日本人，中国人似乎也对这点深有同感。

接着要谈的第三点是“建立官民一体的交流方式”。其实我的本职并非是广播节目的制作者，而是学者，研究领域是中国近代文学，是在研究的过程开始参与广播节目制作的。两年来从完全不知道如何着手，在逐渐摸索中，我感觉到完全由民间为母体来制作这样的广播节目有其极限，而且我也没有接受过彻底播音相关训练。LOVE FM是属于民间性质的股份公司，现在已经关闭了。我现在常常觉得，当时如果福冈、北九州能更积极支援的话，说不定会更好。

而我所谓的支援，不只是经济方面，也包括资讯方面的提供。例如大连在2009年于北九州市主办的环境奖评选中获得大奖时，大连副市长也来到北九州、福冈进行访问，但是我们申请的采访许可却始终没有下文。这类采访基本上一定要提出申请，需要透过正式的手续。我们需要官方提供申请协助，但官方认为我们的节目才刚开始，所以手续迟迟没有进展，这类问题让我们感到非常困扰。

我现在常常有个很强烈的想法，就是福冈与北九州、北九州与大连既然是姐妹市，如果横向联系可以更顺畅，当时就可以传达给听众品质更好、更新的资讯。

第四点是“人才培养、交流”。以我为例的话，我同时会说日文与中文，但我并不是只会使用语言，某种程度来说，我对于对方的文化也有一定程度的了解，而我们更需要培养这类的年轻人才。因为像“大连新发现”的播音员之中，我的前任是中国人，接替我的也是中国人，之后也都是由中国人担任播音员，实在很难找到类似我这种可能是比较有耐心的日本人，或者是说现在比较难找到的不只是语言，而是很难找到日本人愿意担任这种需要深入接触人日常生活、关注人际来往等文化交流方面的工作，我对此感到非常遗憾。

我想应该也有日本人真的想要做这项工作，只是没有获得好的机会，所以我认为必须规划一个培养这类年轻人的机制，例如机制当中可以安排年轻人到当地，或请中国人来日本，如果可以培养出未来成为日中之间沟通桥梁的年轻人的话，将对两国之间的交流有润滑的作用。

第五点，节目中无法进行两边听众之间的直接交流。节目进行的过程之中，福冈的听众可以和我或大连的工作人员进行会话，但是大连与九州的听众之间没有办法同时在线上直接进行交流，主要是因为技术上还无法做到。但刚刚我也提过，我并非技术方面的专家，不了解也不清楚到底需要什么样的器材，所以详细的资讯我也无法回答。但是如果可以做到这样的交流，那么就可以进行更深入的对话，双方就有可能打开心胸进行更深入的交流。另外想补充一点就是互联网的利用。如果当时能和大连方面在节目制作时更多利用互联网的话，说不定可以做出更有深度的内容。我想这几点将会是今后的重要课题。

最后我想谈的是“何谓电波的可能性”。这个部分可以分成3点来讨论。第一点是关于“电波”，今天提到的电波当然是指广播。广播与电视这种视觉媒体最大的差异，就是一个眼睛可以看到，一个只能用耳朵来听。而电波最厉害的地方就是不仅大城市，连地方的小城市也可以接收得到；或者是任何小小的生活资讯都可以透过电波传达到各地，听众不需要到当地就可以知道相关的资讯；听众也可以透过电波进行直接交流，虽然刚才有提到大连与九州的听众没有办法在节目中进行直接交流，但听众可以透过节目进行深入的意见交换。今天没有办法让各位听到相关的内容，我个人也觉得很遗憾，不过我们可以透过电波，与大都会以外的小城市，或者是更偏远地区的人直接交流，这样的可能性是我所要强调的第一点。

第二点是当地的状况，也就是广播与视觉媒体最大的不同，就是只有收音机，可以将日常生活的真实情况传达给听众。大家可以自由想象，原因可能是不需要面对镜头就能表达意见，也可能是因为电波是不受任何限制的。我想说的是，当地的状况可以直接透过转播传达出来，这是电波的厉害之处。

第三点与第二点相关，就是我们可以透过电波，将眼睛看不到或没有办法透过画面传达的事物传达并以此进行想象，也就是说，我们只看到有关这阵子的反日游行的相关影像报道，可能会有所偏见，认为“中国人就是这副德性”。

今天参加这场研讨会的各位，应该都对中国与日本的关系有深入的了解。我目前在立命馆大学教书，在与学习中文的学生聊天时，学生明白地表示："中国人很可怕"。理由是暴力，那么他们是看到了什么才这么认为的呢？就是电视每天不断播出的反日游行的暴力画面。可是这代表所有的中国人都是这样吗？当然不是，电视等视觉媒体播出的画面确实是事实，但是我们必须知道相关的背景与中国一般市民所处的状况，所以我们需要某种程度的想象力来观察这些问题，也因此我们可以透过电波，想象无法直接看到的事物，而这可以让听众就此培养想象力。我离开节目的时候，收到了许多听众称赞广播好处的留言，其中有留言说："我人不在大连，整个心情却因为收听广播节目而融入了大连的生活"。

举例来说，虽然看起来交通上有一定的距离，但住在日本的人无论是去中国还是去大连都十分便捷，可是实际上却不容易融入当地的日常生活。反之亦然，到日本的观光签证已经比以前要容易取得，住在大连的人来日本也非常方便，但是他们却没有机会看到或体验日本人的日常生活。可是双方的听众通过广播，以自行想象的方式进行一种疑似体验，去理解对方的日常生活。这点可以说是广播最大的魅力之一。

广播所赋予的并非是一个单一的、视觉的、只有眼睛看得见的印象，而是具有把看得见的印象全部打破的力量，这点与刚刚提到的想象有关，换句话说，就是可以将偏颇的印象全部打破，电波、广播就是蕴藏着这样的力量。其实这个想法我也是到最近才慢慢整理出的结论，也就是我一直在思考"广播的力量是什么"。

经历过这次激烈的反日游行后，我自己也在思考，要如何打破单方面的、偏颇的看法？而另一方面，怎么样向目前的中国人，例如住在大连的人们传达日本的现状？怎么样向他们传达"日本举办这样的研讨会，有这样的听众来参加"？互联网当然是一种方法，但是广播的电波是无限的，也只是广播才有这样的能力，这就是通过广播进行国际交流的一种可能性。

益尾：其实鸟谷小姐与我在大约10年前一起在北京大学留学生宿舍共同生活。当时的留学生活真的是完全在中国人的环境之中，有哭也有笑，那段时期真的让人觉得非常精彩、丰富。特别是鸟谷小姐负责的“大连新发现”是非常少见的节目，而且广播节目同时在大连与福冈现场播出一定要经过非常特别的申请，不然不可能做得到。特别令人感到遗憾的就是这个广播电台目前可能是因为经济方面的因素无法获得来自地方自治体的支援而停止播放。但正如岛谷小姐所说的，广播的电波虽然眼睛看不见，但实际上编织了一个关系，在帮助人与人之间从心进行交流方面扮演了非常重要的作用。福冈与大连之间因为关系有很大的进展，因此有相当多的留学生，地方自治体之间的特殊关系也已经有所累积。

接着想请第二位发表人唐寅先生进行发表。唐寅先生在九州大学教育研究所取得博士学位后，担任了亚洲太平洋中心的专案负责人，目前在福冈亚洲都市研究所担任主任研究员，今天他的发表内容主要是留学生问题。

唐寅：各位好，我目前在福冈亚洲都市研究所服务。

（1）通往海外的桥梁：留学生人才的活用方法

我正好是大约30年前的1982年3月底来到福冈，之后至今一直在福冈学习、工作。当时我们虽然进入了中国的大学就读，但决定前往日本留学后，在两个月内退学，花了10个月左右的时间在长春的日本留学生预备学校学习日语，并且在三个月内念完日本高中三年内所教的全部内容，之后就来到日本。

当时有100人来日本，而我们在8个月前办同学会时，只有当时1/3左右的同学还留在日本，有的在大学、研究机构工作，也有在企业工作的；大约有50位同学回中国，有的进入中央政府、金融机关、国有企业工作，有的自己开公司，都是负责重要职务；有10多位同学则前往美国与欧洲继续奋斗。

当中也有人达到非常高的成就，例如深圳证券交易所的负责人、前主要机关的秘书、中国负责管理证券交易的委员会负责人。我们从大学毕业时，正好是日本泡沫经济的极盛期，特别是前往东京的人几乎都进入金融机构工作。

我则是选择留在福冈，有18年左右的时间在福冈市的许多机构、团体工作。我在这30年来的日本留学所感受到或者说学习到的一件事情就是任何事情没有绝对，而是必须相对地去思考。为什么会有这样的感受？原因是人果然还是倾向于独善其身，而且一旦有这种想法时，就会出现非常激烈的倾向，所以当遇到这样的状况时，必须要尽可能从相对的角度来观察事物，我希望能够培养自己这样的能力。

会有这样的想法是因为我是在中国属于多数民族的汉族，在中国时没有任何感受，但到日本时，才有站在所谓少数的立场来观察事物的机会，也才了解任何事物都必须要站在稍微长远、相对的角度来观察的重要性。

（2）从资料来看福冈与亚洲、中国

首先想让大家了解福冈与亚洲、福冈与中国的状况，我想告诉大家的只有两点，第一是福冈非常积极地进行国际交流，而其中又以亚洲为中心，特别是中国与韩国占了很高的比重。从日本的国际交流来看，福冈占的比重并不高，大约只有2%，可是如果只看亚洲的交流，福冈的数字超过了全日本的平均值，福冈与中国、韩国进行交流的比重非常高。

另外一点就是福冈是日本在日本海沿岸最大的都市。福冈市只有促进与对岸的东北亚各国都市频繁的交流，才能够让福冈，甚至福冈都市圈、福冈县、九州北部得以在激烈的都市间竞争之中存活。目前日中关系陷入恶化，也有人提议应该要转与东南亚进行交流，但如果真的如此，福冈市或福冈县将面对新的课题与挑战，也就是能否确保过去与东北亚进行交流时的地理、历史的优越性，或是将如何确保优越性。

（3）以成为亚洲的据点都市为目标

我目前任职于福冈亚洲都市研究所。这个团体的主要工作是进行城市规划，福冈市政府正在制定新的政策愿景，修改基本构想，我们也正忙于规划基本计划或实施计划，快的话在今年，最迟也要在明年提出。其中福冈市的基本方针有关“以成为亚洲的据点都市为目标”的部分，从1987年的第一次基本构想以来没有任何改变，这点也已经明确将在今后继续推动。

福冈市基于第一次基本构想所推动的亚洲交流之中，是以文化交流为核心的。例如大家应该都有印象的亚洲太平洋博览会，就是于1989年在这个地区举行的。也因为这场博览会的成功，促成了之后如福冈亚洲文化奖、福冈国际电影展等各种事业的推动。

我之前服务的亚洲太平洋中心也是在1992年成立，运作了大约10年，后来因为福冈市的财政逐渐困难，才与福冈都市科学研究所进行统合，改组为目前的福冈亚洲都市研究所。

透过这一连串文化交流事业的实施，使得福冈建立了多样化的“亚洲人脉”，例如邀请了许多方面的人士担任福冈亚洲文化奖审查委员与推荐人，其中也邀请了天儿老师参与。而推荐人的名单不限于亚洲地区，也包括亚太地区在内，我们在国内就建立了7000人左右的人际网路。

另外过去亚洲太平洋中心在10年左右就与亚太地区约87个研究机构、500人以上的学者进行交流，例如今天来参加研讨会并进行发表的朴明钦老师，我们与他从1997、1998年左右开始来往；乌谷小姐也曾经在亚洲太平洋中心工作，我与她曾经一起担任年轻学者资助活动的工作。福冈因此累积了多样的亚洲人脉，今后如何利用这个资源，将是重要的课题。

（4）活用留学生人才的方法

最后想跟大家谈有关“活用留学生人才的方法”，这也是主办单位今天给我的题目。我想请各位从更广泛的角度来看“留学生”这个名词，也就是留学生不仅只是在读的人，还包括留学毕业后回国工作，或是留在日本以各种形式继续努力的人，想请各位能够以更广泛的观念思考“留学生”的意涵。

这点会成为课题背景因素，我认为首先这是日本以国家为中心推动招收留学生的政策本身出现了变化所导致。过去日本的基本态度是只要留学生完成学业直接回国就可以了，但现在是希望返国的留学生能够成为与日本交流的桥梁。这样的变化本身是一件好事，而且还促成了另一个重要的政策变化，那就是 2000 年以后活用海外高等人才的政策。特别是日本经济产业省为了因应日本国内的少子高龄化，或是为了因应全球化越来越有所进展的国际社会，而在平成 19 年（2007）开始推动的方案，我认为这正是日本将此作为一个新的政策方针开始推动的时期。

另外还有一点，目前还在进行详细的检讨，今年福冈市的第二次基本构想之中有一段“以海洋所培育的历史与文化魅力吸引人潮”的文字，和第一次基本构想比较，多了“吸引人潮”这个词，增加这个词就是希望使福冈成为一个能够吸引观光客的城市、一个能让人能感受到魅力的都市。

另外还有一段新的内容，就是“充满活力与存在感”。第一次基本构想时是使用“充满活力的亚洲据点都市”，但因为亚洲的新兴国家都很迅速地成长，福冈市必须要思考如何在激烈竞争下成为一个让人感受到存在的都市，因此将这个想法列入新的构想之中。

实际上相较于北九州市的都市规划，福冈市并不存在拥有竞争力的产业，但福冈市在都市规划方面被评价为是一个容易居住的城市。位于福冈的联合国人居署的各位职员也和我们一起建立所谓的福冈模式，设定了评估指标以提供给今后将开始发展的亚洲城市参考，并提出了构想，希望让福冈能随着亚洲发展的动力共同成长。

2012 年 6 月，为了传授福冈的经验与技术，特别是有关实际运作的技术，也为了建立与中国地方政府的关系，我们与中国的政府机关签署了协定，规划在福冈进行国际视察研修，可是因为各种因素而无法进行，令人感到非常遗憾。

接着是何谓“活用留学生人才的方法?”我将其简单整理为下列四点。第一点是让年轻人对于少子高龄化时代的地区活化做出贡献。最容易理解的例子就是让留学生在便利店或餐厅打工，福冈虽然没有太大的问题，但有些地方都市苦于人力不足，如果没有留学生打工，很多店铺可能就没办法营运。所以最基本的想法就是使留学生可以成为最基本的劳动力而活跃于日本社会。当然能否接受移民，必须要经过更深入的讨论，但如果可行的话，还是应该要以曾经在日本接受过完整教育的外国人为对象，让他们在日本努力会是比较适合的做法。

第二点是让留学生对于促进地区社会因应全球化的能力做出贡献。如果到了海外，可能不但要面对不同的社会、不同的人种，甚至要面对完全无法想象的世界。也因为日本的社会内部也开始迈向国际化，为了赋予日本社会对于不同文化的免疫力、因应不同文化的能力，应该要寻求与拥有不同文化背景的人的共生之道，我认为留学生在这点可以成为好的合作对象。

第三点其实是我们目前也在进行的，就是让对海外当地有所理解的留学生成为资讯来源、获取资讯的管道。提出这点是因为日本人或日本媒体虽然在海外当地收集资讯的能力非常强，但在收集非常细节的资讯时，常有部分与实际情况稍有不同。包括成本在内，收集到的资讯会因为对当地有无理解而有所不同，所以留学生应该可以成为资讯来源、获取资讯的管道。

最理想的状况莫过于能够获得对双方的情况都有所理解，可以协助进行沟通的“桥梁人才”。如果能够获得这样的人才，那么将有很大的可能促使地区的交流与发展。如果没有这样的人才，在发展时可能会因为没有方向而有所延迟。相较于委托顾问公司，不如确保“桥梁人才”，反而可以开拓更光明的未来。

我们在 2008 年与福冈和上海的留日同学会共同举办了国际研讨

会，讨论今后福冈与上海将如何进行交流。在 2011 年 8 月也邀请了曾经在九州大学留学，目前是中国最大的法律事务所的合伙律师举行日中法律研究会，讨论有关中国目前最新修改的公司法以及发生问题时的解决方法，提供让大家可以向熟知中国内部问题的人士直接请教的机会。

而且福冈市长也在今年（2012）2 月，亲自前往上海推销福冈，当时也获得上海留日同学会的协助，他们动员了中央电视台、人民日报等媒体前来采访，大大地宣传了福冈。如此获得的成果不仅非常高，花费的成本也比一般的状况要少很多。这就是善用人际网络的成果。

我最后想谈的，就是眼光不要限于中国，也必须要看广大的亚洲。目前我们正在举办亚洲都市景观奖的活动，今年已经是第三届。我们获得了中国与韩国的留学生、OB 的协助，对于日本、中国、韩国、东南亚的都市景观进行表彰，协助景观规划。以上是我针对活用留学生人才的主题简单整理的内容，为了今后的业务推广，非常希望能够获得大家的指教。

益尾：从唐寅先生的报告，我们可以了解到福冈市扮演的角色就是促进留学生与企业之间的联系。接着要请目前担任医疗旅游日本株式会社顾问的刘明非先生来谈“透过观光客所构筑的友好关系”。

刘：敝公司的主要业务是提供结合医疗与观光的医疗旅游，对象是中国的富裕层。

船舶医疗集团（SHIP HEALTHCARE GROUP）

为何敝公司的业务会推动医疗旅游？原因是敝公司的母公司船舶医疗集团有限公司（SHIP HEALTHCARE HOLDINGS Co.，Ltd.）是日本国内最大的医疗器材的制造与销售业者。公司每年都收到非常多来自于与中国有关的在日本全国各地的医院预约、进行健康检查与治疗的询问；医院方面也向公司咨询，讨论如何能够提供给来自外国的人士更好的服务。因为有这样的状况，所以在半年前设立了“医疗旅游日本株式会社”。

促进日中民间交流的一般团体旅游

这几年，当发生如东日本大地震等状况的时候，来自中国的观光客人数会一时间大幅下降，但整体而言是有增加的趋势。越来越多的中国观光客前来日本观光，在短短的几天内呼吸日本的空气，吃日本的美食，透过自己的眼睛来看日本这个国家，即使只是这样的观光行程，就已经足以扮演深化两国之间的友好关系、促进交流的角色。

如果没有办法让顾客获得满足，那么就无法让友好关系萌芽，但大多数的观光客都是参加团体旅游，而这些观光客必须在短时间内参观许多景点，可以说是非常辛苦。即使他们想和日本人交流，也因为没有任何方法、手段，只能在观光结束后就直接回国，这个事实让人感到非常遗憾。因为有这样的情况，敝公司在推动业务时，采取了各种各样的方式，尽可能让观光客能够深入了解日本的优点，例如好的服务、细心的待客态度与应对等。

医疗旅游浓缩了日本的优点

敝公司认为，既然客人们来日本观光，就要让他们能够看到、体验到日本的优点，让他们能够满意而归，如此将有助于促进之后各种各样的友好交流，因此将日本的风景、文化、服务结合医疗，以医疗产品的形式提供给顾客。

敝公司的医疗观光旅游的特征，就是热情地提供给顾客高品质的服务。目前从北海道到冲绳，已经有 40 多间医院在敝公司登记。然后基于顾客的需求，尽最大的可能规划最好的产品，不只是旅游行程，包括行程结束后的照顾，也由敝公司提供服务。

而高品质服务与热情的提供，主要包括如讨论行程的规划、行程之中的服务、后续的关怀等，这些都是由敝公司负责。例如某位客人因为心脏的疾患，而在札幌的医院接受治疗，治疗方式是经过医生的建议的，这位客人在疗程结束后也很满意地回国。而且他在观光的时候，因为透过导游与日本人对话，也当场听了导游的说明与导览，因此对日本有了更深的了解、进行了深入交流。

另外为了继续看护曾经接受敝公司服务后回国的客人，我们也成立了会员制的日本医疗俱乐部，免费提供三年的后续服务。

札幌与福冈的中国总领事在前往医院参观时，对医疗观光的意义表示非常赞同，也期待这可以成为中国人与日本人建立友好关系的管道。

接着想说明有关医疗观光客的实际案例。特别要跟各位介绍的是北京市大江投资的总裁李风先生，他来日本的医院接受了健康检查，对日本的医疗服务品质、观光都非常满意，因此回国后对友人宣传了日本的事物，而且他还喜欢上日本，多次来日本观光。他从去年开始至今已经来日本 100 次以上。然后因为有这样的来往，所以也和敝公司建立了业务合作关系。

最后想跟各位谈的是通过医疗观光客所建立的友好关系的未来。医疗观光旅游的主要客户多是富裕阶层，虽然有些狭隘，但通过这样高品质的服务，应该可以成为日中建立深厚的友好交流而踏出的第一步。今后敝公司也将继续为中国的各位提供品质良好的服务，我们也认为这可以促进日中之间进行更好的交流。

会场的提问

NHK Nozawa：我是偶然间知道今天有这场研讨会而前来参加

的。我想请教鸟谷小姐一个问题，NHK 目前在中国也有进行播送，但因为受到中国政府当局的监管，只要新闻播出了敏感问题的报道，影像马上就会被切断，而且已经有好几次这样的经验。另外所有的电话使用好像都有问题，我们也只能在这样的情况下使用。正因为日本与中国之间存在着这样的现实，那么大连的广播可以进行现场播出、与听众进行交流，是不是签署了什么特别的协定？或者获得中国官方的特别许可？或者是虽然可以自由进行对话，但对于播出的内容进行自律而不去讨论敏感议题？有没有像这类的特别措施？

鸟谷：谢谢您的提问。其实我是在节目开始大约一年后才被提拔为节目的主持人，才开始正式进入广播界。很坦白地在这里报告，与其说因故无法详细跟各位说明，不如说我对于节目开播前所进行的各种规划或签约等细节状况并不是那么清楚。关于这一点我稍微解释一下，因唐老师对电台的状况比较了解，稍后再请他做一些补充。

第一点是“大连新发现”与“九州新发现”的大前提，就是现场直播。因为是直播节目，经常就是想到什么就说什么。但是有一个前提就是要事先对彼此的历史、文化都有一定程度的了解才进行发言。不过有的时候还是无法避免会遇到想要讨论的题目，这与我刚刚在报告中提出的几个论点之一相关，也就是如何选择“令人忌讳的题目”的部分。尽可能避免在节目中正面回应的题目，莫过于战争问题与领土问题，只是我也曾经采取迂回的方式来碰触这些问题。

严格说来，我现在不敢保证我还记得当时实际谈了些什么、遇到了什么状况。当时我是用日语谈了相关内容，然后大连方面的播音员将其翻译成中文，也就是中国的大连人民广播电台的工作人员在通译的过程中，将不希望被播出的内容删除。遇到这种情形时，我也会有类似“这段翻译比我刚刚讲的话要少很多”的不满。只是如果没有这样的顾虑，日中同时直播可能没有办法在两年来顺利进行。

虽然没有过在播放时出现失言等突发状况，大连方面也没有提出过任何相关的抗议，但我个人认为，正是因为大连，所以不得不去讨论有关战争的问题，因为这是实际发生过的事情，而相关的内容要如何以合适的用字遣词来表现，完全交给合作伙伴的大连方面的播音员处理。

唐寅：我会了解 LOVE FM 的状况，是因为我从 LOVE FM 开台到结束播音的 10 年左右的时间，参加了该台的节目审议会。我虽然不了解第一线的实际作业情况，但刚刚提到有关协定的部分，确实是有这样的协定。我想这个案例正是因为有充分的人际关系、信赖关系才能够成功。

其实福冈有一个名为福冈－大连未来委员会的组织，他的对口单位叫作大连－福冈未来委员会，大连方面是由大连市外事办公室管理，属于半官半民的性质，所以大连市政府实际上拥有很强的发言权。相形之下，福冈的福冈－大连未来委员会是由民间、当地的中坚企业为中心设立的组织，行政方面也提供协助。我记得就是这个未来委员会与民间团体促成了 LOVE FM 与大连人民广播电台签署交流协定，当中又促成了制作与大连相关的现场播音节目。

益尾：我也想做一点补充。鸟谷小姐其实是第一个在福冈的总领事馆工作过的日本人职员。我认为这个节目可以成功的一个很实际的理由就是因为鸟谷小姐非常了解中国方面的步伐、节奏才让这个现场播音节目有了成功的可能。

这也与刚才提到的留学生的题目有关。我们其实面对着日本社会能否好好运用人才的课题，实际上也有并非如此的状况。鸟谷小姐可能被认为是比较幸运的，因为目前有固定任期的职员之中，有许多人在求职时遇到困难；非常了解国外的日本人在日本社会往往没有办法获得评价。这些都是实际存在的问题。

张：我姓张，目前在大连经营一间小贸易公司，其实我曾接替鸟谷小姐担任“大连新发现”的播音员，时间大约是一年。我想请教刘先生一个简单的问题。正如大家所知，上个月日中之间在外交上发生了重大的事件。当前可以说是最困难的时期，这对贵社造成了什么样的影响？比方说观光客减少等。贵公司今后有什么样的因应措施？

刘：刚刚跟各位报告过，敝社主要的客户是富裕阶层、事业有所成就的人士。确实在9月与10月时受到了一定程度的打击，但医疗旅游并非单纯的日本旅游，而是包含了医疗的部分，大家都非常在乎自己的身体状况，也还是有客人在情况非常困难的9月份前来，虽然不能说完全没有受到影响，但客人的人数并没有因此而极端下滑。

Gu：我是来自中国的留学生，已经快要毕业了，但在这个时间点发生了这样重大的事件。我想请教唐老师，在日中关系陷入这么紧张的时刻，特别是来自中国的留学生，要怎么才能发挥自己的特长？

Pen：我是服务于国际亚洲研究中心的Pen。我对于医疗观光非常感兴趣，所以想向刘老师请教。从目前全球的发展情况来看，日本的观光产业发展状况被认为比较落后，特别是医疗观光的部分，甚至说是才刚起步也不为过。但是全球的医疗观光发展趋势有两种，一种是如欧美的观光客，为了寻求价格低廉的医疗服务而前往东南亚；一种是为了寻求一些有特色的医疗服务而前往海外，例如韩国的美容整形。我想请教的是，日本的医疗观光拥有什么样的优势？日本应该要怎么样向中国的医疗观光客进行宣传？

Iwamoto：我是九州大学的学生。我想请教刘老师一个问题，就是您提到透过医疗观光可以深化友好交流，但参加医疗观光旅游的人，基本上是为了治疗或身体检查才来日本的，可以说是顾客。虽然他们能够因此喜欢日本而再度、多次来访，也能够深化交流。可是即使如此，身体检查不可能很频繁地进行，那么医疗旅游是不是存在类似的局限？

天儿： 目前我们正面对着反日游行，或者是日中关系所遭遇的严峻现实。不过听了今天的发表，从各位所谈的内容来看，并没有让各位听众有感受到各位正面对这样严峻的现实，这也代表着各位所进行的地区交流、民间交流反而是非常重要的工作，尽力去完成这样的工作是非常有意义的。

我觉得这也是非常好的方式，不过我想请发表人的各位能够稍微谈一谈对于当前我们所面对的严峻现实，有什么样的感想。也就是说，正因为各位对中国的问题有很深入的了解，对于这次的事件可能会有各种各样的观察，比方说认为事件是暂时性的；或是认为那只是少部分人的行为，不需要太过在意；或许认为这是非常深刻的问题。

松野： 我非常想请教唐老师一个问题。从各种角度来看，活用人才是非常重要的，不过从现状来看，我也身为当事人，非常重视招收、接受留学生的问题。现在福冈将继续接受留学生，而且对象可能将不仅限于像20世纪80年代那样的顶尖人才，而是各种各样的人才，福冈不仅是未来，现在就正面临着唐老师刚刚提到的课题。如果可能的话，想请唐老师为我们介绍今后福冈对于接受包括亚洲的留学生有什么样的准备与方案？

益尾： 我们获得了许多想请各位发表人回应的问题。我想请发表人依发表顺序进行回应，首先请鸟谷小姐开始。

鸟谷： 对于我的提问，首先是有关“大连新发现”的部分，我听说后继的天神广播电台仍然在继续制播这个节目，只是将播出时间缩短到15分钟。另外有一点想要补充，就是名为“Global Partners”的节目，目的是为了支援留学生，另外也是希望能邀请主要来自中国、韩国的优秀人才前来福冈，只是我现在也不了解目前这个节目的详细情况。

另外一点是有关天儿老师在最后的提问，就是我怎么样观察、分析目前日中关系的现状。我完全不是这方面的专家，但我长期在中国工作，特别是我也拥有在领事馆工作的经验。就我的观察，我感觉日中关系现在正处于交流的过渡期。不过虽然是处于过渡期，但单纯只有日本与中国的关系出现变化，不只是构造处于过渡时期，中国国内的内部事务也是导致出现转变的重要原因。

另一方面，如果站在中国的立场来看日本，他们的印象会是如日本一直不停地更换首相、政党的组成也不断改变、然后不知道什么时候连执政党都换成别的政党。正是因为两国都分别迈入过渡期，所以当双方都想要进行交流时，会出现一个看起来很大的转变。这个是我个人的看法，当遇到这样的状况时，透过公家机关，也就是跟国家取得预算，推动大型的专案，寻求进行多样化的交流方式。不过这样的方法却存在一些限制。相较之下，日中之间推动合作业务的民间电台、私人企业的经营者没有时间去讨论在遇到类似的情况时要如何进行交流，因为现状可能会发展成为影响生存的大问题。

我目前在大学担任教师，说实在话，我身为一个中文老师所感受到的危机就是中文课程的修课人数、未来想学中文的年轻人人数可能会减少。从目前大学的现状来看，语言学习可能不会急剧减少。可是我感到不安的就是会不会出现学习中文却又讨厌中国的学生，也更加认为正是双方因为这样的问题对峙，更必须积极推动日中的民间交流。今天我以广播为主题进行发言，但我也认为应该要更加推动如文学，或学术、文化、商务等领域在区域层次的交流。

唐寅：第一个是有关留学生的问题，要怎么样在这样的时期发挥自己的特长。说实在话，我对此也没有答案，但是身为前辈，我可以提出的建议就是，首先必须要知道自己想做什么。其次是了解自己的长处，或者是找到自己擅长而有所发挥的领域、事物。当然这些是不可能立刻找到答案的，但不要去选择工作，将所有的挑战视为锻炼自己的机会。

我们外国人在日本学习日语这个外语，可以反过来将其视为一种优势，视为自己的强项。我们现在是在日本，中国人在日本当然必须要了解日本的事物，而且更重要的就是也必须了解中国的事物。我们对日本的知识、了解绝对比不上日本人，但是必须要意识到，我们可以把中国的事物作为我们的强项，好好在这方面学习，将中国的事物传达给日本，我认为这也是一种生存之道。

第二个问题是有关福冈市接受留学生相关政策的。我们并没有直接进行招收留学生的业务。各大学招收留学生的部分，基本上是取决于他们自己的努力，但福冈市在留学生的生活层面提供了类似奖学金的补助制度；目前租房方面虽然有许多地方已经不需要保证人，但我们还是建立了保证人制度以协助解决居住、住宅的问题。

第三个问题，非常重要的地方就是建构一个环境，不要让留学生感觉自己在福冈被孤立，而是让他们感受到周边的关怀。行政机关目前正在进行相关的环境规划，例如学生会馆，留学生透过向日本人的各位教授母国语言而深化交流，或者是让留学生能获得一些资金以维持生活。

接着的问题不太容易回答，也就是为何大连没有发生游行。9 月 14、15 日，我正好从电视看到整个骚动，觉得状况真的很不好。中国中央电视台在 15 日晚上使用了暴力的破坏行动、破坏行为的说法，当听到这个说法时，我马上想起八九北京政治风波时的电视节目的内容，判断这个破坏活动应该在第二天就会结束，于是在第二天的 9 月 16 日飞往北京。正如我所预测的，什么都没有发生。我当时认为 9 月 18 日应该会有游行，而特地前往北京的日本大使馆，确实有游行，但整然有序。当天在中国全国各地约 80 个城市有游行，参加人数约 100 万人。如果只看 18 日当天，几乎没有所谓的暴力行为，所以可以确定是行政方面在控制整个游行。另外一点就是可能存在着地区性的问题。至于更深入的原因、状况，我就不清楚了。

最后就是对当前的局势如何判断的问题。其实我们本来在 10 月底也安排了一个大型活动，但因为发生了这次的事件，时机可能不是很恰当，所以决定延期到 11 月底。原本的考量是认为，依照过去的经验，政治人物应该会采取相关的因应措施，状况也应该会随着时间而逐渐冷却。党代表大会的举办时间原本被认为会在 10 月后半，最后是在 11 月举行。当初以为延期一个月就没有问题，结果原本邀请来的中国方面的人士都没有办法与会，公务员当然没有办法出国，甚至连民间人士对于出席的态度也转为保守，最后没有来。

我也从 1986 年起经历过、看过日中关系属于有起有落的时代，但这次与过去有些不同，状况可以说非常深刻。另外一点，就是这一两周看了中国的媒体报道，除了被称为是中国的“产经新闻”的“环球时报”，其余的媒体基本上都是偏向厌战情绪，不太想碰触，或者说是不太想提这次的事件，相关报道已经大幅减少。目前事务层级的谈判已经开始进行，希望情况能够在经过一段时间后落幕。

所以应该要如何定位我们目前正在进行的民间交流或是所谓的人际交流，我想基本上希望能采取政治归政治、民间归民间，将其完全分开来处理的态度。特别是在现在这个资讯化社会，任何人都可以获得许多资讯，从市民的想法来看，上面的政治人物可能有许多企图，这些事情结束的话，一般市民就可以恢复原本的生活，市民的生活才是最重要的。

如果有人际交流的话，关系在暴风雨过去后会比预期要更快恢复。如果没有人际关系的话，关系在暴风雨过去后往往很难恢复。我们可以透过人际交流，建构稳固的基础，可是政治是我们的力量所不及之处，只能够尽量忍耐，而暴风雨一定会过去。暴风雨过去的时候，人际关系的存在会使得之后的局面有所不同。我们就是基于这样的信念而持续努力。

刘：首先是第一个问题，目前医疗旅游有两种类型，第一种就是刚刚提问者所提出的，也就是来自欧美先进国家的患者前往发展中国家，或医疗费用更便宜的国家的类型。第二种是相较于价钱，希望能够追求品质与技术的层次，这样的客人其实非常多，所以我们替这些客人规划合适的行程。今天这场研讨会的参加者之中，可能医疗相关人士并不多，不过日本国内的医疗技术其实非常高，例如癌症治疗时最重要的机器是粒子加速器，全世界只有 20 多个国家有这个机器。这个机器一台造价大约是 130 亿日元，可是日本国内就有 7 台，即使是美国，也是使用日本的住友与三菱重工所制造的机器。既然如此，为了治疗癌症而去美国、瑞士、德国，不如来日本更为便捷，而且品质也好，许多客人都对此有非常好的回响。

其他如胎盘素也是一个重点。胎盘素在女性美容医学方面是非常重要的药品，如果去瑞士接受治疗，一个疗程必须花费 1000 万日元，但在日本国内并不需要花费到这么高的金额，而且从技术方面来看，日本并不是使用羊，而是使用猪与人等多种类的胎盘素进行调整，现在也使用品质更高的药剂。

而男性掉发的治疗，日本在这方面的技术是世界上非常知名的。如果客人一个月来日本一次接受注射，大概 6 ~ 8 次后就会自然长出头发。当然这需要花费稍微高一点的费用，但对富裕阶层的客人来说，相较于钱，当然更重视自己的健康与身体，因此接受治疗时完全没有任何犹豫或不高兴。

其次是医疗旅游是否会有局限的问题。其实敝公司的多数客人，就算限定是中国的客人，也大多都是上流阶层、富裕阶层，特别是从事商务的人非常多。刚刚提到了北京大江投资的李风总裁，他其实一开始是来日本接受疾病检查，之后也开始接受头发的治疗，因为与一般的旅行不同，所以他在每次来日本的时候，都可以看到、吃到、感受到日本最好的东西，因此开始对日本产生高度的兴趣，现在与三井商事、伊藤忠等日本企业合作，开始将日本最好的商品向中国输出的事业。

所以医疗旅游并非单纯地在日本接受治疗，结束后就完全没有关系，而是也可以促成在别的领域进行交流。而且很多客人都是属于非常忙碌的阶层，相较瑞士等欧美国家，来日本反而比较便捷，也有好的服务与品质良好的食物或商品等，只要花两三个小时飞来日本就可以放松，而提供他们相关支援就是医疗旅游后半段的工作。

总　结

天儿慧

非常高兴各位能在这样的雨天全程参加研讨会。

各位发表人、讨论人为我们进行了非常深入的发言，会议的水准完全不逊于其他的大会。这里感谢这场大会的主要负责人堀井老师与益尾老师，也感谢大会的执行委员长小川雄平老师。小川老师的身体状况不好，但仍为我们进行了精彩的报告，正是因为这几位老师的努力，这场高水准的研讨会才有办法顺利举行。

透过四场研讨会的举行，我们可以发现一些非常有趣的现象。我在第一场京都大会的最后致辞时表示，参加这场大会仿佛让我完全忘记了日中关系紧张的气氛，使我获得了许多新的感受。接着在东京大会时，我表示讨论的结论可以整理一点，那就是双方还是应该要有所妥协，尽一切可能的努力，朝解决问题的方向迈进。在今天这场大会的最后，我想告诉诸位的是，大家虽然感受到反日的紧张，但仍以自己的认知与平时和中国的关系、和日本的关系为基础进行了发言。

截至目前，日中的政治关系还是处于时热时冷，只有经济关系始终维持稳定。过去大家在考虑日中关系时，经常使用“政冷经热”这个名词，就是在说明日中关系只有经济没有问题。可是以经济为讨论主题的名古屋大会却让人感受到紧张的气氛，许多前往中国投资的企业人士提出了许多前景无法预测的发言。学者们则进行了非常客观的讨论，也提出了许多乐观的分析，但站在经济第一线的负责人则告诉我们情势非常严峻。

其实我昨天（2012 年 10 月 26 日）接受了经济产业省的外围机构“日中产学交流机构”的邀请，在东京进行了一场演讲。演讲结束后的提问之中存在很多非常尖锐的内容，让我深感到经济界所遭遇的现实。产学官交流机构本身所希望进行的许多交流也在这段时期全部被迫中断，也有看不到前景的感叹。

我从今天的大会获得的收获有两点。第一点是北九州市、福冈县与中国、韩国所进行的地区交流，是透过包括环境事业在内的互惠、相互依赖，且经过漫长时间所进行的具体交流，以建构人与人之间的网络为基础，才能持续推动的交流活动。即使国与国之间因为领土问题而导致关系出现不稳，这样的交流也不会因此受到影响，这点让我感受很深。

第二点则是来自韩国参加今天大会的发表人并非从日中关系这条线的角度，而是从东亚这个面或是从整个生活圈的角度来讨论日中关系，对思考今后日中关系应有的方向性，给我们提供了许多重要的想法与思考。

这次在短时间内于四个都市举行了四场大会，说实在话，真的是非常辛苦，但也不能中止，因为如果有任何退缩，等于是真的把重要的对话、交流之道完全封锁，所以我也下定决心，尽全力推动整个企划。接着的这段话可能会被认为有点势利，那就是我有一个使命感，希望能帮助陷入当前危机状况的日中关系打破僵局。我也透过这四场国际研讨会，感受到了些许的新展望。

日中之间在非常友好的气氛下进行了讨论，我认为从某种角度来看，重视这种好的气氛是一件非常有意义的事情。

总而言之，非常感谢来自韩国、中国的参加者，在今天这个遭遇非常艰困问题的时期，前来日本与我们日本人一起认真讨论，特别是从地区交流与民间交流的角度提供给我们有关当前的问题以及今后日中关系应有的方向性与可能性。也非常高兴能够从今天的讨论中，获得各种各样的想法，有的能成为继续推动日中关系的自信，有的能够成为自信的基础。

今天的研讨会虽然进行了很长的时间，但精彩的讨论为四场研讨会画上了完美的句号，在此我宣布研讨会告一段落，也再次对所有的参加者表示深深的感谢。

图书在版编目(CIP)数据

构建健全的中日关系：面向历史转折期的思考/（日）天儿慧编；黄伟修译. —北京：社会科学文献出版社，2016.1

ISBN 978-7-5097-8346-7

Ⅰ.①构… Ⅱ.①天… ②黄… Ⅲ.①中日关系-文集 Ⅳ.①D822.331.3-53

中国版本图书馆CIP数据核字（2015）第268897号

构建健全的中日关系

——面向历史转折期的思考

编　　者 / ［日］天儿慧
译　　者 / 黄伟修

出 版 人 / 谢寿光
项目统筹 / 徐碧姗
责任编辑 / 徐碧姗　夏仲壮

出　　版 / 社会科学文献出版社 · 近代史编辑室（010）59367256
地址：北京市北三环中路甲29号院华龙大厦　邮编：100029
网址：www.ssap.com.cn
发　　行 / 市场营销中心（010）59367081　59367090
读者服务中心（010）59367028
印　　装 / 三河市尚艺印装有限公司

规　　格 / 开 本：787mm×1092mm　1/16
印 张：17.75　字 数：244千字
版　　次 / 2016年1月第1版　2016年1月第1次印刷
书　　号 / ISBN 978-7-5097-8346-7
著作权合同登记号 / 图字01-2016-0062号
定　　价 / 69.00元